외신으로
본
대한민국의
IDIOM

기본 단어를 포함한 영어 숙어 퍼레이드(parade)
영어공부에 진심인 학습자를 위한 책!

외신으로 본 대한민국의 IDIOM 1

사설닷컴 편집부 지음

사설닷컴

추천사

안광(眼光)이 지배(紙背)를 철(撤)하다

고등학교 시절, 국어책에서 만난 가장 강렬한 문장이다. 양주동 선생의 글(『면학의 서』)에서였는데 처음엔 당혹스러웠다. 눈에 선 한문 조합 때문일 터다. '안광', '지배', '철'. 나중에 알고 보니 일본식 한자들이었다. 이 문장을 직역하면 '눈빛이 종이의 뒷면을 뚫어내다.' 정도다. 의역하면 '눈에 서려 있는 기운이 문장의 내면에 포함된 뜻을 꿰뚫을 정도로 정독하다'일 것이다. 거부감을 느꼈음에도 이 문장이 이토록 오래 뇌리에 박혀 있었던 것은 어떤 일을 하든 뚝심 있게 집중해야 성과를 얻을 수 있다는 메시지가 묵직해서이다.

최홍수 님의 《외신으로 본 대한민국의 IDIOM 1》을 대하고 떠올린 것이 이 문장이다. 그 이유는 첫째, 저자의 공력이 그렇다. 저자는 매일 새벽에 일어나 미국에서 발간된 다양한 일간지 등을 정독하고 한국 관련 뉴스를 발췌하는 녹록잖은 일을 우직하게 해내었다. 즉 저자가 안간힘을 다해 이 일을 해내고 있다는 사실은 그만큼 몰입하고 있다는 증거 아니겠는가. 영어의 숙어들을 갈무리하고 예시 문장들을 원어민 수준으로 해독해 내는 일은 지난(至難)한 일임에 틀림없다. 그럼에도 불구하고 저자는 '종이를 꿰뚫는' 심정으로 이 작업을 오롯이 해내어 숙어들의 역동성을 도드라지게 하고 있기에 그것 만으로도 이 책의 가치는 빛난다.

둘째, 독자 또한 그렇게 될 것이기에 그렇다. 독자는 숙어를 통한 영어 독해에 '종이를 꿰뚫는' 힘, 즉 속뜻을 어렵지 않게 이해하게 될 것이다. 그만큼 이 책에는 섬세하면서도 자상한 안내가 배치되어 있다. 양주동의 문장이 한자 때문에 낯설게 느껴졌듯 영어 단어들의 조합인 숙어 또한 독자에게 생소하기 마련이다. 숙어란 한국어 차원으로 보자면 '관용구' 또는 '관용어' 정도다. 비문법적이거나 문법적이라도 구성요소의 결합만으로 전체 의미를 이해하기 어려운 표현을 말한다. 이를테면 '눈이 높다', '머리를 식히다' 등인데 원어민이 볼 때는 특별히 의식하지 않아도 본능적으로 의미를 파악할 수 있지만 외국인이 볼 때는 생경하기 그지없는 표현이기 때문이다.

나는 지금도 영어에 젬병이다. 고등학교 시절 비틀즈의 노래 'Let it be'를 처음 대했을 때도 즉각 의미를 알아차리지 못했다. 영어에 소질이 있는 사람이라면 'be'의 활용만으로도 '내버려 둬'라는 뜻을 어렵지 않게 유추하고도 남았을 테지만 말이다. 최근에도 이와 비슷한 느낌을 경험한 적이 있다. [겨울왕국]이라는 애니메이션을 보면서이다. 주제가가 'Let it go'였는데 이 뜻 또한 '내버려 둬'였다. 물론 면밀히 따지면 두 문장에 차이가 있겠지만, 'Let's go' 정도는 이해하고 있었으나 'Let it go'는 쉬이 이해되지 않았다. 나는 지금도 간단한 문장일수록 해석이 쉽지 않아 문장 이해에 어려움을 겪곤 한다. 이렇듯 영어에 대한 이해가 나 정도로 부족한 독자라면 이 책이 구원처럼 다가설 수도 있겠다.

저자와 독자의 '안광(眼光)이 지배(紙背)를 철(撤)'할 정도로 불꽃을 튀길 때 줄탁동시의 효과를 볼 수 있으리라 믿는다. 저자의 에너지가 독자에게 고스란히 전달되고 독자는 그 에너지로 시대적 통찰과 숙어의 이면에 내포된 의미까지 낚아챌 수 있는 시너지 효과를 기대한다. 건승을 빈다.

윤석우
(문학박사)

머리말

숙어는 언어 두 개 이상의 단어로 이루어져 있으면서 그 단어들의 의미만으로는 전체의 의미를 알 수 없는, 특수한 의미를 나타내는 어구(語句)입니다. 초등학교 시절부터 익히기 시작한 숙어에 관한 책입니다. 뿐만 아니라 많이 쓰이는 동사구도 포함되어 있습니다. 그러면서도 숙어의 기본이 되는 'get, go, put, take 등'은 끝까지 우리를 괴롭힙니다. 이들은 별도로 box 처리해서 여러분 학습에 도움을 드릴 것입니다.

문제는 그러한 예문들은 세계 최고의 일간지인 〈뉴욕타임스(The New York Times)〉와 시사주간지인 〈TIME〉의 문장들이며, 그 내용은 가능한 한 우리나라에 관련된 것들입니다. 정치, 경제, 사회 모든 분야를 실었으며, 이는 여러분의 숙어 학습 효율을 증대시킬 것입니다.

최근 뉴욕타임스에 실린 우리나라 관련 기사는 deepfake, 우크라이나-러시아 전쟁의 북한 참전, 북한의 무력 시위(saber rattling), 소설가 한강의 노벨문학상 수상, 반려견 문화, 지방 소멸, 삼성전자, 동성애 등입니다. 〈뉴욕타임스〉의 온라인판에서는 하루가 멀다하고 우리나라 기사가 쏟아집니다. 이 책의 예문 출처는 그곳입니다.

2023년 7월에 발간된 《외신으로 본 대한민국의 VOCABULARY 1》에는 예문에 대한 해석이 없었습니다. 그렇지만 이번 책에서는 각 예문의 해석 및 맥락 파악 그리고 중요 단어에 대한 설명까지 덧붙였습니다. 다만 예문이 길다고 느껴질 수 있습니다. 그렇지만 충분한 학습효과가 나온다면 이보다 더 좋은 것은 없을 것입니다.

영어가 다른 언어와 다른 가장 큰 차이점은 어휘의 풍부함이라고 합니다. 웹스터 사전에는 45만 개, 옥스퍼드 사전에는 61만5천 개의 단어가 수록되어 있다고 합니다. '풍부하다'는 말이 우리에게는 '넘어야 할 산이 높다', '건너야 할 강이 넓다'라는 뜻으로 들립니다. 저는 이렇게 풀어봅니다. 양동이에서 쏟아지는 물처럼 단어의 바다가 이룬다고.

비영어권에 사는 우리가 극복하는 방법은 하고, 또 하고, 또 또 하는 것 외에는 다른 방법을 찾을 수 없습니다. 영어 속담에 'Slow and steady wins the race'가 있습니다. 천천히, 그리고 꾸준히 하면 승리한다는 뜻입니다. 우리 말의 '우보(牛步)'와 같습니다. '우보'는 소의 걸음입니다. 소는 뛰지 않습니다. 그렇다고 쉬지도 않습니다.

계엄령과 관련해서 매일같이 외신이 쏟아져나옵니다. 2권에서는 이와 관련한 숙어 등을 맛볼 것입니다. 그리고 블로그에 '스토리(story)있는 홍수의 영단어'를 연재하고 있습니다. 블로그를 활용하면 더 깊이 있는 영단어 공부가 되지 않을까 합니다. 감사합니다.

최홍수

주의해야 할 예문

- 주어(S) 다음에 동사(V)와 목적어(O)가 오는 것이 순서입니다만 목적어가 긴 경우에는 어순이 도치된 경우도 더러 있기에 유의하기 바랍니다.

- 'on'과 'upon'은 같은 단어입니다.

- :(colon)은 explanation(설명), example(예시), quotation(인용)을 뜻합니다.

- ;(semicolon)은 '접속사의 기능'과 '목록(list) 구분'에 쓰입니다.

- 'root'는 동사원형을 뜻합니다.

- 'have(has) + 목적어 + p·p(과거분사)' 형식이 간혹 있습니다. 수동의 뜻인 경우가 많습니다. 즉 'I have my car stolen'은 '내 차가 도난당했다'라는 의미입니다.

- 관계대명사 형용사적 용법은 한정적으로 해석하는 것이 일반적이지만 본 책의 경우 계속적 용법으로 해석한 경우도 있음을 참고하시기 바랍니다.

P Q R S T U V W X Y Z **A** B C D

IDIOM

블로그

- 블로그 이름 : 스토리(story)있는 홍수의 영단어

- 블로그 주소 https://blog.naver.com/chscyjcjw

PHRASAL VERB

UVWXYZ ABCDEFGHIJ
CDEFGHIJKLMNOPQRSTU
HIJKLMNOPQRSTUVWXYZ AB

QRSTUVWXYZ

A

외신으로 본
대한민국의
IDIOM 1

BCDEFGHIJKLMNOP

Abandon

• with abandon : (결과도 생각없이) 함부로(doing something without the fear of consequences)

So far no major bedbug outbreaks have been reported in Asia this fall, but some residents and municipalities are already hiring pest-control companies or buying pest-control supplies with abandon.

지금까지 올 가을에 아시아에서 주요 빈대 출현 소식은 없었지만, 몇몇 거주민과 지자체는 이미 방역회사를 고용하거나 병충해 방지 공급 물품을 마구잡이로 산다.

Abide

• abide by ⓥ (법·합의) 준수하다, 따르다.

We urge the D.P.R.K. to cease its arms negotiations with Russia and abide by the public commitments that Pyongyang has made to not provide or sell arms to Russia.

우리는 북한이 러시아와의 무기협상을 중단하고 공공연하게 러시아에 무기를 공급 또는 판매를 하지 않겠다는 약속을 지키라고 촉구한다.

DPRK : Democratic People's Republic of Korea(북한)

Abound

• abound with ⓥ 풍부하다(teem with)

These days, the streets of Paris — like others across Europe — abound with refugees sleeping rough through yet another bitter winter.

요즘, 유럽의 다른 도시들과 마찬가지로 파리의 거리에는 또 다른 혹독한 겨울을 겪으며 노숙하는 난민들이 많다.

abundance ⓝ

sleep rough ⓥ 노숙하다.

Abstain

• abstain from ⓥ 기권하다, 삼가하다.

The United States — a key ally that often vetoes U.N. statements critical of Israel — abstained from voting on the resolution, allowing it to pass.

이스라엘에 비판적인 유엔 성명에 종종 거부권을 행사하는 주요 동맹국인 미국은 그것(인도적 지원)이 통과되는 결의안 투표에 기권했다.

abstinence ⓝ (술, 담배 등의) 자제.

Abuzz

• abuzz with : 왁자지껄하다, 떠들썩하다.

The room was abuzz with the sounds of people having fun.

방은 사람들이 즐거워하는 소리로 가득 찼다.

buzz ⓝ (벌) 윙윙거림

Accede

- accede to ⓥ ~에 응하다.

Initial hopes that the Swiss-educated, third-generation dictator would be a reformer and accede to international demands to abandon his nuclear program have long died along with his victims.
스위스에서 교육받은 세 번째 세대 독재자(김정은)가 개혁가가 될 것이라는 처음의 희망과 그가 국제적 요구에 응하여 핵 프로그램을 포기할 것이라는 기대는 그의 희생자들과 함께 오래전에 사라졌다.

accede ⓥ (왕위, 권좌에) 오르다. accession ⓝ

Access

- gain(get, have) access to ⓥ ~에 접근하다.

By boosting connectivity, China can spur growth, gain access to valuable natural resources and create new markets for its goods.
(중국의 일대일로 정책) 연결성을 강화함으로써, 중국은 성장을 촉진하고, 귀중한 자연 자원에 접근하며, 자국 상품을 위한 새로운 시장을 창출할 수 있다.

- lack access to ⓥ ~에 접근하지 못한다.

How concerned are you about lack of access to broadband in rural areas?
농촌 지역에서의 고속 데이터 통신망의 인터넷 접근 부족에 대해 얼마나 걱정이 많은가?

Acclimate

- acclimate to ⓥ (새로운 환경에) 적응하다(acclimatize)

Kumagai, the captain, who plans to help her teammates acclimate to France this summer, will be key.
(일본 여자 축구대표팀) 주장이기도 한 Kumagai는—그녀의 팀이 이번 여름 프랑스에 적응할 수 있도록 도움을 줄 계획을 세우고 있는데—(프랑스월드컵에서) 핵심이 될 것이다.

acclimation ⓝ

Accord

- of one's own accord : 스스로, 자발적으로.

At the local police station, Jane filed an affidavit stating the woman had left home of her own accord and did not want to be contacted by her family, in case they approached the police to search for her.
지역 경찰서에서 Jane(인권운동가)은 서약서를 제출했는데, 그 내용은 여성(가정폭력 피해자)이 스스로 집을 떠났으며 가족이 그녀를 찾기 위해 경찰에 접근하는 경우 연락받기를 원하지 않는다고 밝혔다.

affidavit ⓝ 선서진술서 (a written statement that you swear is true, for use as proof in a court of law)

Account

- **account for** ⓥ 차지한다(form a particular amount or part of something)

  Semiconductors account for 20 percent of South Korea's exports.
  반도체는 대한민국 수출의 20%를 차지한다.

  semi~ : 반(exactly half)

Accountable

- **hold A accountable for** ⓥ A에게 책임을 묻다.

  South Korean adoptees have been returning to the country to hold the government accountable for what they call a corrupt adoption system that went largely unchanged until recent decades.
  대한민국에서 해외로 입양된 사람들이 최근 수십 년 동안 별다른 변화가 없었던, 그들이 부패했다고 지칭되는 입양 시스템에 대한 책임을 정부에 물으려고 그들의 출신 국가로 돌아오고 있다.

  accountability ⓝ

Ache

- **ache for** ⓥ 갈망하다, 갈구하다(want to do or have something very much)

  Starting anew has not been easy. They ache for their homeland and their loved ones, unsure when they will see them again beyond their cell-phone screens.
  새롭게 출발하는 것이 쉽지는 않았다. 그들(아프간 난민)은 휴대폰 화면 너머의 고국과 사랑하는 사람들을 언제 볼 수 있을지가 불확실한 상황에서 그들을 갈망했다.

  물리적으로 만나지 못하고 디지털 화면으로만 상대방을 볼 수 있는 상황

Acquaint

- **be acquainted with** ⓥ ~와 친숙해지다.

  In Paris, he became acquainted with Art Informel, the gestural European answer to Abstract Expressionism.
  파리에서 그는 추상 표현주의에 대한 유럽의 제스처적 대답인 아트 앵포르멜과 친해졌다.

  acquaintance ⓝ

  Art Informel : 1940년대와 1950년대에 유럽에서 유행한 추상 예술 운동

Acquiesce

- **acquiesce to** ⓥ 묵인하다(동의하지는 않지만 하도록 내버려 두다)

  President Tsai Ing-wen is a signal lamp casting out China's looming shadow, conveying to the world that Taiwan will not acquiesce to the Chinese Communist Party.
  Tsai Ing-wen(대만 총통)은 대만이 중국 공산당에 굴복하지 않을 것임을 세계에 전달하면서 중국의 잠재적인 그림자를 밀어내는 신호등이다.

  acquiescence ⓝ

Acquit

- **acquit A of B** ⓥ A에게 B에 대한 죄가 없다고 선고하다.

  He was acquitted of 11 charges this year and will not face another trial.
  그는 올해 11개의 죄목에 대해 무죄를 선고받아 또 다른 법정에 서지는 않을 것이다.

acquittal ⓝ

Act

- **act as** ⓥ ~의 역할을 하다.

  But I am slow-thinking and full of interior rules that act as brakes on my desires.
  저는 생각이 느리고, 욕구를 억제하는 역할을 하는 내부의 규칙들로 가득 차 있다.

- **act on** ⓥ ~에 따라서 행동하다.

  Look reality in the eye, and act upon it.
  눈으로 현실을 보고 이에 따라 행동하라.

Add

- **add up to** ⓥ (어떤) 결과를 도출하다(produce a particular total or result)

  With our entrenched culture of impunity, that can only add up to the further disempowerment of the Filipinos.
  벌을 주지 않은 문화(전직 고위 관료들이 계속해서 사면을 받음)가 깊숙이 뿌리박힌 우리로서는, 그것은 필리핀인들의 더 큰 힘의 상실로 이어질 수 있다.

필리핀에서는 '피플 파워(People Power)'로 독재자를 축출한 경험이 있음.

Addicted

- **be addicted to** ⓥ 중독된, 푹 빠진.

  Having lost nearly all of his savings, he finally realized he was addicted to gambling.
  거의 저축된 돈을 잃고 나서, 그는 마침내 도박에 중독된 자신을 깨달았다.

addiction ⓝ

Adept

- **adept at** : 능숙하다(skillful)

  Kim has proved himself as adept at brinkmanship as his illustrious father and grandfather.
  김정은은 유명한 (자신의) 아버지와 할아버지처럼 벼랑 끝 전술에 능함을 보여주었다.

adeptness ⓝ

Adhere

- **adhere to** ⓥ 고수하다.

In Tibetan Buddhist tradition, to which the Sherpas adhere, the dead should be cremated at home.
셰르파들이 고수하는 티베트 불교 전통에서는 죽은 사람을 집에서 화장해야 한다.

adherence ⓝ

sherpa ⓝ 히말라야에 사는 부족으로 등반가들을 위한 안내나 짐 운반 등의 일을 사람.

Adjust

- **adjust to** ⓥ ~에 적응하다.

It took a few seconds for her eyes to adjust to the darkness.
그녀의 눈이 어둠에 적응하는 데 몇 초가 걸렸다.

Admit

- **admit to** ⓥ 인정하다.

As part of the agreement, Jack did not admit to any wrongdoing.
협약의 일환으로, Jack은 어떠한 잘못도 인정하지 않았다.

admission ⓝ

Ado

- **without more(further) ado** : 지체없이(without delaying or wasting any time)

So, without further ado, scroll on to explore the 15 best travel accessory deals from the Amazon Big Spring Sale.
그러니 망설이지 말고, 아마존 빅 스프링 세일에서 최고의 15가지 여행 액세서리 거래를 탐색해보세요.

travel accessory : 여행용 가방, 목베개, 여권 케이스, 여행용 물병 등

Adrift

- **cut A adrift** ⓥ A를 방랑하게 하다.

Then, with the Soviet Union's demise, Cuba was cut adrift economically.
그리고선 소련의 붕괴로 쿠바는 경제적으로 방랑하였다.

adrift ⓐ (바다에서) 표류하는

Affiliate

- **be affiliated with** ⓥ 연계되다(closely connected with it)

But within days, students affiliated with those groups were being doxxed, their personal information posted online.
그러나 며칠 이내, 그러한 그룹과 연계된 학생들의 이름이 밝혀지고, 개인신상정보가 온라인에 올라갔다.

affiliation ⓝ

dox ⓥ (보복 또는 징벌의 차원에서) 개인적인 정보를 밝히다.

Afford

- ill afford ⓥ ~할 여유가 없다(be unable to afford)

Mr. Xi can ill afford more surprises at a time when he needs to turn around China's struggling economy.
(북한과 러시아의 밀착) 시진핑 주석은 중국의 어려움을 겪고 있는 경제를 회복시켜야 하는 시기에 더 이상의 놀라운 일들을 감당할 여유가 없습니다.

Afloat

- keep afloat ⓥ

① 물 위에 뜨다.
You can keep afloat for longer if you lie on your back.
등을 대고 누우면 더 오래 떠 있을 수 있다.

② (경제적으로) 겨우 버티다.   stay afloat(동의어)
The economic giant has provided a huge amount of food and fuel to keep the isolated country afloat.
경제 대국이 고립된 국가를 지탱하게 하기 위해 엄청난 양의 식량과 연료를 제공하였다.

Afoul

- fall(run) afoul of ⓥ ~와 충돌하다, ~에 저촉되다.

"The sanctions have hit my business hard," he says, requesting anonymity for fear of running afoul of the government.
'제재가 사업에 큰 타격을 주었다'라고 말한 그는 정부와의 마찰을 우려해 익명을 요청했다.

Age

- come of age ⓥ 성년이 되다.

Many came of age during the 2008 global financial crisis.
많은 사람이 2008년 금융 위기 때 성년이 되었다.

Ahead

- (far) ahead of : 앞서다.

Cardin embraced designing for the masses, flouting couture traditions   couture ⓝ 고급 여성복
and championing ready-to-wear (or mass market) clothes far ahead of many contemporaries.
(프랑스의 패션디자이너인) Cardin은 많은 동시대인보다 훨씬 앞서 고급 여성복 전통을 거부하고 기성복(즉 대중의 시장)을 위해 싸우면서 대중을 위한 디자인을 옹호했다.

Aid

- **come to one's aid** ⓥ ~를 돕다.

If you won't lift a finger to help yourself, you can't expect Hercules or any one else to come to your aid.

만약 당신이 스스로를 돕기 위해 손가락 하나 까딱하지 않는다면, 헤라클레스나 그 누구도 와서 당신을 도와줄 거라고 기대할 수 없다.

이솝(Aesop) 우화의 "Heaven helps those who help themselves"에서 나오는 구절.

Air

- **disappear into thin air** ⓥ 흔적도 없이 사라지다(disappear completely in a mysterious way)

Learning how to advance in small teams that can attack and then dissipate into thin air was key.

(군사훈련) 작은 팀으로 전진하여 공격한 후 흔적도 없이 사라지는 방법을 배우는 것이 핵심이었다.

- **in the air** : 기운이 감도는(a lot of people feel it at the same time)

Optimism is in the air.

낙관주의적인 기운(희망의 기운)이 감돌았다.

- **put on airs** ⓥ 젠체하다(assume an affected or haughty manner)

As their fortune increased, they began to put on airs.

그들의 재산이 늘어나면서, 그들의 어깨에 힘이 들어갔다.

- **take to the air** ⓥ 비행하다.

Lieutenant Jane, a 26 year-old-helicopter pilot from Houston, says she takes to the air three or five times a week in her Seahawk.

휴스턴 출신의 26살 헬리콥터 조종사인 중위 Jane은 일주일에 3번이나 5번 비행한다고 말한다.

Seahawk ⓝ 시호크(미 해군의 대잠수함 헬리콥터)

Aisle

- **across the aisle** : 상하 양원을 아울러, 당파를 초월하여

Feinstein may have carried herself with a regal demeanor, but her true self was the one who cornered colleagues in basement hallways and hosted dinners for friends across the aisle.

Feinstein(미국의 정치인)은 왕실 같은 품위로 행동했을지 모르지만, 진정한 그녀는 지하 복도에서 동료들을 몰아세우고 반대편 정치인 친구들을 위해 저녁 식사를 주최하는 사람이었다.

corner ⓥ (의견을 강요하기 위해) 구석으로 몰아붙이다.

- **on the aisle** : 복도(통로) 쪽으로

  There was no seating chart, and the friend sat on the aisle toward the front of the ceremony.
  좌석 배치도가 없었고, 그 친구는 의식 앞쪽 통로 쪽에 앉았다.

- **walk down the aisle** ⓥ 결혼하다.

  Prenuptial agreements have long been used by couples who want to set down the terms of any future divorce before they walk down the aisle.
  혼전 계약서는 결혼식 전에 미래의 이혼 조건을 정해두고자 하는 커플들에 의해 오랫동안 사용되었다.

Akin

- **akin to** : 유사한

  Yet we still think of heat as a natural disaster on a par with, say, an earthquake, or even akin to a terrorist attack.
  그러나 우리는 더위(지구 온난화)를 지진과 같은 자연재해로, 심지어 테러공격과 유사한 것으로 생각한다.

Alarm

- **raise (sound) the alarm** ⓥ 경고음을 울리다.

  Knife Attack on Opposition Leader Raises Alarms in Polarized South Korea.
  (기사 제목) 야당 대표를 칼로 공격한 것은 극단화된 대한민국에 경고음을 울리는 것이다.

alarm ⓝ 불안, 공포

Alert

- **on (high) alert** : (고도의) 경계상태를 유지하는

  France has been on high alert for terrorist attacks, with extra police officers and soldiers on the streets, armed with machine guns.
  프랑스는 거리에는 추가한 경찰 인력과 군인들이 기관총으로 무장한 채 고도의 경계상태를 유지했다.

- **alert A to B** ⓥ A가 B를 경계하도록 하다.

  The authorities were first alerted to vandalism at the palace at about 2 a.m. on Saturday.
  (경복궁 낙서 사건) 당국은 토요일 오전 2시 궁전(경복궁)의 반달리즘에 처음으로 비상이 걸렸다.

vandalism ⓝ 반달리즘 (the crime of deliberately damaging things, especially public property)

Alien

- be alien to ⓥ 낯설다.

The idea of recognizing the other party's point of view and reaching compromises is completely alien to Spanish political culture, which is influenced by the weight of the colonial empire that spread around the globe through violence and extermination.

다른 당사자의 견해를 인정하고 절충한다는 생각은 스페인 정치문화에는 완전히 낯설다. 이는 식민제국이 폭력과 절멸로 세계로 뻗어 나간 무게의 영향을 받아서이다.

alienation ⓝ

extermination ⓝ
근절, 절멸

Alone

- let alone : ~커녕

The number of rescue vessels is simply too small to even spot, let alone intercept, every migrant boat on the vast sea north of Libya.

(지중해를 건너는 난민) 구조선의 숫자가 너무 적어 리비아 북쪽의 광활한 바다에서의 (유럽으로 향하는) 난민선을 가로채기는커녕 발견하기가 쉽지 않다.

Amount

- amount to ⓥ ~와 같다, ~에 이르다.

Opponents of the peace deal claim that it amounts to impunity for war criminals.

평화협정을 반대하는 사람들은 평화협정은 전범들에게는 벌을 주지 않는 것과 같다고 주장한다.

- not amount to much ⓥ 중요하지 않다(not be important, valuable, or successful)

He also harbored a cheeky rebelliousness toward authority, which led one schoolmaster to send him packing and another to amuse history by declaring that he would never amount to much.

그(Einstein)는 권위에 대한 건방진 반항심을 가졌는데, 이에 대해 한 선생님은 그에게 짐 싸라고 했고, 또 다른 선생님은 그가 성공하지 않을 것이라고 선언함으로써 역사를 조롱했다.

Analysis

- in the final analysis : 결국(after considering everything)

It was a difficult decision but, in the final/last analysis, it was the right choice.

어려운 결정이었지만, 최종적으로는 올바른 선택이었다.

Angle

- **angle for** ⓥ 노리다(try to get something you want without asking directly for it)

    I didn't want him to think I was just angling for sympathy
    그가 나를 동정하려고 하는 것처럼 생각하는 것을 원치 않았다.

Anonymity

- **on condition of anonymity** : 익명의 조건으로

    Many of those interviewed spoke on condition of anonymity, to discuss sensitive diplomatic and intelligence issues.
    인터뷰를 한 사람들은 익명으로 조건으로 민감한 외교와 정보 문제들을 이야기했다.

Answer

- **answer for** ⓥ (생각을) 이야기하다(say what someone else thinks)

    King Charles, Visiting Kenya, Faces Calls to Answer for Colonial Abuses
    (기사 제목) 케냐를 방문한 영국의 찰스 국왕은 식민시대의 학대에 대해 이야기하라는 요구에 직면하다.

- **answer to** ⓥ (자신의 행동이나 결정에 대해) 설명하다(be required to explain one's actions to someone)

    We might even be able to set out a plan to find the killers — and discover who they answered to.
    우리는 심지어 살인자를 찾아내고 그들이 누구에게 명령을 받았는지 밝혀낼 계획을 세울 수도 있을 것이다.

Anywhere

- **go anywhere** ⓥ (주로 부정문에서) 성공하지 못하다.

    But sales didn't go anywhere, despite what the company claimed was its much lower-cost and higher-quality product.
    하지만 회사가 자사의 제품이 훨씬 저렴하고 고품질이라고 주장했음에도 불구하고, 매출은 전혀 늘지 않았다.

Appeal

- **appeal A to B** ⓥ A를 B에 항소(상고)하다.

    Mr. Trump's campaign said immediately that it would appeal the decision to the U.S. Supreme Court.
    트럼프 진영에서는 그 결정을 미국의 대법원에 상고하겠다고 즉시 말했다.

angle ⓥ 낚시하다.

Apply

- **apply for** ⓥ 신청하다, 지원하다.

  Mr. Lee, the leader of the Democratic Party, was taken to a hospital hours before prosecutors applied for the warrant, on charges including bribery and breach of trust.

  (단식한) 이재명(민주당 대표)은 뇌물과 배임 혐의로 구속영장을 청구하기 몇 시간 전, 입원했다.

- **apply A to B** ⓥ A를 B에 적용하다.

  What matters is creativity, the ability to apply imagination to almost any situation

  중요한 것은 상상력을 거의 어떤 상황에서도 적용할 수 있는 능력인 창조성이다.

Argue

- **argue against** ⓥ 반대의견을 말하다.

  Arguing against a re-election campaign in his mind, he wrote in his diary in November 1954, was the need for "younger men in positions of the highest responsibility" at a time of "growing severity and complexity of problems that rest upon the president."

  1954년 11월 그(아이젠하워)의 일기에서, 그의 마음에서 재선 운동을 반대하는 것은 "대통령에 달려있는 증가하는 문제의 심각성과 복잡성"의 시대에 "대통령의 자리에 더 젊은 사람"이 필요하다는 것이었다(당시 그의 나이 64세)

  미국 대통령 아이젠하워 (Eisenhower) 재임 기간 : 1953년~1961년

- **argue someone into(out of) doing something** ⓥ 하도록(하지 않도록) 설득하다.

  Jack argued me into buying a new jacket.

  Jack은 내가 새로운 재킷을 사도록 설득했다.

Arise

- **arise from** ⓥ ~에서 발생하다, ~에서 일어나다.

  Jack, then 17, had traveled from Illinois to Kenosha, where protests arising from the police shooting of Tom were raging.

  당시 17세였던 Jack은 Illinois에서 Tom을 총으로 죽인 경찰의 행동으로 일어난 데모가 불같이 번졌던 Kenosha로 여행했다.

As

- **as of** (시간) : (그 시간)에

  As of now, Kim Ju-ae is seen as the most likely successor.

  현재로서는 (김정은의 딸) 김주애가 가능성이 많은 후계자로 보인다.

Ascribe

- ascribe A to B ⓥ A는 B탓이다.

Many ordinary Chinese labor under the false idea that traditional Chinese medicine ascribes extraordinary health benefits to rare animal parts, creating a big headache for genuine practitioners and concerned conservationists

(야생동물 남획) 전통 중국 의학이 희귀 동물 부위가 특별한 건강상의 이점을 부여한다고 많은 일반 중국인들이 잘못 믿고 있으며, 이로 인해 참된 의사들과 환경 보호론자들에게 큰 골칫거리가 되고 있다.

Aside

- aside from : ~를 제외하고(apart from)

Aside from capital punishment, the only way to legally kill someone in the US is in self-defense, but what that means can vary state by state.

사형 외에, 미국에서 법적으로 누군가를 죽일 수 있는 유일한 방법은 자기방어이지만, 그 의미는 주마다 다를 수 있다.

Assign

- assign A to B ⓥ 소속시키다.

assignment ⓝ

She reported the incident to her managers shortly after, but was subjected to performance audits that she describes as unfair and assigned to a lower-level branch outside Seoul.

그녀는 그 사건(성추행)을 상관에게 즉각 보고했지만 부당한 업무감사를 받고 서울 밖의 더 낮은 지점에 발령이 났다(소속되었다).

UVWXYZ ABCDEFGHIJ
CDEFGHIJKLMNOPQRSTU
HIJKLMNOPQRSTUVWXYZ AB

RSTUVWXYZA

B 외신으로 본
대한민국의
IDIOM 1

CDEFGHIJKLMNOPQ

Baby

- **be left holding the baby** ⓥ 혼자 해결해야 할 문제를 떠안다.

  His friends ran away and he was left holding the baby.
  친구들은 도망가버리고 그 혼자서 모든 책임을 다 뒤집어썼다.

- **have a baby** ⓥ 아기를 낳다. '임신하다가 아님

  China's ruling Communist Party is facing a national emergency. To fix it, the party wants more women to have more babies.
  중국 공산당은 민족적 위기에 직면하고 있다. 이를 고치기 위해 더 많은 여성이 더 많은 아이를 낳기를 공산당은 원한다.

- **throw the baby out with the bath water** ⓥ 목욕물 버리다가 아이까지 버리다(discard or lose something useful or beneficial in the process of discarding or rejecting something unwanted)

  People who leave old friends because of minor issues are throwing out the baby with the bathwater.
  사소한 문제로 오래된 친구를 떠나는 사람들은 소중한 것을 잃는 실수를 하고 있는 것이다.

Back

- **back away from** ⓥ 물러나다, 후퇴하다.

  For America and other countries we allied with, the worst possible step would be to back away from Afghanistan because we are exhausted by the past two decades and ashamed of our failure.
  (아프가니스탄 패망 직후) 미국과 우리가 동맹을 맺은 다른 국가들에게 가장 나쁜 조치는 지난 20년 동안 지쳐 있고 우리의 실패를 부끄러워하여 아프가니스탄에서 물러나는 것이다.

- **back down** ⓥ 포기하다, 후퇴하다.

  Protesters have no intention of backing down.
  데모대들은 물러서려고 하지 않았다.

- **back off** ⓥ 물러나다.

  At times, he has shown enough independence to criticize the governments of Russia, Israel and Saudi Arabia, but he tends to back off when his words draw angry responses.
  가끔은, 그(유엔 사무총장)는 러시아, 이스라엘 그리고 사우디아라비아를 비난하는 독립성을 보여주기도 했으나, 화난 반응이 있을 시에는 물러서는 경향이 있다.

• back up

① 뒷받침하다.

That's speculation without hard evidence to back it up, and they acknowledge that this kind of prediction is fraught.
그것(김정은이 전쟁을 일으키겠다는 결심)은 뒷받침할 분명한 증거가 없는 추측이다. 그리고 그들(전문가들)은 이런 종류의 예측이 긴장을 불러일으킨다는 것도 안다.

② (화장실, 싱크대의 물흐름이) 원활하지 않다.

The traffic was backed up a mile in each direction.
교통이 양방향으로 1마일 막혔다.

cf. back-up striker : 축구에서 스트라이커 대신 출전하는 대체 선수(후보 공격수)

The big names were there in a well-fought final, but it felt a bit like destiny to see the team's back-up striker score the vital goals to win them the title.
잘 싸운 결승전에서 유명 선수들이 함께했지만, 팀의 백업 스트라이커가 중요한 골들을 넣어 그들에게 우승을 안겨준 것은 마치 운명처럼 느껴졌다.

Backdrop

• against the backdrop : (무엇을) 배경으로

The change has occurred against the backdrop of global denunciations of Israel's actions and an explosion of divisive protests in the United States.
그 변화(미국의 이스라엘지지 철회)는 이스라엘의 행동에 대한 전 세계적인 비난과 미국에서의 분열적인 시위 폭발을 배경으로 발생했다.

Background

• into the background : 뒷전으로 밀려나

Visits to the dentist, fixing the well, braces for my permanent teeth — those concerns fade into the background for both the drug-addicted and traumatized minds.
치과 방문, 우물 수리, 영구치 교정기 같은 걱정들은 마약 중독자와 트라우마를 겪는 사람들 모두에게 뒷전으로 밀려난다.

Backing

• throw one's backing(weight) behind ⓥ 지지하다.

On March 3, a fringe conservative candidate, software mogul Ahn Cheol-soo, dropped out of the race and threw his backing behind Yoon.
3월 3일, 보수의 군소후보였던 소프트웨어 실력자 안철수가 사퇴하고 윤석열 후보를 지지했다.

mogul ⓝ 거물, 실력자

Backseat

- **take a backseat to** ⓥ ~에 양보하다, ~에 밀리다.

Psychological health often takes a back seat to physical health, but Dr. Jack said it's just as important.
심리적 건강이 종종 육체적 건강보다 뒷전인데 Jack 박사는 똑같이 중요하다고 말한다.

Bake

- **bake something into** ⓥ 필요한 부분으로 통합하다, 내재하다.

The rich have long sought to avoid the inconveniences baked into city life.
부자들은 도시 생활에 내재된 통합된 불편함을 피하려고 오랫동안 노력했다.

Bail

- **bail out** ⓥ (원하지 않는 상황에서) 벗어나다.

As local governments and companies in China struggle with debt, the state's ability to bail
them out is not inexhaustible.
중국의 지방정부와 기업들은 빚과 싸우면서, 그들을 구제할 수 있는 정부의 능력은 고갈되고 있다.

bail ⓝ 보석(금)

Balk

- **balk at** ⓥ ~에 망설이다.

But Israel has balked at deliveries of fuel because it says Hamas could use it for military purposes.
그러나 이스라엘은 하마스가 연료를 군사적 목적에 사용할 수 있기에 연료공급을 주저한다.

'보크' 야구용어

Bandy

- **bandy about** ⓥ 사람의 입에 오르내리다.

As the coronavirus spreads around the world and scientific understanding of the virus and the disease it causes grows, technical terms are increasingly bandied about.
코로나바이러스가 세계적으로 번지고, 바이러스의 과학적 이해와 바이러스가 야기하는 질병이 커지면서, 기술적 용어들이 점점 더 많이 많은 사람의 입에서 오르내린다.

Bang

- be (like) banging your head against a brick wall ⓥ 불가능한 일을 하려고 헛고생하다.

After banging your head against the wall for 40 years to make partner or become department chair, the day you accept you're free to quit trying comes as a relief.

40년 동안 파트너가 되거나 부서장이 되기 위해 벽에 머리를 부딪치며 헛고생한 후, 더 이상 시도하지 않아도 된다고 받아들이는 날은 안도감으로 다가온다.

Bare

- lay something bare ⓥ 발가벗기다.

The pandemic laid bare how dependent some downtowns are on tourism.

팬데믹은 일부 시내가 얼마나 관광에 의존하였나를 적나라하게 보여주었다.

Bargain

- into the bargain : 그 외에도(besides, in the bargain)

He's intelligent, funny, a loving husband, and an excellent cook into the bargain.

그는 똑똑하고, 유머감도 있고, 사랑스런 남편이지만, 그 외에도 요리도 아주 잘 한다.

Barrel

- have A over a barrel ⓥ A가 불리한 입장에 서게 하다(at a disadvantage)

The North Korean regime is fully aware that it has the Chinese leadership over a barrel.

(북한의 붕괴로 난민이 중국으로 들어오고, 한반도에 민주국가로 통일이 되었을 때를 가정) 북한 정부는 자신이 중국 지도부를 완전히 통제하고 있음을 잘 알고 있다.

Bars

- behind bars : 감옥에 있는

Dozens of other journalists there and across Asia remain behind bars.

그곳(미얀마)과 아시아에 걸친 수십 명의 다른 언론인들이 감옥에 있다.

Basis

- **on the basis of** : 기반으로, 근거로

The lawyers urged them to avoid drawing a new district solely on the basis of race.

변호사들은 그들에게 인종만을 기준으로 새로운 지역을 설정하는 것을 피하라고 권고했다.

- **on a daily basis** : 매일

Israel has agreed to permit two tankers of fuel to enter the Gaza Strip on a daily basis.

이스라엘은 매일 가자지구에 들어갈 연료 두 탱크의 반입을 허용하기로 했다.

- **on a regular basis** : 정기적으로

Dublin joined a flock of global cities that have banned or limited vehicle traffic on a regular basis.

(환경 문제) 더블린(아이랜드 수도)은 정기적으로 차량 통행을 금지하거나 제한한 글로벌 도시들의 대열에 합류했다.

Bask

- **bask in** ⓥ 누리다(enjoy the approval or attention that you are getting from other people)

The win gives Saudi Arabia the chance to bask in the global spotlight in the year that the crown prince's plan to diversify the kingdom's oil-dependent economy, "Vision 2030," is meant to conclude.

(대한민국과 엑스포 유치경쟁의) 승리로 사우디아라비아는 석유에 의존하는 경제를 다양하게 하려는 왕자(실권자)의 'Vision 2030'이 마무리되는 해에 세계적인 주목을 누리는 기회를 누린다.

Baton

- **pass the baton to** ⓥ 책임을 넘기다(hand over a particular duty or responsibility)   pass the reins to(참고)

That started to change almost immediately when Biden, under pressure from his disastrous debate performance on June 27, bowed out of the race on July 21 and passed the baton to Harris.

(미국 민주당 대통령 후보 교체) 바이든이 6월 27일에 열린 참담한 토론 성적으로 인한 압박을 받고, 7월 21일에 대선 경선에서 물러나며 해리스에게 바통을 넘겼을 때 그 변화는 거의 즉시 시작되었다.

Battle

- **half the battle** : 싸움의 절반(어떤 목표를 달성하는 데 있어서 이미 큰 진전을 이뤘다)

He never gives in, and that's half the battle.
그는 결코 포기하지 않는다. 그리고 그것이 가장 중요한 부분이다(나머지는 쉽다)

Bay

- **keep (something) at bay** ⓥ 접근시키지 않다, 저지하다.

Their airtight lids help keep moisture at bay so that your cereal, flour, chips, and more stay fresher for longer.
공기도 들어가지 않도록 한 뚜껑으로 습기를 차단하여 시리얼, 밀가루 그리고 더 이상의 것들이 더 오래도록 신선하게 보관될 수 있다.

Bean

- **spill the beans** ⓥ 비밀을 말하다.

We'll all be there at 6 for the surprise party — now don't spill the beans!
우리 모두 깜짝 파티를 위해 6시에 그곳에 모일거야. 그러니까 아무에게도 말하지 마!

Bear

- **bear on** ⓥ ~와 관련되다.

I don't see how that information bears on this case.
저는 그 정보가 이 사건과 어떻게 관련이 있는지 모르겠다.

- **bear out** ⓥ ~이 옳음을 증명하다.

But even though the scientific evidence bears that out, not everyone is convinced.
과학적으로 그것(후쿠시마 오염수 방류와 관련해 해산물을 먹어도 된다는 전문가들의 의견)이 증명되었어도, 모든 사람이 확신하지는 않는다.

- **too much ~ to bear** : 감당하기에는 너무 많다(힘들다)

But the NLD's resounding victory in a Nov. 8 election, claiming over 80% of the vote, was too much democracy for the generals to bear.

> resounding victory : a very great or complete victory

그러나 (미얀마의) 민족민주연맹(NLD)이 11월 8일 선거에서 80% 이상의 득표율로 압도적인 승리를 거두었는데, 이는 장군(군사정권)들이 감당하기에는 너무 많은 민주주의였다(군부가 민주주의의 확대를 받아들이기 어려워하는 상황을 비유적으로 표현).

Beat

- **beat the band** ⓥ 격렬하게 하다(in large amounts or with great force)

  But I gave it to him and then I lay down and cried to beat the band all afternoon.
  하지만 나는 그것을 그에게 주고, 오후 내내 격렬하게 누워서 울었다.

- **beat around the bush** ⓥ 빙둘러 말하다.

  Stop beating around the bush and tell me what you want.
  핵심을 피하지 말고(빙둘러 말하지 말고) 원하는 것을 직접 말해라.

- **beat the shit(crap) out of somebody** ⓥ 매우 강하게 때리다. 완전히 이기다(상대방이 자제력을 잃고 배설물까지 내보낼 정도로 폭력을 가한다는 비유적 의미)

  Winning the Nobel Prize is a more civilized way of beating the crap out of your brother.   crap ⓝ, shit ⓝ 변(배설물)
  (형제간 경쟁) 노벨상을 수상하는 것은 형제를 때려 이기는 것보다 더 문명적인 방법이다.

- **beat out** ⓥ 물리치다.

  Emotional maturity tops the list of what US singles are looking for, beating out all other qualities.
  (데이트 상대자를 찾는 사람들은) 정서적 성숙함이 미국 싱글들이 찾고 있는 것들 중 가장 우선시되며, 다른 모든 특성들을 능가한다.

- **beat oneself up** ⓥ 심하게 자책하다(blame yourself too much for something)

  If you do your best and you lose, you can't beat yourself up about it.
  최선을 다했는데도 실패한다면, 그 일로 자신을 자책할 수는 없다.

Beef

- **beef up** ⓥ 강화하다.

  The incident comes despite promises by the army to beef up security after the previous attack.
  그 사건은 그 전의 공격 후 경계를 강화하겠다는 군의 약속에도 불구하고 터졌다.

  ⓓ **beefed-up** ⓐ 강화된

  Jack, the chief of the country's national police agency, ordered beefed-up security for politicians and other prominent officials.
  그 나라 경찰의 최고책임자인 Jack은 정치인과 다른 저명한 관료들을 위해 강화된 안전을 명령했다.

Behest

- at the behest of : 명령에 따라, 명령을 받아

In the West, companies use algorithms to expand profitability, while citizens use them tobecome better-informed consumers. In China, companies use algorithms at the behest of the government to ensure that citizens remain within the rules of order set by the political leadership.

서방에서는 국민들은 알고리즘을 정보에 정통한 소비자가 되기 위해, 기업들은 이익 확장에 사용한다. 중국에서는 정치 지도력이 규정한 명령의 규칙 안에 남도록 하는 정부의 명령에 따라 알고리즘을 사용한다.

Behold

- feel(be) beholden to A ⓥ A에게 신세를 지다.

Everyone is beholden to online retail giant Alibaba's new Health Code app, which rates users green, yellow, or red, depending on travel history and possible contact with infected people.

(코로나와 관련하여) 모든 사람이 온라인 소매 거인 Alibaba의 새로운 '헬스 코드' 앱에 신세를 지고 있으며, 이 앱은 사용자의 여행 이력과 감염자와의 가능한 접촉 여부에 따라 사용자를 녹색, 노랑, 빨강으로 평가한다.

Belt

- belt out ⓥ (큰소리로) 노래하다.

croon ⓥ 조용하게 노래하다.

The White House festooned the East Room with cherry blossoms, and President Biden enticed President Yoon Suk Yeol to belt out Don McLean's iconic song about the day the music died.

백악관은 동쪽 방을 벚꽃으로 장식했고, 바이든 대통령은 윤석열 대통령에게 Don McLean의 상징적인 노래인 '음악이 죽은 날'을 열창하도록 유도했다.

Bent

- bent on ⓐ 결심한(completely determined to do something, especially something bad)

Many Seoul-based analysts who have studied Kim Jong Un say Trump is wrong to think him a "madman" bent on self-destruction.

서울에 기반을 두고 김정은을 연구하는 많은 전문가는 그가 자기파괴를 결심한 미친놈이라 생각하는 트럼프가 잘못되었다고 말한다.

Berserk

- **go berserk** ⓥ 흥분하다.

At Dior, Portman and Lawrence, both ambassadors for the brand, watched as crowds went berserk for the pop idols Jisoo from Blackpink and Mingyu of Seventeen, both of South Korea.

(패션쇼) Dior 행사장에서, 브랜드의 홍보대사인 Portman과 Lawrence는 한국의 팝 아이돌인 블랙핑크의 지수와 세븐틴의 민규를 보러 군중이 난리가 난 것을 지켜보았다.

Beside

- **beside oneself** : 극도로 흥분하여(in a state of extreme excitement)

He was beside himself with grief when she died.

그녀가 죽었을 때 그는 슬픔을 가눌 수 없었다.

Bet

- **bet on** ⓥ ~에 내기하다.

Harris and Trump Bet on Their Own Sharply Contrasting Views of America.

(TV 토론) 해리스와 트럼프, 그들만의 뚜렷이 대조되는 미국에 대한 관점에 내기를 걸다.

Better

- **get the better of** ⓥ 이기다(defeat or trick someone by being clever)

The investors deserved to lose their shirts ; greed and stupidity got the better of them.

투자자들이 돈을 잃을 만도 했지. 탐욕과 어리석음이 그들을 이겼다.

lose one's shirt ⓥ (도박이나 투자로) 돈을 잃다.

Bicker

- **bicker over** ⓥ 말싸움하다, 언쟁하다.

The incident added yet another dispute to the contentious relations between the two countries, which have long bickered over historical grievances.

그 사건(일본에서 발견된 도난된 한국의 문화재)은 오랫동안 역사적 원한을 두고 다투어 온 두 나라 사이의 논쟁적인 관계에 또 다른 분쟁을 추가하였다.

Bid

- **bid for** ⓥ 입찰하다(provide services for a specific price, in competition with other offers)

Perceptions about China's handling of North Korea and Russia matter because, perhaps more than at any time in its history, China is bidding for a greater share of global leadership.

중국이 북한과 러시아를 어떻게 다루는지에 대한 인식은 중요한데, 그 이유는 아마도 역사상 어느 때보다도 중국은 글로벌 리더십에서 더 큰 몫을 차지하기 위해 노력하고 있기 때문이다.

Bide

- bide one's time ⓥ 시기를 기다리다.

In 1960, at 26, she sat for months in the forests of Tanzania, biding her time until Chimpanzees accepted her presence and she could observe them up close.

26세이던 1960년 (침팬지 대모) 제인 구달은 침팬지들이 그녀의 출현을 받아들이고 침팬지들을 가까이서 볼 수 있을 때까지 때를 기다리면서 탄자니아의 숲에서 몇 달을 앉아있었다.

Bill

- fit the bill ⓥ 표준에 도달하다(have exactly the right qualities)

But whenever she auditioned to join an idol group, she said, she "never fit the bill for what they wanted." People would say she was too short or boyish, or comment about her cropped hair.

그녀가 아이돌 그룹에 오디션을 볼 때마다, 그녀가 "그들이 원하는 기준에 부합하지 않았다"고 그녀는 말했다. 사람들은 그녀가 너무 작거나 남자 같다고 하거나, 그녀의 짧은 머리에 대해 언급했다.

Bind

- put A in a bind ⓥ A를 곤경에 처하게 하다(an annoying or difficult situation)

Putin and Kim's embrace may place Xi in a bind.

푸틴과 김정은이 가깝게 지내면 시진핑이 곤경에 처해질 수 있다.

- bind A to B ⓥ A를 B에 묶다.

Beijing's rationale is clear : there are large, resource-rich nations within its reach, with a severe infrastructure deficit, and China has the resources to bind them to it.

베이징의 논리는 명확하다 : 중국의 범위 안에는 인프라 부족이 심각한 크고 자원이 풍부한 국가들이 있으며, 중국은 그들을 자신에게 묶어둘 자원을 가지고 있다.

rationale ⓝ 이유(the reasons for a decision, belief etc)

Birth

- **give birth to** ⓥ (아이를) 낳다.

If Mao's era gave birth to the People's Republic and Deng's made the nation rich, then Xi's "new era" aims to transform it into the world's predominant superpower.

모택동 시대에 인민공화국이 탄생했고, 등소평 시대에 부자나라가 되었다면, 시진핑의 새로운 시대는 중국을 세계의 두드러진 최강국으로 변모시키는 것이다.

- **be birthed out of** ⓥ ~에서 탄생하다.

All of our systems were birthed out of white supremacy.

우리의 모든 시스템은 백인 우월주의에서 기인했다.

Black

- **black out** ⓥ ① 등화관제하다. ② 의식을 잃다.

When Peronists won the presidential election in October, they relit a monumental portrait of her that rivals had blacked out on Buenos Aires' biggest avenue, returning her to forefront of the national narrative.

페론주의자들이 10월에 대통령 선거에서 승리했을 때, 그들은 부에노스아이레스에서 가장 큰 대로에 있는 그녀(페론주의의 대상)의 거대한 초상화를 다시 밝혔다. 이 초상화는 경쟁자들에 의해 검게 칠해져 있었는데, 이로써 그녀를 다시 국가적인 이야기의 전면으로 되돌려 놓았다.

> relight ⓥ 다시 불을 밝히다.

Blend

- **blend into** ⓥ (구별이 어렵게) 뒤섞이다.

In a matter of minutes, a handful of entire villages — once clusters of mud-brick homes, their thick, beige walls blending into the endless desert — were transformed into mounds of dust.

(지진에 관한 내용으로) 몇 분도 되지 않아 몇 안되는 마을 전체는 — 흙벽돌 집들, 그리고 그들의 두꺼운 베이지색의 벽들은 끝없는 사막으로 뒤섞여 — 먼지 무더기로 변했다.

Blind

- **be blind to** ⓥ 깨닫지 못하다, 못보다.

Without the rules of transparency written into the nuclear treaties between the US and Russia, both sides would become blind to each other's nuclear arsenals.

미국과 러시아 간의 핵 조약에 투명성의 규칙이 포함되지 않는다면, 양측은 서로의 핵 무기고에 대해 알 수 없게 될 것이다.

Block

- block A from B ⓥ A가 B를 방해하다, 저지하다.

By killing Mr. Lee, the man hoped to "block him from becoming president" and hinder his political allies in the upcoming parliamentary elections.
(이재명의 목을 찌른 사람은) 이재명을 죽임으로써 그가 대통령이 되지 못하게 하고 곧 있을 국회의원 선거에서 그의 정치적 동지들을 훼방 놓기를 희망했다.

Blood

- be(run) in the blood ⓥ (가문에) 피가 흐르다, 타고 나다.

His father and grandmother were painters too, so it's obviously in the blood.
그의 아버지와 할머니도 화가였으므로, 분명히 그것은 집안의 내력이다.

Blow

- blow away ⓥ
① 완전히 무찌르다(defeat soundly)
② 놀라게 하다, 강한 인상을 남기다.

She has been blown away by how many people watch her videos online.
그녀는 온라인에서 자신의 비디오를 시청하는 사람들이 얼마나 많은지에 대해 깜짝 놀랐다.

- blow hot and cold ⓥ 변덕을 부리다.

I blew hot and cold as I weighed up the pros and cons.
나는 찬성과 반대를 가늠하면서 변덕을 부렸다.

weigh up ⓥ 가늠하다.

- blow ou ⓥ 낙승하다, 쉽게 이기다.

Trump's blowout victory solidifies his commanding position atop the Republican field, leading many to wonder whether the race to take on President Joe Biden in November was all but over before it began.
트럼프의 낙승은 그가 공화당 분야에서 지배적 위치를 공고히 하며, 많은 이들이 11월에 조 바이든 대통령을 상대로 할 경선이 시작되기도 전에 사실상 끝났는지 궁금하게 만들었다.

blowout ⓝ 낙승

- blow over ⓥ 사그라들다(fade away without serious consequences)

I thought that after a few days the argument would blow over.
며칠 지나면 그 논쟁이 잦아들 것이라 생각했다.

- blow up
① blow A up ⓥ A에 공기(가스)를 주입하다.

You've got to blow up your cheeks to make the vein pop out so you can hit it.
네가 볼을 부풀려야 정맥이 튀어나와서 그걸 찌를 수 있다.

hit the vein ⓥ (주사 바늘로 정맥을 정확히 찾아) 주사하다.

② 폭파하다.

In June 2020, North Korea blew up a joint liaison office near the border town of Kaesong.
2020년 6월, 북한은 국경 도시인 개성에서 가까운 공동 연락 사무소를 폭파했다.

③ (사진을) 확대하다.

Blue

● out of the blue : 갑자기 (unexpected)

The country, broadly, is in a state of malaise, like it was in 1989, and this is definitely out of the blue.
그 나라(중국)는 대체로 1989년처럼 침체 상태에 있으며, 이것은 확실히 예상치 못한 일이다.

Blurt

● blurt out ⓥ 불쑥 내뱉다.

He blurted everything out about the baby, though we'd agreed to keep it a secret for a while.
우리가 당분간 비밀로 하기로 약속했음에도 불구하고 그는 아기에 대한 모든 것을 불쑥 말해버렸다.

Board

● get on board ⓥ 동참하다.

When, amid rapidly shifting public guidance, citizens worldwide were told that wearing masks could prevent the spread of the disease, New Yorkers got on board, fast.
(코로나 사태) 공공 지침이 빠르게 변경되는 와중에, 전 세계 시민들에게 마스크 착용이 질병 확산을 막을 수 있다고 알려졌을 때, New Yorkers들은 빠르게 이에 동참했다.

● on board : 탈것에 장착한, 동참한   onboard ⓐ

But having China on board means its effects have been far broader.
하지만 중국이 동참함으로써 그 영향이 훨씬 더 넓게 퍼졌다.

Now all ships are required to have at least 20% women on board.
이제 모든 배는 최소 20% 이상 여성을 승선시켜야 한다.

There was no internet on board, and the amenities were modest.
(대통령 전용 기차) 기차에는 인터넷이 없었고, 편의 시설은 소박했다.

Boat

- **in the same boat** : 공동 운명체다, 똑같은 처지다(in the same situation or predicament)

  None of us has any money, so we're all in the same boat.
  우리 중 누구도 돈이 없기에, 모두 같은 상황에 처해 있다.

- **miss the boat**(bus) ⓥ 기회를 놓치다.

  He missed the boat when he applied too late to get into college.
  그가 대학에 너무 늦게 지원하여 기회를 놓쳤다.

- **rock the boat** ⓥ 평지풍파를 일으키다, 시끄럽게 하다.

  The last thing he wants, therefore, is to rock this boat.
  그러므로, 그가 가장 원하지 않는 것은 평지풍파를 만드는 것이다.

Boil

- **boil down to** ⓥ ~로 요약된다, ~가 핵심이다.

  When I talk to parents about my research on teens and technology, their questions often boil down to this : Is it bad for my teen to be spending so much time on electronic devices?
  청소년과 기술에 관한 제 연구에 대해 부모님들과 대화할 때, 그들의 질문은 종종 이것으로 귀결된다 : 나의 청소년 시절 전자기기를 너무 많이 사용하는 것이 나쁜가?

- **boil over** ⓥ ① 액체가 끓어 넘치다. ② 화가 나서 끓어오르다.

  There is a high level of detestation of Macron, which is unprecedented in France. Those feelings could boil over as prices rise and a $ 171 billion deficit begins affecting daily lives.
  프랑스에서는 전례 없는 수준으로 마크롱에 대한 혐오가 높다. 물가 상승과 1,710억 달러 규모의 적자가 일상생활에 영향을 미치기 시작하면, 그러한 감정이 폭발할 수 있다.

  detestation ⓝ 아주 싫어함 (extreme hatred or dislike)

Bolt

- **a bolt from the blue** : 마른하늘에 날벼락, 청천벽력(sudden and unexpected)

  Many of Israel's greatest military triumphs have indeed come from audacious tactics such as the aerial bolt from the blue in 1967 and Sharon's dash across the canal six years later.
  이스라엘의 가장 위대한 군사적 승리들은 1967년 공중에서의 예상치 못한 공격과 6년 후 Sharon(총리)의 운하 횡단과 같은 대담한 전술에서 비롯되었다.

  audacious ⓐ 대담한. audacity ⓝ

- **make a bolt for** ⓥ (갑자기 어디로 향해) 달려가다.

  When he saw the police, he made a bolt for the door.
  그가 경찰을 보자마자 문 쪽으로 달려갔다.

- **bolt out** ⓥ 급히 달아나다(leave a location very quickly)

  He bolted out the back door after seeing his ex-girlfriend walk into the party.

  그가 자신의 전 여자친구가 파티에 들어오는 것을 본 후, 뒷문으로 급히 달아났다.

Bone

- **feel(know, sense) A in your bones** ⓥ A를 직감하다.

  But by then, fellow dissidents and I sensed in our bones that Hong Kong's independence was doomed.

  그때쯤이면, 나와 동료 반체제 사람들은 홍콩의 독립이 이미 실패할 운명에 처했다고 직감했다.

- **bone of contention** : 논쟁점(something that causes arguments between people)

  If Biden reverses the policy, China hawks in Washington will accuse him of appeasing Beijing. If he doesn't, he inherits a tough bone of contention with China.

  바이든이 (트럼프의) 정책을 뒤집으면, 워싱턴의 중국 강경론자들은 그를 베이징에 대한 유화정책을 펼쳤다고 비난할 것이다. 그렇지 않으면, 그는 중국과의 심각한 논쟁의 씨앗을 물려받게 될 것이다.

Book

- **by the book** : rule(규칙, 지침, 법률)에 따라

  After annexing Crimea, Putin assured Russians that everything was done by the book.

  Crimea를 병합한 후, 푸틴은 러시아 국민에게 모든 것은 법에 따라 행해진다고 확신시켰다.

- **bring A to book** ⓥ A의 책임을 묻다.

  War criminals must be brought to book.

  전쟁 범죄자들은 반드시 법의 심판을 받아야 한다.

- **cook the books** ⓥ (특히 회계 장부를) 조작하다.

  Governments of all stripes remain preoccupied by such statistics, and many leaders feel compelled to cook the books.

  모든 정파의 정부는 이러한 통계에 계속해서 몰두하고 있으며, 많은 지도자들은 부정 행위에 나서기로 결심한다.

  > of all stripes : 모든 다른 종류의
  > (of all different types)

- **on the books** : 기록되어 있다.

  Today is officially the hottest day on the books.

  오늘은 기록상 가장 더운 날이다.

- **take a leaf from one's book** ⓥ (누구와) 똑같이 하다.

Maybe we should take a leaf out of Jack's book. It's easy to see how he became a billionaire.
우리도 Jack을 배워야 할 것 같아. 그가 어떻게 억만장자가 되었는지를 보는 것은 쉽다.

Bound

- **be(become) bound to(with)** ⓥ ~와 불가분의 관계에 있다.

Beef, especially, became bound to ideas of white, all-American virility.
특히 쇠고기는 백인, 전형적인 미국적 남성성과 깊이 연결되어 있다.

virility ⓝ (남성의) 정력, 힘.

Bow

- **bow to** ⓥ 절하다, 인정하다.

On Oct. 2, Jack appeared to bow to the inevitable, withdrawing his vice-presidential plans and announcing his retirement.
10월 2일, Jack은 부통령 후보 계획을 철회하고 은퇴를 발표하면서 불가피한 상황에 굴복하는 듯했다.

bow ⓝ 활

Break

- **break away** ⓥ 떨어져 나가다(disband)

But his arguments felt timid : better to stay within a flawed alliance than risk the uncertainty of breaking away.
(Brexit) 그러나 그의 주장은 소극적으로 느껴졌다 : 결별의 불확실성을 감수하느니 차라리 결함 있는 동맹 안에 머무르는 것이 낫다는 것이다.

- **break down** ⓥ

① 분류하다(separate something into smaller parts)

When the figures were broken down by season, death rates due to heart attack went down to 22% in the winter and leaped to 58% in the summer.
그 숫자를 계절별로 분류하면, 심장마비로 인한 사망률이 겨울에는 22%로 내려갔고, 여름에는 58%로 뛰었다.

② 실패하다, 결렬되다.

Negotiations could easily break down, but resolving this intractable issue could help define the future of the Korean Peninsula, Asia and the world.
협상이 쉽게 무산될 수 있지만, 이 난해한 문제를 해결하는 것은 한반도, 아시아, 그리고 세계의 미래를 정의하는 데 도움이 될 수 있다.

③ 부수다, 허물다.

She helped familiarize South Koreans with biracial singers and break down the notion that K-pop was only for Koreans and Korean singers.
그녀(가수 인순이)는 한국인들에게 혼혈 가수들을 알리고, K-pop이 오직 한국인과 한국 가수들만을 위한 것이라는 생각을 깨뜨리는 데 도움을 주었다.

breakdown ⓝ

④ (많은 사람이 보는 앞에서) 울음을 터뜨리다.
My husband had been in the hospital, critically ill, for weeks when I broke down in tears one day during a workout.
내 남편이 몇 주 동안 위독한 상태로 병원에 입원해 있을 때, 나는 어느 날 운동하는 도중 눈물을 터뜨렸다.

- **break even** ⓥ 손익분기점이 되다.

Restaurants are still struggling to break even, but business looks much better than it did a year ago.
식당들은 여전히 손익분기점에서 헤매고 있으나 일 년 전보다 경기는 더 좋아 보인다.

breakeven point ⓝ

- **break into** ⓥ (새로운 직업이나 영역에) 진출하다, 활동하다.

She was featured in Time's list of the 100 most influential people in 2017 and has also broken into Hollywood, starring in X-Men.
그녀(중국의 영화배우 Fan)는 2017년 Time이 선정한 가장 영향력 있는 100인 명단에 이름을 올렸으며, 엑스맨에 주연을 맡으면서 할리우드에 진출했다.

- **break off** ⓥ 관계를 끊다(end a relationship)

Talks between the two sides broke off when one began making unreasonable demands.
한쪽이 부당한 요구를 하기 시작하자 양측 간의 회담이 중단되었다.

- **break out** ⓥ(갑작스럽게 어떤 일이 발생할 때)

outbreak ⓝ

① (전쟁이나 불) 일어나다.
China's Foreign Minister Wang has warned that "conflict could break out at any moment."
중국의 외교부 장관 왕은 "분쟁이 언제든지 일어날 수 있다"고 경고했다.

② 발병하다.
As measles outbreaks continue, provaccine policies get a voice.
홍역 발병이 계속됨에 따라, 예방 접종을 지지하는 정책들이 목소리를 얻고 있다.

③ 갑자기 미소짓다.
The South Korean soccer star changes into his national team shirt and pulls long red socks up over his shins before breaking out his trademark grin for the photographer, eyes sparkling and smile lines crinkling his cheeks.
(손흥민) 한국의 축구 스타는 국가대표팀 셔츠로 갈아입고 긴 빨간 양말을 정강이까지 끌어올린 후, 반짝이는 눈과 웃음 선이 뺨에 주름을 지으며 사진사를 향해 그의 트레이드마크인 미소를 짓는다.

shin ⓝ 정강이

crinkle ⓥ (피부, 종이에) 주름이 생기다.

④ 탈옥하다

cf **breakout** ⓝ 일약, 갑작스런 성공(a sudden advance to a new level)

But her breakout effort is far from a fluke.
그러나 그녀의 성공적인 돌파구는 결코 우연이 아니다.

- **break through** ⓥ 돌파하다(successfully when there is a difficulty)

The assault on the town began around 6 a.m. on Saturday, with security cameras at the kibbutz gate showing two armed men trying to break through.

그 마을에 대한 공격은 토요일 아침 6시경에 시작되었으며, 키부츠 문에서의 보안 카메라는 두 명의 무장 남성이 뚫고 들어가려 시도하는 것을 보여주었다.

kibbutz ⓝ 이스라엘의 공동생활체(a farm in Israel on which a group of people live and work together)

ⓓ **breakthrough** ⓝ 돌파구

Moon has more reasons to hope for a breakthrough. Following Trump's short-lived bromance with Kim, the bar for a meeting is lower and politically safer, given that few Republicans could mount a serious objection.

문재인 대통령은 (북한과의 관계에서) 돌파구를 희망하는 더 많은 이유가 있다. 트럼프와 김정은 위원장의 짧은 브로맨스를 뒤따라, 공화당원들은 대놓고 반대할 수 없다는 점을 감안한다면 만남의 바(bar)는 더 낮아졌고, 정치적으로 더 안전해졌다.

bromance ⓝ a close but non-sexual relationship between two men

- **break up** ⓥ 끝나다, 파산하다(disintegrate)

And if the fate of Ukraine has lessons for South Korea, it is strikingly relevant for North Korea too. Ukraine was the world's third largest nuclear weapons state — its scientists actually helped Pyongyang develop its missiles — when the Soviet Union broke up.

우크라이나의 운명이 대한민국에 교훈이 된다면, 북한에 대해서도 매우 적절하다. 소련이 해체되었을 때, 우크라이나는 세계에서 세 번째로 큰 핵무기 국가였다. 그 나라 과학자들은 북한 미사일 개발에 실질적으로 도움을 주었다.

- **break with tradition**(the past) ⓥ 전통(과거)과 단절하다.

The daughter of a liberal Afghan intellectual, Queen Jane, was fond of breaking with tradition.

자유주의적 아프간 지식인의 딸 Queen Jane은 전통을 깨는 것을 좋아했다.

Breath

- **in the same breath** : 숨도 쉬지 않고 바로, 연이어서

As justification for NATO's invasion of Afghanistan, American and other Western leaders spoke of restoring basic rights for Afghan women in the same breath as removing the Taliban.

아프가니스탄에 대한 나토(NATO)의 침공을 정당화하기 위해, 미국과 다른 서방 지도자들은 탈레반을 제거하는 것과 동시에 아프간 여성들에게 기본적인 권리를 복원하는 것에 대해 말했다.

Bring

- **bring about** ⓥ 초래하다.

    Lincoln did not bring about heaven on earth, nor does he stand as a paragon of equality and justice for all.

    링컨은 지상낙원을 만들어내지 못했으며, 모두에게 평등과 정의의 모범이 되지도 않았다.

    paragon ⓝ 귀감, 모범

- **bring back** ⓥ 기억나게 하다, 상기시키다.

    Thousands of miles away, the invasion has brought back painful memories of when the Korean peninsula was occupied by the Japanese during World War II and the subsequent invasion by Soviet-backed forces in 1950, remaining today riven by Cold War animosities.

    수천 마일 떨어진 곳에서 그 침공(러시아의 우크라이나 공격)은, 제2차 세계대전 동안 한반도가 일본에 점령되었던 시기와 1950년 소련의 지원을 받은 군대의 후속 침공으로 인해 오늘날까지 냉전의 적대감으로 분열된 채 남아 있는 고통스러운 기억을 되살렸다.

- **bring down** ⓥ 붕괴시키다.

    Stagflation and political dysfunction corroded trust in government and brought down the presidencies of Ford and Carter.

    스태그플레이션과 정치적 기능 장애가 정부에 대한 신뢰를 부식시켜 포드와 카터(전직 미국 대통령)를 끌어내렸다.

- **bring forward** ⓥ 시간을 앞당기다.

    Beijing had earlier dispatched a veteran diplomat to persuade Pyongyang to postpone the launch, yet North Korea instead brought it forward by a day to coincide with the eve of Lunar New Year — the country's major holiday.

    중국은 평양에 발사를 연기하도록 설득하기 위해 베테랑 외교관을 파견했지만, 북한은 오히려 발사를 하루 앞당겨 북한의 주요 명절인 설날 전날에 맞췄다.

- **bring off** ⓥ 성공하다(pull off)

    The cast and crew were able to bring off an eccentric but engaging reinterpretation of King Lear.

    출연진과 제작진은 기이하지만 매력적인 (셰익스피어 작품) '리어왕'의 재해석을 성공적으로 해냈다.

- **bring in** ⓥ 도입하다, 유치하다.

    Pyongyang's isolationism means it has devised darker ways to bring in foreign capital.

    평양의 고립주의는 외국 자본을 유치하기 위해 더 어두운 방법을 고안해냈다는 것을 의미한다.

- **bring on** ⓥ 초래하다(make something bad or unpleasant happen)

Concern has been growing within his administration about the mounting Palestinian death toll, worsening humanitarian conditions and physical destruction brought on by the Israeli bombing campaign and week-old ground invasion.
이스라엘의 폭탄 공격, 수 주째 지상전으로 초래한 팔레스타인의 증가하는 사망자 수. 악화되는 인도주의적 조건 그리고 신체적 파멸에 대한 걱정이 그(바이든)의 정부 내에서도 증가하고 있다.

- **bring out** ⓥ 끌어내다, 발휘하게 하다.

Fear of infection can mean fear of others, and when combined with ignorance can bring out the sublimely ugly.
(코로나) 전염을 무서워하는 것은 다른 사람을 두려워한다는 의미이다. 그래서 무식과 결합하면 심하게 고약할 수 있다.

- **bring over to** ⓥ (누군가 또는 무언가를 장소에) 가져가다.

Still, the rock was unusual enough to merit a second opinion. Sheepishly, he brought it over to one of the more experienced miners working the muddy gash deep in the Sierra Leonean jungle.
아직도, (다이아몬드로 의심되는) 그 돌멩이는 두 번째 의견을 구할 정도로 이상했다. 멋쩍어하면서 시에라리온 정글의 진흙땅, 깊이 판 구덩이에서 일하는 많은 경험이 있는 광부 중의 한사람에게 그것을 가져갔다.

- **bring up** ⓥ

① ~를 기르다, 양육하다.
He was brought up by his grandparents.
그는 할머니 할아버지 손에서 자랐다.

② 제기하다.
Legislators are supposed to represent their constituents and bring up what their constituents need.
국회의원들은 그들의 유권자를 대표하고 그들의 유권자가 필요로 하는 것을 제기해야 한다.

gash ⓝ 깊이 파여 상처 난 곳(a deep long cut in flesh)

Brush

- **brush aside** ⓥ

① 무시하다(중요성을 무시, 신경 쓰지 않고 치워버리는 것)(dismiss)
Modi has brushed aside criticism, citing his divine backing.
(인도 총리) 모디는 비판을 일축하며 자신의 신성한 후원을 언급했다.

② 가볍게 넘기다.

As Jane brushed aside her hair, her sparkling engagement ring was visible on her finger.
Jane이 머리카락을 넘기자, 그녀의 반짝이는 약혼반지가 손가락에 보였다.

- **brush away** ⓥ 무시하다(물리적으로 무엇을 쓸어내거나, 어떤 것의 존재를 없애는 것)

After Trump's election, many observers crowned her the new "leader of the free world", a designation she tends to brush away.
트럼프의 당선 이후, 많은 관측자들은 그녀(독일 총리, 메르켈)를 새로운 '자유 세계의 지도자'로 칭송했으나, 그녀는 이 칭호를 대수롭지 않게 여기는 경향이 있다

- **brush off** ⓥ 무시하다(다른 사람의 의견을 중요하지 않게 여기고 가볍게 여김)

Gov. Newsom of California, one of those mentioned as a possible replacement for Mr. Biden other than Ms. Harris, brushed off talk about switching candidates.
Biden 대통령의 가능한 대체 후보로 거론된 인물 중 하나인 캘리포니아 주지사 Newsom은 Harris 부통령 외에, 후보 교체에 관한 이야기를 일축했다.

brush-off

Bump

- **bump into** ⓥ

① 우연히 만나다(encounter especially by chance)

We bumped into Tom when we were in town last week.
지난 주에 우리가 도시에 갔을 때 우연히 Tom을 만났다.

② 충돌하다(collide with.)

He bumped into the wall. I guess that's a risk you take when you read while walking.
그는 벽에 부딪혔는데, 걸으면서 책을 읽는 건 그런 위험을 감수하는 거겠죠.

- **bump up** ⓥ 증가하다.

The rate among Black American homeownership sits at 44%, and has only bumped up by 0.4% in the last decade.
미국에서 흑인들의 주택 소유율은 44%에 달하며, 지난 10년 동안 겨우 0.4% 증가했다.

- **bump up against** ⓥ 예상하지 못한 것과 마주치다.

Conflict with wildlife is hardly new. Black bears, white sharks, wild horses, gray wolves, and other species nationwide are bumping up against human concerns that they're becoming intrusive and endangering humans and livestock.
야생 동물과의 충돌은 결코 새로운 문제가 아니다. 전국적으로 검은 곰, 백상어, 야생말, 회색 늑대 등 다양한 종이 인간의 생활 영역에 침범하여 사람들과 가축에게 위험을 초래하면서 인간의 우려와 마주치고 있다.

Burn

- **burn down** ⓥ 태워버리다.

They have burned down the tents of seminomadic Bedouin herders and shot people.

그들(이스라엘 사람들)은 반유목 생활을 하는 베두인 목축민의 천막을 불태우고 사람들에게 총을 쏘았다.

- **burn out** ⓥ 탈진상태로 만들다.

Another study this summer found that students had higher levels of the stress hormone cortisol if their teachers reported being burned out.

이번 여름에 이루어진 또 다른 연구에서는 교사가 탈진 상태라고 보고할 경우, 학생들이 스트레스 호르몬인 cortisol 수치가 더 높게 나타났다는 결과를 알았다.

- **burn through** ⓥ 다 써버리다(use all of something quickly)

The business has been mostly shuttered since March 2020, and Jack says he has burned through his savings to pay rent and bills.

경기는 2020년 3월 이후 엉망이었고 Jack은 임대료와 공과금을 지불하기 위해 저축한 돈을 모두 써버렸다.

burnout ⓝ 탈진

Burst

- **burst into** ⓥ 갑자기 ~하다.

V, Jimin and J-Hope spontaneously burst into song as they discuss Jin's upcoming birthday.

(BTS) 지민과 J-Hope은 진의 다가오는 생일날을 논의하던 중, 즉석에서 노래를 불렀다.

- **burst upon** ⓥ 갑자기 나타나다(occur to one suddenly)

But as quickly as the lights of Florida came into view, police lights burst upon them.

(미국 해안에 상륙하려는 불법 이민자들) 플로리다의 불빛이 눈에 들어오기가 무섭게, 경찰 불빛이 그들(몰래 상륙하려는 자들)에게 나타났다.

shutter ⓥ 사업을 접다 (close a business, office etc for a short time or permanently)

Bust

- **bust out**

① 탈옥하다(escape from a place, especially prison)

② 갑자기 ~하다(begin doing something suddenly)

And, danced to buskers — Jack busted out an impressive worm.

그리고 거리 공연자들 음악에 맞춰 춤을 췄다 — Jack은 인상적인 웜 댄스를 선보였다.

bust up

① **엉망으로 만들다**(damage or break something)

The burglar, seen on videotape from the restaurant's security cameras, stole electronics and busted up the place.

식당의 보안 카메라에서 찍힌 비디오 테이프에 찍힌 도둑은 전자기기를 훔치고 장소를 난장판으로 만들었다.

② **파탄나다**(if people bust up, they end their relationship or friendship)

They bust up after six years of marriage.

그들은 6년간의 결혼 생활 후에 헤어졌다.

TUVWXYZ ABCDEFGHIJKLMNOPQRSTUVWXYZ ABCDEFGHIJ

HIJKLMNOPQRSTUVWXYZ ABC

STUVWXYZAB

C

외신으로 본
대한민국의
IDIOM 1

DEFGHIJKLMNOPQR

Cake

- **take the cake** ⓥ

  ① 두드러지다, 주목을 받다, 최고다.

  Of all the amazing plays he's made, and there have been a lot of them, that one had to take the cake.

  그가 해낸 놀라운 플레이들 중에서도, 그리고 그런 플레이가 많았지만, 그 하나는 정말 돋보였다.

  ② (매우 나쁜 행동을 했을 때) 도가 지나치다.

  Of all the invasions of her privacy, this one took the cake.

  그녀의 사생활을 침해한 여러 사건 중 이번 사건이 가장 심했다.

Call

- **close call** : 위기일발, 구사일생

  "It was a close call because it was not an artery, but a vein" that was stabbed.

  칼에 찔린 부분이 "동맥이 아니고 정맥이기에 천만다행이었다."

- **call to action** : 행동을 요구함.

  The film is a call to action on climate change.

  그 영화는 기후변화에 대한 (대책을 세우라는) 행동을 촉구하는 것이다.

- **call down** ⓥ (신에게 미워하는 사람을 향해) 저주를 내리라고 요청하다.

  Nothing called down the wrath of Nemesis quicker.

  어떤 것도 Nemesis(그리스 신화에 나오는 복수의 여신)의 분노를 요청하는 것보다 빠르지 않았다.

- **call for** ⓥ (공식으로) 요청하다(formally ask someone to do something)

  A minority is even calling for Japan to develop its own nuclear weapons.

  소수의 사람들은 심지어 일본이 자체의 핵무기를 개발하라고 요구하고 있다.

- **call it a day** ⓥ 그만하기로 하다(because you have done enough or you are tired)

  They say wisdom comes with age. Yet so few of the nation's leaders seem to have the wisdom to know when it's time to call it a day.

  사람들은 나이가 들면서 현명해진다고 말한다. 그러나 나라의 지도자들은 언제 그만두어야 할지를 아는 지도자는 거의 없다.

- **call on** ⓥ

  ① 방문하다(visit someone for a short time)

  ② (공식으로) 요청하다(formally ask someone to do something)

  The Ukrainian government, fearing an attack, has called on Europe and the US for help.

  공격을 두려워하는 우크라이나 정부는 유럽과 미국에 도와달라고 요청했다.

- call out ⓥ (부적절한 행동을 외쳐) 관심을 끌어내다(draw critical attention to someone's unacceptable actions or behaviors)

Famous women calling out their harassers by name emboldens women across the country.

(미투) 희롱하는 사람의 이름을 외쳐 관심을 끄는 유명 여성들은 전국의 여성을 대담하게 한다.

- call up

① 전화하다(telephone someone)

② (스포츠) 국가대표팀의 일원이 되다(cap)

After helping lead the US to the 2008 Under-20 World Cup title with a brilliant left-footed goal in the final, Morgan was called up to the senior squad.

2008년 U-20 월드컵 결승전에서 멋진 왼발 골로 미국을 우승으로 이끈 후, 모건은 성인 대표팀에 발탁되었다.

③ (예비군을) 동원하다(officially order someone to join the army)

Israel's military has called up 300,000 members of its reserve force over the past 48 hours, the largest mobilization in such a short period since the country was founded.

이스라엘군은 지난 48시간 동안 30만 명의 예비군을 소집했으며, 이는 이 나라가 설립된 이후 이렇게 짧은 기간 내에 이루어진 최대 규모의 동원이다.

Camp

- camp out ⓥ

① 실외에서 야영하다.

② 농성하다, 진을 치다(어떤 장소에 오랫동안 머물면서 특정 목적을 위해 기다리는 상황)

Angry protesters camp out in the Sri Lankan presidential palace in Colombo on July 11 following months of demonstrations over the country's economic meltdown and soaring food and fuel prices.

분노한 시위대가 스리랑카의 경제 붕괴와 급등하는 식품 및 연료 가격에 대한 수개월간의 시위 끝에 7월 11일 Colombo(스리랑카 수도)에 있는 스리랑카 대통령궁에서 농성을 시작했다.

- ⓓ campout ⓝ 야영

For hiking adventures or overnight campouts, this pair is a must-own.

등산이나 야외에서의 1박 캠핑에 이 제품은 필수다.

Cancel

- cancel out ⓥ 상쇄하다(offset)

But atrocity has no mathematical equivalency : one Nanjing Massacre does not cancel out two atomic bombs on Hiroshima and Nagasaki. Both are awful. Both are parts of my heritage.

하지만 잔혹 행위는 수학적으로 상쇄되지 않는(피해자 숫자만을 따질 수는 없다는 뜻) : 난징 대학살 하나가 히로시마와 나가사키에 떨어진 두 개의 원자폭탄을 상쇄하지는 않는다. 둘 다 끔찍하다. 둘 다 내 유산의 일부이다.

Candle

● burn the candle at both ends ⓥ 과로하다(use one's resources or energies to excess)

I quit my job at the law firm because I developed high blood pressure from always burning the candle at both ends.

나는 항상 무리하게 일하느라 고혈압이 생겨서 법률 사무소에서의 일을 그만두었다.

● can't hold a candle to somebody/something ⓥ ~와 비교가 되지 않다.

There is not one rock star today who could hold a candle to any of those composers.

오늘날 어떤 록 스타도 그 작곡가들에 비할 바가 없다.

Cap

● cap off ⓥ 성공적으로 마무리 하다(complete something with a very good final achievement)

A cold-war style prisoner exchange capped off an intense two weeks of Sino-US wrangling.

냉전식 포로 교환이 미국과 중국 사이의 치열한 2주간의 갈등을 마무리 지었다.

Capitalize

● capitalize on ⓥ 이용하다(in order to get an advantage for yourself)

Her presidential campaign capitalized on the support of older conservatives, who still venerate her father for spearheading the nation's miraculous transformation into a world-leading economy in the 1960s and '70s, despite his trampling of human rights.

박근혜 대통령은 나이 많은 보수를 이용했는데, 그들은 1960~70년대 인권을 짓밟았음에도 불구하고 대한민국을 세계적인 경제강국으로 이끄는데 앞장선 박근혜의 아버지를 여전히 존경하는 사람들이다.

Capitulate

- capitulate to ⓥ 굴복하다, 항복하다.   capitulation ⓝ

Hamas dismissed peace talks with Israel as a betrayal, viewing them as a capitulation to Israel's control over what the group considered occupied Palestinian land.
하마스는 점령된 팔레스타인 땅이라고 생각하는 곳에 대한 이스라엘의 관할에 굴복한다고 생각하는 이스라엘과의 평화 회담을 고려할 가치가 없다고 일축했다.

Carpet

- sweep under the carpet ⓥ (잘못한 일을) 숨기려 들다.

This is not a crisis that can be swept under the carpet any longer.
이것은 더이상 숨길 위기는 아니다.

Carrot

- carrot and stick ⓝ 당근과 채찍

For now, Beijing is wielding both sticks and carrots to influence Taiwan voters.
지금쯤 중국은 타이완 유권자들에게 영향을 미치게 하기 위해 채찍과 당근을 휘두르고 있다.

Carry

- carry A away ⓥ 혼을 빼놓다, (너무 흥분해서) 자제력을 잃게 하다.

but in a moment Jack's eloquence had carried them away.
하지만 순간적으로 Jack의 웅변이 그들을 사로잡았다.

- carry around ⓥ 가지고 다니다.

The digital thermometer I had been carrying around with me registered 41.1℃ at 10 p.m.
(지구 온난화) 내가 가지고 다니던 디지털 온도계는 밤 10시에 41.1℃를 기록했다.

- carry forward ⓥ 발전시키는 데에 성공하다(succeed in making progress with something)

At the congress, he encouraged female leaders to "tell good stories about family traditions and guide women to play their unique role in carrying forward the traditional virtues of the Chinese nation."
회의(중국 여성 전국대표대회)에서 그(시진핑)은 여성 지도자들이 가정의 전통에 관한 좋은 이야기를 하고 중국민족의 전통적 가치를 발전시키는 데 여성들이 고유한 역할을 하도록 안내하도록 용기를 주었다.

C

- **carry off**

  ① 강탈하다.

  Bandits carried off his mule.

  강도들은 그의 노새를 강탈했다.

  ② 죽이다.

  Parkinson's disease carried him off in September.

  9월 파킨슨병으로 그는 죽었다.

  ③ (어려운 일을) 성취하다.

  he could not have carried it off without government help.

  정부의 도움이 없었다면 그가 그것을 성취할 수 없었을 것이다.

  ④ 상을 타다.

  She failed to carry off the gold medal.

  그녀는 금메달을 획득하는 데 실패했다.

- **carry on** ⓥ 계속해서 하다(continue doing something)

  But North Korean defectors and conservative and Christian activists in the South carried on the information war, sending balloons laden with mini-Bibles, transistor radios, household medicine, computer thumb drives containing K-pop music and drama, and leaflets that called Mr. Kim a "pig."

  하지만 북한 탈북자들과 남한의 보수적이고 기독교적인 활동가들은 미니 성경, 트랜지스터 라디오, 가정용 의약품, K-pop 음악과 드라마가 담긴 컴퓨터 USB 드라이브, 그리고 김정은을 '돼지'라고 부르는 전단지를 실은 풍선을 보내며 정보 전쟁을 이어갔다.

- **carry out** ⓥ 수행하다(execute)

  The list has never been made public, but Ms. Han was blackballed because the brutal crackdown chronicled in "Human Acts" was carried out by a past conservative dictatorship.

  그 목록(금서목록)은 공개된 적이 없지만, (한강의) '소년이 온다'에 기록된 잔혹한 탄압이 과거 보수 정권에 의해 자행되었기 때문에 한강 작가가 금지되었다.

blackball ⓥ 반대투표를 하다(vote against)

Cart

- **put the cart before the horse** ⓥ 앞뒤 순서를 바꿔놓다(do things in the wrong order)

  People are putting the cart before the horse by making plans on how to spend the money before we are even certain that the money will be available.

  사람들이 돈이 생길지 확실하지도 않은 상황에서 그 돈을 어떻게 쓸지에 대한 계획을 세우느라 본말을 전도하고 있다.

Carve

- **carve out** ⓥ 만들어 내다 (take something from a larger whole, especially with difficulty)

The greatest burden of the king's illness is likely to fall on his 41-year-old heir, William. He has worked to carve out a role on issues from climate change to homelessness.

왕의 병(영국 왕 찰스가 암 진단을 받음)으로 인한 가장 큰 부담은 아마도 그의 41세의 후계자인 윌리엄에게 돌아갈 것이다. 그는 기후변화부터 노숙 문제에 이르기까지 여러 이슈에서 자신의 역할을 만들어내기 위해 노력해왔다.

- **carve up** ⓥ 분할하다 (divide something into small parts)

During one night on the streets of Paris, Time saw how the migrant population effectively carves up the streets by nationality.

(아프리카 난민 상황) 파리의 거리에서 하룻밤 동안, Time잡지는 이주민 인구가 어떻게 효과적으로 거리를 국적별로 나누는지를 목격했다.

Cast

- **cast off** ⓥ

① 묶었던 것을 풀다 (unfasten or untie a boat or a line)

The captain stands on the flying bridge as the crew casts off.

(출항) 선원들이 밧줄을 푸는 동안 선장은 선교 위에 서 있다.

② 던져 벗어버리다 (discard something unwanted or undesirable)

I cast off my clothes, crawled into bed and fell asleep.

옷을 벗고 침대로 기어 올라가 잠이 들었다.

Money was tight. Instead of new clothes, he wore castoffs.

가난에 쪼들렸다. 그는 새로운 옷 대신에 헌 옷을 입었다.

- **cast out** ⓥ 몰아내다, 내쫓다.

It was the first country to cast out a longtime dictator as part of the Arab Spring revolts.

그것은 아랍 봄 혁명의 일환으로 오랜 독재자를 축출한 최초의 국가였다.

flying bridge : 대형 선박의 최상위 데크에 위치하여 조종 및 관찰을 위해 사용되는 공간

cast-off ⓝ (더 이상 사용되지 않는) 버려진 물건

Catch

- **catch on** ⓥ

① 이해하기 시작하다, 이해하다.

Being a royal is not easy. There is still something of the medieval court about royal life,

but Markle will catch on quickly.

(영국 왕실에 시집가는 Markle) 왕족이 되는 게 쉽지 않았다. 왕실에는 아직 중세의 궁정과 같은 무엇이 있었다. 그렇지만 Markle 재빨리 이해하기 시작했다.

② 인기가 있다.

But even with those advantages, the bank shot has not caught on beyond South Korea.

bank shot : (농구) 백보드를 맞고 떨어가는 슛

그러한 이점(성공률이 높은 bank shot)에도 불구하고 대한민국 바깥에서는 bank shot이 인기가 없다.

- **catch up** ⓥ

① 따라잡다.

So much of what he said over the course of an hour and a half onstage in Philadelphia was false, misleading or seemingly made up out of whole cloth that it could take a team of fact-checkers all night just to catch up.

out of whole cloth : 거짓의

(트럼프-해리스 TV 토론) 그가 필라델피아 무대에서 한 시간 반 동안 말한 것 중 상당 부분은 거짓이거나, 오해를 불러일으키는 내용이었으며, 또는 완전히 지어낸 것처럼 보였기 때문에, 사실 확인팀이 밤새도록 일해야만 따라잡을 수 있을 정도였다.

② 영향을 미치다(to)

Thursday, at Stade de France the big talk caught up to him.

목요일, 프랑스 스타디움에서 그(육상선수)의 호언장담이 그에게 영향을 미쳤다(예상했던 결과가 나오지 못함)

③ 발목을 잡다(with)(begin to affect someone usually in a bad way)

But mismanagement of the COVID-19 pandemic, rising inflation, and most of all a series of lurid ethics scandals caught up with him.

lurid ⓐ 충격적인 (deliberately shocking and involves sex or violence)

그러나 코로나 관리 실패, 증가하는 인플레이션, 그리고 대부분이 계속되는 충격적인 윤리적인 스캔들은 그(영국 총리)에게 타격을 입혔다.

Cater

- **cater to** ⓥ 영합하다, 구미에 맞추다(try to satisfy a need or demand)

Not only is the BTS the first Korean act to sell out a US stadium (to say nothing of the records they've set across Asia), but they've done so without catering to Western audiences

BTS는 미국 스타디움에서 공연예정인 티켓을 전량 매각한 대한민국의 첫 번째 공연 그룹일 뿐만 아니라(아시아에서 기록을 세운 것은 두말하면 잔소리고), 서양 관객들에 영합하지 않고도 그 일을 해냈다.

Cave

- **cave in to** ⓥ 굴복하다, 응하다.

'cave to'로도 쓰임.

Others have criticized the Pope for caving in to the demands of an authoritarian state with a record of religious intolerance and human-rights abuses.

다른 사람들은 종교적인 무관용과 인권침해의 경험이 있는 권위주의적 정부의 요구 사항에 교황이 굴복한다고 비난했다.

Center

- **take center stage** ⓥ 주목받다, 각광을 받다

In October, Xi said it was time for China to take center stage in the world.
10월이면 중국이 세계무대의 중앙에 설 것(주목받을 것)이라고 시진핑 주석은 말했다.

- **center around** ⓥ 중심으로 돌아가다.

All of this reflected horribly on their manager Klinsmann, who was under a glaring spotlight of scrutiny coming into the tournament amid accusations of old-fashioned 4-4-2 tactics which seemed to centre around waiting for Son to do something amazing.
이 모든 것(요르단과의 졸전)은 토너먼트에 들어오면서(토너먼트 전부터) 손흥민이 놀라운 일을 할 때까지 기다리는 것처럼 보이는 옛날 방식의 4-4-2 전술에 대한 비난 속에서 이미 철두철미 주목을 받고 있던 Klinsmann 감독에게 매우 나쁘게 비쳐졌다.

glaring ⓐ 확연한(very obvious and easily seen or noticed)

- **center on** ⓥ ~에 초점을 맞추다.

It centers on a depressed housewife who shocks her family when she stops eating meat,
그것(한강의 채식주의자)은 고기를 먹지 않기 시작하여 가족에게 충격을 주는 우울한 가정주부에 초점을 맞춘다.

Chafe

- **chafe at(against)** ⓥ 불편함을 느낀다(feel or express annoyance in response to something)

But they chafe at the idea that when it comes to where they will build their life and raise their children, they have no choice in the matter.
(독일에 정착한 아프리카 난민들인) 그들의 삶을 만들고, 아이를 키워야 하는 곳에 관해서라면 어떤 선택의 여지가 없다는 생각에 마음이 편하지가 않다.

Chaff

- **separate the wheat from the chaff** ⓥ 가치 있는 것과 가치 없는 것을 구별하다, 옥석을 가린다.

Crises always help separate the wheat from the chaff, including in government.
위기가 닥치면 정부에서도 알곡(가치 있는 것, 유능)과 왕겨(가치 없는 것, 무능)가 구분된다.

Chalk

- chalk up ⓥ 기록하다(achieve something noteworthy)

Today's victory is the fifth that the Irish team has chalked up this year.
오늘의 승리는 아일랜드 팀이 올해 기록한 다섯 번째 승리이다.

- chalk up A to B ⓥ A를 B의 탓으로 돌리다.

Of course a lot of that could be chalked up to just coincidence.
물론, 그중 많은 부분은 단순히 우연으로 돌릴 수 있을 것이다.

chalk ⓝ 분필

Channel

- channel A into B ⓥ A를 B로 돌리다.

Kahlo channeled this turmoil into breathtaking, iconoclastic art.
(화가) Kahlo는 역경을 (너무 아름다워) 숨이 탁 막히는, 우상 파괴적인 미술로 돌렸다.

Character

- out of character : 어울리지 않다.

To have an actual rebellious traitor and to let him off is completely out of character.
(러시아 푸틴에 관한 내용) 실질적인 반란군이 있고 그 반란군(용병의 우두머리 프리고진)을 용서하는 것은 (푸틴에게는) 어울리지 않다.

Charge

- bring charge against ⓥ 기소하다.

Morocco is a conservative society and the monarchy is held in great respect, despite the wealth of the elites and the poverty of the masses, said Jack, a prizewinning Moroccan publisher of newspapers until he went into exile in 2007 after a defamation charge was brought against him.
Jack은 "모로코는 보수적인 사회이며, 엘리트의 부와 대중의 빈곤에도 불구하고 군주제는 큰 존경을 받고 있다"고 말했다. 그는 수상 경력이 있는 모로코 신문 출판인으로, 2007년 명예훼손 혐의가 제기된 후 망명을 갔다.

- in charge of : 책임지고 있는

When Mr. Kim watched the rocket launching at Tongchang-ri on Tuesday, he was accompanied by senior officials in charge of the North's nuclear and missile programs.
김정은 위원장이 월요일 동창리의 로켓 발사를 참관할 때, 그는 북한의 핵과 미사일프로그램을 책임지고 있는 고위직 관료들을 대동하고 있었다.

- **on charges of : ~의 혐의로**

  Colonel Park, who has accused the president of intervening in the probe, is facing a court-martial on charges of insubordination.
  (해병대 사건) 대통령이 조사에 개입했다고 비난한 박 대령은 불복종 혐의로 군사 재판을 받고 있다.

- **take charge of ⓥ ~을 떠맡다, 책임지다.**

  Spain takes charge of Catalonia and regains the upper hand.
  스페인은 Catalonia 지방을 책임지고 있고 다시 우위를 점하고 있다.

  Catalonia : 스페인 북동부 지방으로 스페인에서 분리하려는 기운이 강함

- **be charged with ⓥ**

  ① 기소되다.

  It's unclear whether she has been charged with a crime.
  그녀가 범죄로 기소되었는지 여부가 확실하지 않다.

  ② (책임이나 임무를) 맡다.

  Leaders were no longer ceremonial, but were executives charged with military leadership, political planning, and financial acumen.
  지도자들은 더 이상 의례적인 역할이 아니라 군사 지도력, 정치적 계획 및 재정적 안목을 갖춘 경영진이었다.

  acumen ⓝ 일에 대한 감각
  (the ability to think quickly and make good judgments)

Chase

- **chase after ⓥ 뒤쫓다.**

  During a quarantine outing to our local park this week, my toddler son ran around kicking his big red ball. I watched him chase after it and then collect treasures to share with his Elmo doll sitting in the stroller.
  이번 주 펜데믹으로 집에 있으면서 동네 공원에 외출하는 동안, 나의 꼬맹이는 크고 빨간 공을 차면서 이리저리 돌아다녔다. 나는 그가 공을 쫓고 유모차에 있는 Elmo 인형과 같이 할 보물들을 주워 모으는 것을 지켜보았다.

- **chase away ⓥ 쫓아내다.**

  The mayor went door-to-door to persuade residents to vacate and was frequently chased away.
  시장은 주민들을 설득하여 떠나도록 하기 위해 집집마다 돌아다녔지만, 자주 쫓겨났다.

- **chase down ⓥ 추격하여 잡다.**

  Naturally, things get complicated and our hero ends up chasing down shadowy figures while being outgunned at nearly every turn.
  자연적으로 일은 복잡하게 되었고, 우리의 영웅은 거의 매 국면마다 화력이 열세인 동안 수상쩍은 사람들을 결국은 잡았다.

  shadowy ⓐ 수상쩍은
  (mysterious and difficult to know anything about)

Chat

• **chat away** ⓥ (마음 편하게 장시간 대화를 나누는 상황) 수다를 떨다.

There, the city's newest transplants can be found chatting away in Russian over a lunch of Korean knife-cut noodles and kimchi. One mother, eight months pregnant, mentioned a hankering for horse meat, a Central Asian staple.

(지방 소멸을 막기 위한 고려인 이주) 그곳에서, 도시의 새로운 이주민들이 한국식 칼국수와 김치를 먹으며 러시아어로 이야기를 나눌 수 있음을 발견할 수 있다. 8개월째 임산부 한 어머니는 중앙아시아의 주식인 말고기를 먹고 싶다고 언급했다.

Cheek

• **turn the other cheek** ⓥ (성경) 모욕을 참다 (forgo retaliation)

Just think of how you turn the other cheek when someone cuts you up in traffic or whatever.

도로나 그 밖의 상황에서 누군가가 갑자기 끼어들 때 그 모욕을 어떻게 참는지 생각해보아라.

Chest

• **get A off one's chest** ⓥ (마음에 묵힌 말을) 털어놓다.

chest ⓝ 가슴

You've been a little cold to me lately. Is there something you'd like to get off your chest?

너는 최근에 나에게 냉담했어. 혹시 속내를 털어놓을 말이 있어?

Chide

• **chide A for B** ⓥ B 때문에 A를 비난하다.

The South asked nearby islanders to seek shelter before it launched a military exercise in the disputed waters and chided the North for "threatening peace."

대한민국 정부는 인근의 섬 주민들에게 분쟁 수역에서의 군사훈련 전에 대피소로 가라고 요청했으며 평화를 위협하는 북한을 비난했다.

Chill

• **bring chill to** ⓥ 서늘함(걱정, 두려움)을 불러오다.

Security law brings a chill to Hong Kong.

보안법은 홍콩에 두려움을 가져왔다.

- send a chill down one's spine ⓥ 등골이 오싹하다.

  Jack said that a recent incident in which North Korea fired artillery shells near waters disputed with South Korea "sent chills down my spine" because it seemed a possible rehearsal for a major provocation.

  북한이 대한민국과 분쟁지역 가까이 포탄을 쏜 최근의 사건은 주요 도발을 위한 가능한 리허설로 보이기 때문에 등골이 오싹했다고 Jack은 말했다.

Chin

chin ⓝ 턱

- take something on the chin ⓥ 어려움을 참아내다.

  Because working-class people tend to have lower incomes and thus the smallest cushion to absorb rising prices, Nevadans take it on the chin when inflation remains high.

  노동자 계급은 소득이 낮아서 물가상승을 흡수할 아주 작은 보호장치도 없기에 네바다주의 사람들은 인플레이션이 높을지라도 참아내고 있다.

Chip

- chip away at ⓥ 잠식하다.

  Decades of lawsuits and legislation have chipped away at the use of racial preferences.

  (affirmative action) 수십 년간의 소송과 법률 제정은 인종적 우대 조치의 사용을 점진적으로 줄여 왔다.

Chop

- chop down ⓥ 나무를 베다.

  The only problem is that most of the trees in the area have been chopped down for firewood.

  유일한 문제는 대부분 그 지역의 나무들이 땔감을 위해 베어졌다는 것이다.

Clamor

- clamor for ⓥ 소란스럽게 요구하다(demand something loudly)

  Many townspeople have clamored for this construction project because they like the idea of not having to drive 10 miles to the nearest grocery store.

  많은 마을 사람들이 가장 가까운 식료품점까지 10마일을 운전해서 가지 않아도 된다는 아이디어를 좋아해 이 건설 프로젝트를 요구하고 있다.

Clamp

- clamp down on ⓥ 탄압하다.

The president, a former prosecutor, is turning to lawsuits, state regulators and criminal investigations to clamp down on speech that he calls disinformation, efforts that have largely been aimed at news organizations.

검사였던 대통령은 그가 허위 정보라고 부르는 발언을 탄압하기 위해 소송, 국가 규제 기관, 그리고 형사 조사에 의존하고 있으며, 이러한 노력은 주로 언론사를 대상으로 이루어져 왔다.

Clash

- clash with ⓥ 충돌하다.

She knew that Islamic tradition calls for burial within 24 hours of death, which would clash with crime-scene protocols.

그녀는 죽으면 24시간 이내 매장하라는 이슬람 전통이 범죄현장 프로토콜과 충돌한다고 알았다.

protocol ⓝ 프로토콜 (a system of rules about the correct way to behave on an official occasion)

Clean

- clean up ⓥ 깨끗이 청소하다, 정화하다.

Cows and pigs produce a large share of planet-warming methane. A new tax is part of a plan to clean that up.

소와 돼지는 지구 온난화를 유발하는 메탄가스를 상당량 배출한다. 새로운 세금은 이를 해결하기 위한 계획의 일환이다.

- come clean ⓥ 사실을 털어놓다(confess)

But the families of the disaster victims say an underlying cause of the calamity remains unaddressed : a bureaucracy that fails to prioritize public safety and refuses to come clean on its shortcomings, shielding politically appointed bosses in a deeply hierarchical culture.

(이태원 참사) 그러나 유가족들은 재난의 근본 원인이 여전히 해결되지 않았다고 말한다 : 뿌리 깊은 계층 문화 속에서 정치적으로 임명된 상사들을 보호하면서 공공 안전을 우선시하지 않고, 자신들의 단점에 솔직하지 않은 관료제

unaddressed ⓐ 제기되지 않는(not brought up for discussion or consideration)

Clear

- clear out ⓥ 청소하다.

But French officials shut down and cleared out the unofficial camp as its population grew to more than 6,000 people.

(난민촌 철거) 하지만 프랑스 당국은 비공식 캠프의 인구가 6,000명 이상으로 증가함에 따라 그 캠프를 폐쇄하고 철거했다.

- clear up ⓥ 해결하다(explain or solve something, or make it easier to understand)

  The mystery of where the milk went to was soon cleared up.
  우유가 어디로 갔는지에 대한 미스터리는 곧 해결되었다.

Cliff

- fall off (from) a cliff ⓥ 절벽에서 떨어지다.

  cliff ⓝ 절벽

  On the morning of Oct. 8, the day when Israel began its retaliatory aerial campaign against Hamas, connectivity in Gaza fell off from a cliff.
  10월 8일 아침, 이스라엘이 하마스에 대한 보복 공중 작전을 시작한 날, 가자 지구의 연결성(인터넷 포함)은 급격히 떨어졌다.

Cling

- cling to ⓥ 고수하다, 달라붙다.

  Hardy juniper clings to the ancient rock.
  생명력이 강한 향나무가 오래된 바위에 달라붙었다.

Clip

- at a good(rapid, fast) clip : 빨리(quickly)

  Since then, North Korea has been testing short-range ballistic missiles that could serve as delivery systems for these small nuclear warheads at a fast clip.
  그 이후, 북한은 빠른 속도로 소형 핵탄두를 운반할 수 있는 역할을 할 단거리 탄도미사일을 시험하고 있다.

Clock

- against the clock : 시간에 쫓기어

  Everyone is racing against the clock to get things ready in time.
  모두가 시간 내에 준비를 마치기 위해 시간에 쫓기어 경쟁하고 있다.

- around the clock : 24시간

  Fresh meals are delivered three times a day, and there are facials, massages and child-care classes. Nurses watch over the babies around the clock.
  (산후조리원) 신선한 식사가 하루에 세 번 배달되며, 얼굴 관리, 마사지, 육아 수업 등이 제공된다. 간호사들은 24시간 아기들을 돌보고 있다.

- clock in ⓥ (출근 시간을) 기록하다.

  Today the two leading candidates for his old job clock in at 77 and 81.

  his old job : 두 후보 재선을 노린다는 의미

  오늘날, 두(트럼프와 바이든) 선두주자 대통령 후보는 77세와 81세이다(후보자들의 출근 시간을 의미, 즉 나이)

- **clock out** ⓥ 퇴근 시간을 기록하다.

At lunch and shortly after workers clock out at 5 p.m., supervisors conduct routine body searches, with little privacy, checking for stolen items.
점심시간과 오후 5시 근로자들은 (카드에) 5시간을 기록한 직후, 감독관들은 프라이버시를 무시하고 잃어버린 물건을 찾기 위해 통상적인 몸수색을 행한다.

Clockwork

- **go like clockwork** : 시계처럼 정확하게

All through that summer the work of the farm went like clockwork.
그 여름 내내 농장의 작업은 시계처럼 정확하게 진행되었다.

Close

- **close in on** ⓥ 다가가다(to come or move nearer or closer to)

Negotiators close in on hostage deal that would halt fighting in Gaza for weeks.
수 주간 가자지구에서 전투를 멈추게 할 인질범 협상에 가까이 다가가고 있다.

- **close off** ⓥ 차단하다.

Covid cases were lower than in the United States, but as a result of its efforts, the country felt especially closed off to a new resident like myself, adjusting to a new city, job and country.
(코로나 시기 처음으로 대한민국에 입국한 외국인에게) 코로나 환자가 미국보다 적었으나, (강력한 코로나 단속) 그런 노력의 결과로 새로운 도시, 직업 그리고 나라에 적응하려는 나와 같은 새로운 거주자에게는 그 나라는 차단된 느낌이었다.

- **close on** ⓥ 거의 가까이 ~하려고 하다(almost or nearly)

His mouth closes on the words.
그의 입은 말을 하기 직전이다.

- **close out** ⓥ 종결짓다, 마무리하다.

Donald J. Trump and Kamala Harris closed out their campaigns on Monday in starkly different moods.
도널드 J. 트럼프와 카말라 해리스는 월요일에 매우 다른 분위기로 그들의 선거 운동을 마무리했다.

- **close to** : 거의(almost, nearly)

I was a student at Peking University for close to a decade, while a so-called 'knowledge explosion' was rapidly expanding.
소위 지식 폭발이 급속히 확장할 때, 나는 거의 10년 가까이 베이징 대학교 학생이었다.

- come close to

① (물리적으로) 가까운

The flames have come close to some 10 municipalities, but there have been no injuries or burned homes so far.
불길이 약 10개의 자치단체에 근접했지만, 지금까지 부상자나 불에 탄 집은 없었다.

② 비슷하다(be similar to)

Even if a strike happens, disruptions won't come close to the crisis at the ports brought on by the pandemic.
파업이 발생하더라도, 그로 인한 혼란이 팬데믹으로 인해 항구에서 발생한 위기에는 미치지 못할 것이다.

Cloth

- cut from the same cloth : 매우 유사한(very similar to each other)

Mr. Kim's grandfather started the Korean War, and his father was a master of brinkmanship. Mr. Kim is cut from the same cloth and could instigate a limited conflict by, for example, launching an amphibious assault on South Korean-controlled islands in disputed waters of the Yellow Sea, less than 15 miles off North Korea's coast.
김 씨(김정은)의 할아버지(김일성)는 한국 전쟁을 시작했고, 그의 아버지(김정일)는 벼랑끝 전술의 대가였다. 김정은은 같은 길을 걷고 있으며 예를 들어, 북한 해안에서 15마일 미만 떨어진 서해의 분쟁 수역에 있는 대한민국이 통제하는 섬들에 대한 수륙양용 공격을 시작함으로써 제한적인 충돌을 유발할 수 있다.

- out of whole cloth

① 거짓의, 허구의

Racial incidents proliferated that seemed to have been invented out of whole cloth.
인종적 사건들이 급증했는데, 그중 일부는 완전히 지어낸 것처럼 보였다.

② 무에서, 바탕없이

This industry was created out of whole cloth and it's changed the world.
이 산업은 완전히 무에서 창조되었으며 세상을 변화시켰다.

Clutch

- in the clutch : (스포츠에서) 아주 중요한 시점에(at a critical moment)

He is known for his ability to come through in the clutch.
그는 중요한 순간에 성과를 내는 능력으로 알려져 있다.

---

instigate ⓥ 부추기다, 선동하다.
amphibious ⓐ 양서류의, 수륙양용의

Coast

- **the coast is clear** : 붙잡힐 위험이 없다(safe for you to do something without being caught)

It wasn't until the middle of 1920 that the pandemic was finally over in many places, though there was no official declaration that the coast was clear.

비록 더 이상 위험하지 않다는 공식적인 발표는 없었지만 1920년대 중반이 되어서야 많은 곳에서 그 팬데믹(스페인 독감)은 끝을 맺었다.

- **coast through** : 수월하게 해내다(be successful at something without much effort)

Mr. Trump, 78, appeared to coast through the debate with little trouble, rattling off one falsehood after another without being effectively challenged.

(바이든과 트럼프의 TV토론 직후) 트럼프는 효과적인 도전을 받지 않고 계속해서 거짓말을 늘어놓으면서 논쟁을 무리 없이 잘 해낸 것처럼 보였다.

coast ⓥ 관성으로 움직이다 (move without any effort from you or any power from the engine)

Coffin

- **nail in somebody's coffin** : (종말을 초래할) 마지막 일격

It was clearly a Trump win and a nail in the coffin for the Biden campaign.

이것(TV 토론)은 분명히 트럼프의 승리였고 바이든 캠페인에 치명타가 되었다.

coffin ⓝ 관

Coincide

- **it's no coincidence ~** : ~이 우연의 일치가 아니다.

It's no coincidence that the states with the highest ICU-bed occupancy are also those with relatively low vaccination coverage.

(코로나와 관련하여) 가장 높은 집중치료실 점유를 기록한 주는 상대적으로 낮은 백신 접종률의 주들이라는 것은 우연의 일치가 아니다.

- **coincide with** ⓥ 동시에 일어나다, 일치하다.

Pyongyang's latest satellite launch coincided with China's sacrosanct Spring Festival holiday in February.

가장 최근의 북한 위성 발사가 2월의 중국 성서로운 춘절 휴일과 동시에 있었다.

Collide

- **collide with** ⓥ 충돌하다.

Also known as hit-to-kill technology, THAAD batteries have no payload but destroy enemy missiles by colliding with them at high velocity.

hit-to-kill 기술로 알려진 사드 포대는 (미사일에 탑재한) 화약은 없고, 빠른 속도로 적의 미사일을 충돌하는 것이다.

collision ⓝ

hit-to-kill : 미사일 방어 시스템에서 목표물을 직접 충돌하여 파괴하는 방법.

Color

- **under color of** : ~을 구실로

"Jack should be alive today," US Attorney Tom said in announcing charges that former detective A and Sergeant B had willfully violated Jack's civil rights "under color of law."

Jack은 오늘 살아 있어야 한다"고 Tom 미국 검사가 전직 형사 A와 경사 B가 "법의 이름(구실)으로" Jack의 시민권을 고의적으로 침해했다고 발표하면서 말했다.

Come

- **come across** ⓥ 우연히 만나다.

I still remember the jolt of surprise I felt when I came across a portrait of three Moroccan men and an a little boy, all clad in national dress — cloak, cross-body bag, leather slippers.

세 명의 모로코 남자와 한 소년이 모두 전통 복장인 망토, 크로스 바디 백, 가죽 슬리퍼를 입고 있는 초상화를 우연히 발견했을 때 느꼈던 놀라움의 충격을 아직도 기억한다.

jolt ⓝ 갑작스런 충격 (a sudden shock)

- **come across as** ⓥ ~처럼 보이다(행동, 성격, 말투 등을 통한 주관적 인상)

At candidate forums in the early stages of the runoff, Jack, who has a short fuse, tried to come across as calm and reassuring, even chummy.

결선 초반의 후보 토론회에서, 성미가 급한 Jack은 침착하고 안심시킬 수 있는, 심지어 친근한 모습으로 보이려 노력했다.

look ⓥ (객관적 관찰을 통한 외모) ~처럼 보이다.

- **come and go** ⓥ (잠깐) 생겼다가 사라지다(변화가 자주 일어난다는 의미)

A series of coalition governments have come and gone in quick succession, new crooks have staked claims to pieces of the country's wealth, and public frustration with corruption has only increased.

연립 정부가 잇따라 빠르게 교체되었고, 새로운 부패한 정치인들이 국가의 부를 차지하려고 했으며, 부패에 대한 국민들의 불만은 더욱 커져만 갔다.

- **come apart** ⓥ 부서지다, 무너지다.

If Kim were killed, would the regime come apart or rally around the family?

김정은이 피살된다면, 북한 정권은 무너질까 아니면 그의 가족 주변으로 결집할까?

- **come away from** ⓥ 멀리 떨어지다(move away from an area, place, etc)

The Israelis came away from the violence of the second intifada believing that concessions and a search for peace would be met with more violence.

이스라엘 사람들은 양보와 평화 추구가 더 많은 폭력으로 맞이할 것이라고 믿으며 두 번째 인티파다의 폭력에서 멀리 떨어져 있었다.

intifada ⓝ 팔레스타인의 봉기(an armed uprising of Palestinians against Israeli occupation of the West Bank and Gaza Strip)

- **come back** ⓥ 다시 생기를 띠다(return to life or vitality)

When the radio came back, I learned there had been a deadly earthquake in the San Fernando Valley.
라디오를 다시 켰을 때, 나는 샌프란시스코 계곡에 치명적인 지진이 있었음을 알았다.

comeback ⓝ

- **come by** ⓥ 얻다, 획득하다(obtain)

Data on the impact of learning African and African-American history are hard to come by, but there are already indications that new curricula are making a difference for some students.
아프리카 및 아프리카계 미국인 역사를 배우면 이에 대한 영향(결과)의 데이터를 구하기 힘들지만, 이미 새로운 교육 과정이 일부 학생들에게 차이를 만들고 있다는 징후가 있다.

come by의 목적어는 data

- **come down on** ⓥ 엄격하게 대응하다, 처벌을 가하다.

The governor has promised to come down hard on corrupt officials.
주지사는 부패한 관리들에게 엄격하게 대응하겠다고 약속했다.

- **come down to** ⓥ (복잡한 문제들이) 결국 ~ 때문이다, 결국 ~에 이르다.

That women emerged as the primary mobilizers behind the current protests comes down to the fact that "women just had so much more to lose."
현재 시위의 주된 동력을 여성들이 차지하게 된 것은 '여성들이 잃을 것이 훨씬 더 많았기 때문'이라는 사실에 기인한다.

- **come first** ⓥ 최우선 고려사항이다.

Kim has repeatedly spoken about the need to economically develop, but regime security always comes first.
김정은은 경제적으로 발전의 필요성을 반복적으로 말을 하지만 정권의 안정이 항상 최우선이다.

- **come forward** ⓥ 도움을 주다, 도움을 주겠다고 나서다.

The museum is working with the Art Loss Register, the world's largest database of stolen art, and has established an email hotline for anyone with information to come forward.
그 박물관은 세계에서 분실한 예술품에 관한 가장 큰 데이터베이스인 ARL과 같이 일을 하고 있으며, 정보를 가진 누군가가 도움을 주겠다는 사람을 위해 이메일 핫라인을 설립했다.

- **come from** ⓥ ~에서 유래한다.

Ms. Han comes "from a certain generation of women who grew up under a patriarchal system and also a country with a modern history of violence, and I think her work speaks to that."
한강 작가는 "가부장적 시스템 아래에서 자란 세대의 여성이며, 또한 근대 역사 속에서 폭력을 겪은 나라 출신이다. 저는 그녀의 작품이 이러한 배경을 반영하고 있다고 생각한다"

- **come from behind** ⓥ 역전승을 거두다.

Spain came from behind with three goals in 10 first-half minutes then survived a late France fightback and extra time to seal their summer of international football glory with Olympic gold.

스페인은 전반 10분 동안 3골을 넣으며 역전에 성공한 후, 후반에 프랑스의 반격과 연장전을 견뎌내며 올림픽 금메달로 그들의 국제 축구 영광의 여름을 확정지었다(then 앞에 and가 생략됨)

- **come in** ⓥ

① 도착하다, 들어오다.

Suddenly there were 10 to 15 requests coming in every day.

(상품 주문) 갑자기 하루에 10에서 15개의 요청이 들어오기 시작했다.

② (신체 부위가) 발달하다 또는 성장하다.

When my boobs came in, there was no way they could be untethered.

가슴이 발달하기 시작했을 때, 그것들을 더 이상 묶어두지 않을 수는 없었다.

- **come in for** ⓥ 비난을 받다, 비난의 대상이 되다.

The government has come in for fierce criticism over its handling of this affair.

정부는 이 사건 처리 방식에 대해 강한 비판을 받았다.

- **come of** ⓥ ~이 원인이다(happen as a result of something)

We're at war now, and our hearts — all of ours, including mine — are with the soldiers. But nothing good can come of blind love.

(인질을 사살한 사건) 우리는 지금 전쟁 중이고, 나를 포함한 우리 모두의 마음은 군인들과 함께한다. 그러나 맹목적 사랑에서 좋은 것이 나올 수 없다.

- **come off** ⓥ 계획대로 진행하다.

Would the voting come off in a peaceful and orderly way?

투표가 평화롭고 질서 있게 진행될 수 있을까?

동의어(go ahead, come together)

- **come out** ⓥ

① 커밍아웃하다.

In conservative South Korea, few L.G.B.T.Q. entertainers have ever come out.

보수적인 대한민국에서 성 소수자 연예인들은 커밍아웃하지 않는다.

LGBTQ : 성 소수자 ((lesbian, gay, bisexual, transgender, queer)

② 생산되다, 출간하다.

You have to cook with joy or the food won't come out right.

즐거운 마음으로 요리하지 않으면, 음식은 생산되지 않는다(맛있는 음식이 되지 않는다)

- **come through** ⓥ

① (어려운 일을 겪고도) 계속해서 살아가다.

Even if the threat of the pandemic never disappears completely, it will subside. New Yorkers will come through this too.
(코로나) 팬데믹의 위협이 완전히 사라지지 않더라도, 그것은 가라앉을 것이다. 뉴요커들도 이것을 극복할 것이다.

② (기대한 것을) 이루다(do what is needed or expected)
His aides tried to arrange an in-person appearance for him on Fox News and an interview with Oprah Winfrey. Neither one came through.
그의 측근들은 그(우크라이나 대통령 젤렌스키)가 위해 폭스뉴스에 직접 등장하고, 윔프리와의 인터뷰를 시도했다. 어느 것도 이루지 못했다.

- **come to root** ⓥ 하게 되다.
From the ruins of wartime loss and occupation, Japanese came to love jazz and jeans and mayonnaise.
전쟁의 폐허와 점령 속에서, 일본인들은 재즈와 청바지, 그리고 마요네즈를 사랑하게 되었다.

- **come together** ⓥ

① 하나로 합치다(join or meet)
It's different when you're above the islands and you get the bird's-eye view. All the pieces of the picture start coming together.
섬 위에서 새의 눈으로 보면 달라진다. 그림의 모든 조각들이 하나로 모이기 시작한다.

bird's' eye view : (건물) 조감도

② (바라는 대로) 진행하다(to begin to work or proceed in the desired way)
The project started slowly, but everything is finally starting to come together now.
프로젝트의 출발은 지지부진했지만 지금 모든 것이 예정대로 진행되기 시작한다.

동의어(go ahead, come off)

- **come up** ⓥ

① 언급되다, 논의되다(come to attention or consideration)
Asked if it is weighing on his teammates' mind, Son says military service doesn't come up often.
그것(손흥민 입대)이 동료들에게 부담이 되는지 물어보았는데, 군대 이야기는 자주 이야기되지 않다고 손흥민은 말한다.

② (문제가) 제기되다.
When resolutions have come up to condemn North Korea for its constant barrage of missile tests, Russia and China have rejected them.
북한의 지속적인 미사일 시험 발사를 비난하기 위한 결의안이 제기될 때마다, 러시아와 중국은 이를 거부했다.

- **come up against** ⓥ (문제나 어려움에) 직면하다.
We came up against a great deal of resistance in dealing with the case.
우리는 이 사건을 처리하면서 상당한 저항에 부딪혔다.

- **come up with** ⓥ 제시하다(propose)

Zelensky's stubbornness, some of his aides say, has hurt their team's efforts to come up with a new strategy, a new message.

Zelensky(우크라이나 대통령)의 고집 때문에, 그의 일부 참모들은 새로운 전략이나 새로운 메시지를 제시하려는 노력에 상처를 입힌다고 말한다.

- **come with** ⓥ 수반한다, 같이 온다.

Any aging population comes with wide-ranging effects, including increased health care and welfare costs.

어떤 고령 인구든지 넓은 범위의 영향을 가져오며, 이에는 증가된 보건 의료 비용과 복지 비용이 포함된다.

Commit

- **commit oneself to** ⓥ ~에 몸을 맡기다.

She rejected traditional gender roles, instead committing herself to the cause of the Chinese Communist Party.

그녀는 정통적인 성 역할을 거절하고, 대신 중국 공산당의 대의를 위해 헌신했다.

- **commit to** ⓥ 약속하다.

In the near term, Trump has committed to a 10 percent tariff on all imports from any country.

단기적으로 트럼프는 모든 국가에서 들어오는 모든 수입품에 대해 10% 관세를 부과하겠다고 약속했다.

Complicit

- **be complicit in** ⓥ (나쁜 일을) 공모하다.   complicity ⓝ

Africans are equally complicit in ensuring that black lives don't always matter.

아프리카인들도 흑인의 삶이 항상 중요하게 여겨지지 않도록 보장하는 데에 동등하게 공모하고 있다.

Comply

- **comply with** ⓥ 지키다, 준수하다.   compliance ⓝ

Only those that comply with EU standards on emissions and other climate-relevant policies can expect to get generous support for COVID recovery.

탄소 배출과 다른 기후 관련 정책에 관한 EU의 기준을 준수하는 나라만이 코로나 회복에 관한 넉넉한 지지를 받아낼 수 있다.

Comport

- comport with ⓥ 일치하다.

That may comport with macro data saying inflation is slowing, but price increases are still felt by consumers.
그것은 인플레이션이 천천히 진행되고 가격 상승은 여전히 소비자들이 체감한다고 말하는 마크로 데이터와 일치한다.

macro ⓝ 매크로(a set of instructions for a computer, stored and used as a unit)

Comprise

- be comprised of ⓥ 구성하다.

The key hues that her outfit was comprised of included maroon and gold.
그녀의 의상이 구성되어 있던 주요 색상에는 고동색과 금색을 포함했다.

Confess

- confess to ⓥ 자백하다.

Her cousin, then 14, would soon confess to the crimes, authorities alleged at the time.
당시 14살이었던 그녀의 사촌이 곧 범죄를 자백할 것이라고 당시 당국이 주장했다.

confession ⓝ

Confine

- confine A to B ⓥ A를 B에 국한하다.

Women were confined to the home and denied the right to work.
(아프간) 여성들이 집에만 국한되고 일할 권리가 부정되었다.

confinement ⓝ

Conflict

- in conflict with : ~와 갈등을 일으키는

And now it feels as though my need to see her is in direct conflict with my wish for her to stay comfortable, stay alive for as long as possible.
그녀를 보고 싶은 마음은 가능한 한 오랜 시간 그녀가 편안하고 살아있기만을 바라는 바람과 충돌을 일으키는 것처럼 느껴진다.

Consign

- consign A to B ⓥ A를 B에 맡기다.

And now, in a 6-to-3 decision, the Supreme Court has consigned them to the grave.
그리고 이제, 6대 3의 결정으로, 대법원은 그들(affirmative action)을 무덤으로 보내버렸다.

consignment ⓝ

affirmative action : 사회적 약자 우대 정책

Consult

- **consult with** ⓥ ~와 상담하다, 협의하다.

Our research team has consulted with buyers and sellers in the memory market, and neither side is particularly concerned about this issue now.
우리 연구팀은 메모리 시장의 구매자와 판매자와 상담을 했으며, 양쪽 모두 현재 이 문제(삼성전자 파업)에 대해 특별히 우려하고 있지 않다.

consultation ⓝ

Consume

- **be consumed with** ⓥ (어떤 감정에) 사로잡히다.

He was consumed with guilt after the accident.
그는 사고 후 죄책감에 사로잡혔다.

consumption ⓝ

Contend

- **contend with** ⓥ 어려운 문제를 다루다(have to deal with something difficult or unpleasant)

He becomes the first South Korean president in decades to contend with an opposition-controlled Parliament for his entire time in office.
그(윤석열 대통령)는 수십 년 만에 자신의 임기 동안 야당이 통제하는 의회를 상대해야 하는 첫 번째 한국 대통령이 된다.

Contingent

- **contingent on** : ~의 여부에 따라(dependent)

Mr. Netanyahu said that any cease-fire would be contingent on the release of Israeli hostages, many of them children, abducted in a deadly attack on Oct. 7.
네타냐후 이스라엘 총리는 어떤 휴전도 10월 7일에 발생한 치명적인 공격으로 납치된, 그 중 많은 수가 어린이인 이스라엘인 인질들의 석방에 달려 있다고 말했다.

A contingent of reporters waited in front of the court for the defendant to appear.
기자단이 피고인의 등장을 기다리며 법원 앞에 모여 있었다.

contingent ⓝ ① 대표단 ② 파견대(a group of soldiers sent to help a larger group)

Converge

- **converge on** ⓥ 모여들다, 집중하다, (한점으로) 수렴하다.

Nor are these and other countries more likely to cooperate with one another, because cooperation requires domestically unpopular compromise and sacrifice — and there are few issues on which their near-term interests obviously converge.

convergence ⓝ

이러한 나라들이나 다른 나라들이 서로 협력할 가능성이 더 높은 것도 아니다. 왜냐하면 협력은 국내에서 인기 없는 타협과 희생을 요구하기 때문이며, 그들의 단기적 이익이 분명하게 일치하는 문제는 거의 없기 때문이다.

Cool

- play it cool ⓥ 태연한 척하다.

Despite his love of the spotlight, the high priest opted to hang back, a calculated effort to play it cool.
주목 받는 것을 좋아함에도 불구하고, 그 고위 성직자는 뒤로 물러서는 것을 선택했는데, 이는 침착함을 유지하기 위한 계산된 노력이었다.

Core

- at the core of : ~의 핵심에 있다.

Longer life spans today — and consequently longer time spent in retirement without income — are at the core of the nation's demographic challenge.
(대한민국 인구문제) 오늘날 더 긴 수명 — 그리고 그에 따라 수입 없이 보내는 은퇴 시간의 증가 — 이 국가의 인구학적 도전의 핵심에 있다.

- to the core : 완전히(extremely or completely)

The ruling shook American jurisprudence around firearms to the core.
그 판결은 미국의 총기 관련 법률 체계를 근본적으로 흔들었다.

Corner

- drive someone into a corner ⓥ 코너로 몰다.

His government nixed May 16 talks with Seoul and hours later warned the US "we are no longer interested in a negotiation that will be all about driving us into a corner."
(김정은) 정권은 5월 16일 대한민국 정부와의 회담을 취소하고 몇 시간 후 "우리를 거의 코너로 몰아붙이는 협상에 더 이상 관심이 없다"라고 미국을 향해 경고했다.

- turn the corner ⓥ 고비를 넘기다, 상황이 좋아지다.

Powell made it clear that the Federal Reserve will cut rates on Sept. 18, as the central bank turns the corner in its fight against inflation.
Powell은 중앙은행이 인플레이션과의 싸움에서 고비를 넘기면서, 9월 18일에 연방준비제도가 금리를 인하할 것임을 분명히 했다.

Federal Reserve ⓝ (미국) 중앙은행

- corner the market ⓥ 독점하다, 매점매석하다.

The former entertainer understood innately that attention is the planet's most valuable currency and all but cornered the global market.

전직 연예인(우크라이나 대통령)은 관심을 받는 것이 지구상에서 가장 값진 돈이라고 본능적으로 알았고, 거의 지구촌 시장을 독점했다(대중의 관심을 이끌고 그것을 활용하는 능력이 뛰어났음)

Couch

- be couched in something ⓥ (특별한 방법으로) 표현하다(to be expressed in a particular way)

The measures of American success in Afghanistan have been couched in kilometers of roads built, money spent, insurgents killed.
아프가니스탄에서 미국의 성공을 표현하면 건설된 도로의 길이, 투자된 돈, 죽인 반란군으로 표현되었다.

Cough

- cough up ⓥ 토해내다.

They managed to dig out one woman who was pregnant. She was bloodied and coughing up dust, but alive.
(지진으로 묻힌 사람을 구하는 장면) 그들은 임신 중인 한 여자를 겨우 땅을 파서 구했다. 그 여자는 피투성이였고, 먼지를 토해냈지만 살았다.

cough ⓥ 기침하다.

Count

- count as ⓥ 간주하다.

I don't count him as a friend anymore.
나는 더이상 그를 친구로 여기지 않는다.

- count on ⓥ 의존하다, 의지하다.

We are also exceedingly social creatures, and we count on the community for our survival.
우리는 또한 매우 사회적인 생물이며, 생존을 위해 커뮤니티에 의존한다.

동의어(depend on, hinge on, incumbent on, turn to, rest with, rely on)

- count out

① 제외하다, 빠지다.

The schedule is extremely difficult, but don't count out a bowl berth.
일정이 매우 힘들지만, 볼 경기 출전을 포기하지 마세요.

② 하나씩 세다.

The teller counted out ten $50 bills.
창구 직원이 50달러짜리 지폐 열 장을 세었다.

bowl ⓝ (미식축구) a postseason game between specially invited teams
berth ⓝ 볼 게임 (주요 대학 축구 경기) 참가 자격

Couple

- couple A with B ⓥ A를 B와 연결시키다.

In reality, the Russia-North Korea treaty, coupled with the alliance between the United States, Japan and South Korea, has "significantly exacerbated" the risk of "confrontation, rivalry or conflict" in the region, in China's view.

실제로, 미국, 일본, 한국 간의 동맹과 연결된 러시아-북한 조약은 중국의 관점에서 볼 때 이 지역에서 "대결, 경쟁 또는 갈등"의 위험을 "상당히 악화시켰다."

Courage

- pluck up the courage ⓥ 용기를 내다.

Would Jane finally pluck up the courage to leave Jack once and for all?

Jane이 마침내 Jack을 영원히 떠날 용기를 낼 수 있을까?

pluck ⓥ (머리카락, 눈썹, 닭털을) 뽑다.

Course

- set the course for ⓥ ~으로 향한 과정을 만들다.

Nowhere are the stakes higher than in North Korea, where diplomatic failure could set the course for renewed military confrontation.

북한에서는 외교적 실패가 새로운 군사적 대결의 길을 정할 수 있기 때문에, 어디보다도 그 위험이 크다(도치 구문)

high stakes : (도박 따위에 거는) 큰돈, 중대한 이해관계

- stay the course ⓥ (힘들더라도) 그대로 계속하다.

What follows is her own moral crisis: stay the course or take the easy street?

그녀의 도덕적 위기가 이어진다 : 기존의 길을 유지할 것인가, 아니면 쉬운 길을 선택할 것인가?

Courtesy

- courtesy of something

① 무료로, 호의로

There's a free-trade zone that welcomes 30,000 traders daily and an industrial complex of factories where manufacturers enjoy perks like two years of free rent courtesy of the Chinese government.

30,000명의 상인이 매일 찾는 자유무역지대와 제조업체들이 중국 정부의 지원으로 2년간 무료 임대 혜택을 누릴 수 있는 공장 산업단지가 있다.

② ~때문에

The air was fresh, courtesy of three holes in the roof.

공기는 지붕에 난 세 개의 구멍 덕분에 신선했다.

Cover

- take cover ⓥ 숨다.

The rocket's launching led the Japanese government to warn residents of the island of Okinawa to take cover inside buildings or underground.
(북한의) 로켓 발사로 일본 정부는 오키나와섬의 주민들에게 건물 안이나 지하에 숨으라고 했다.

- under cover of : ~의 보호로

A lark nested in a field of corn, and was rearing her brood under cover of the ripening grain.
종달새가 옥수수밭에 둥지를 틀고 익어가는 곡물의 보호 아래 새끼를 키우고 있었다.

- cover up ⓥ 숨기다, 은폐하다.

The occupation resorted to this farce to cover up the fall of its alleged story.
(이스라엘군의 병원) 점령은 (이스라엘이) 주장한 이야기의 몰락을 덮기 위해 이런 가짜 소극에 의지했다.

farce ⓝ 소극(관객을 웃기기 위하여 만든 비속한 연극)

Crack

- crack down on ⓥ 엄히 단속하다.

While his grandfather and father ruthlessly cracked down on private enterprise, Kim Jong Un has been more selective.
김정은의 할아버지와 아버지는 사기업을 무자비하게 단속하지만, 김정은은 다소 선택적이었다.

Cram

- cram into ⓥ ~에 쟁여 넣다(force something into a small space)

Rising sea levels threaten a population over four times the size of California's, crammed into a territory smaller than Illinois.
상승하는 해수면은 캘리포니아 인구의 4배를 넘기는 인구를 위협하는데, (그곳은) 일리노이주보다 작은 영토에 (사람들로) 쟁여져 있다.

Crash

- come crashing down ⓥ (꿈·희망 등이) 무너지다, 산산조각이 나다.

But the pastor's dreams of enrolling Jack in the school came crashing down when the young miner informed him that instead of staying in Sierra Leone, he would seek his fortune as a student in Canada.
광부 Jack이 목사님에게 시에라리온에 있는 대신 캐나다에서 학생으로 행운을 찾고자 한다고 했을 때, Jack을 학교에 등록시키려는 꿈은 산산조각이 났다(채광 중 Jack은 다이아몬드를 발견해 유학을 가겠다고 함)

- **crash out** ⓥ 곯아 떨어지다(go to sleep very quickly because you are very tired)

    I just want to go home and crash out.
    나는 그냥 집에 가서 자고 싶어.

Credit
- **be credited with** ⓥ ~로 명성을 얻다.

    credit A with B(변형)

    He is credited with developing spy tactics that are still used by the CIA today.
    그는 아직도 CIA가 사용하는 스파이 기술을 개발한 것으로 명성을 얻었다.

Creep
- **creep up** ⓥ 서서히 오르다.

    creep ⓥ (살살) 기다(crawl)

    Diagnoses for attention-deficit-hyperactivity-disorder(ADHD) in kids show no signs of slowing, creeping up from 7% in 2003 to 11% 2011.
    아동들의 ADHD 진단은 느려질 기미를 보이지 않고, 2003년 7%에서 2011년 11%로 증가했다.

    ADHD : Attention-deficit-hyperactivity-disorder(주의력 결핍 및 과잉 행동 장애)

Crest
- **on the crest of a wave** : 한창이다(be very successful)

    crest ⓝ (닭이나 새) 볏

    crest of wave : 물마루

    EU leaders, faced with a cresting wave of challenges inside Europe, are not looking abroad for new adventures.
    유럽 내부에서 높아지는 여러 도전에 직면한 유럽연합(EU) 지도자들은 새로운 모험을 해외에서 찾지 않고 있다.

Crop
- **crop up** ⓥ 불쑥 나타나다.

    But out of the fog of questions, one name keeps cropping up as policymakers and analysts contemplate who else might lead the reclusive nuclear-armed nation : Kim Yo Jong.
    하지만 애매한 질문 속에서, 정책 입안자들과 분석가들이 고립된 핵무장 국가(북한)를 이끌 수 있는 다른 인물에 대해 고민할 때, 김여정이라는 한 이름이 계속해서 등장하고 있다.

Crossfire
- **be caught in the crossfire** ⓥ 십자 포화를 맞다, 샌드위치 신세가 되다.

    Jack said 70 to 80 people were in the vicinity of the gunfire and many were caught in the cross fire.

Jack은 총격 사건이 발생한 주변에 70에서 80명의 사람들이 있었고, 많은 사람이 교차 사격에 휘말렸다고 말했다.

Crossroads

- **be at a crossroads** : 중요한 갈림길에 선(at a point when a choice must be made)

Stinging Election Loss Leaves South Korean Leader at a Crossroads.
(기사 제목) 뼈아픈 선거 패배(4월 10일 총선)로 대통령은 갈림길에 서게 한다.

Crosswise

- **get crosswise with** ⓥ 의견 차이가 있는(at loggerheads with)

And there is the likelihood that almost all decisions will require Xi's personal involvement as officials fear getting crosswise with their boss.
관료들이 그들의 보스(시진핑)와 대립하는 상황을 두려워하여, 거의 모든 결정이 시진핑 개인의 관여를 요구할 가능성이 있다.

Cry

- **be a far cry from** ⓥ 아주 대조적이다(be very different from)

Seaweed farms are a far cry from the rows of corn and wheat that make up monoculture farming on land.
김 양식장은 육지에서 흔히 볼 수 있는 옥수수나 밀 같은 단일 작물 농사와는 매우 다르다.

- **rallying cry** : 슬로건(slogan)

But populist movements capitalized on the demographic panic, and anti-migrant rhetoric became their rallying cry.
(아프리카 난민의 독일 정착) 하지만 포퓰리스트 운동은 인구 통계적 공포를 이용했고, 반(反) 이민 레토릭(rhetoric)이 그들의 구호가 되었다.

Cut

- **cut back on** ⓥ 줄이다, 축소하다(reduce the amount, size, cost etc of something)

Some of the world's largest gunmakers have cut back on production and slashed payrolls as a result.
세계 최대 규모의 총기 제조업체 중 일부가 생산을 축소하고 그 결과로 인력을 감축했다.

payroll ⓝ (회사) 급여대상자 명단

- **cut both ways** ⓥ 양쪽으로 통하다(two effects, especially a good effect and a bad one)

But this obedience to his will could cut both ways.
그의 의지(가르침)에 이렇게 순종하는 것은 양날의 칼일 수 있다.

- cut close to ⓥ ~에 가깝게 자르다.

My main point of contact among the investigators has been Detective Jack, a beefy man who keeps his hair cut close to his skull.

수사관들 중에서 주로 연락하는 대상은 머리를 두피에 가깝게 짧게 자른 건장한 남자인 Jack이다.

- cut (something) down ⓥ (무엇의 밑 부분을 잘라) 쓰러뜨리다.

He ordered the tree completely cut down as a symbolic act of resolve.

그(주한 미군 사령관)는 단호함의 상징적 행동으로 그 나무를 완전히 자르라고 명령했다.

1976년 8월 18일 판문점 공동경비구역 안에서 가지치기 작업을 감독하던 미군 장교 2명이 북한군에게 도끼로 살해당한 사건

- cut off ⓥ 차단하다, 가로막다.

Beijing could send all North Korean workers home, which would cut off a vital source of currency.

(북한 제재) 중국은 모든 북한 근로자를 집으로 보낼 수 있는데, 그렇게 되면 돈줄의 중요한 원천을 차단할 수 있다.

- cut out from ⓥ ~에서 오려내다.

People in poverty in America in 2018 are not a world apart — they are all around us, and

their lives unfold next to, but are cut out from, any prosperity that this nation experiences.

2018년 미국에서 가난한 사람들은 별천지의 세계가 아니다 — 그들은 모두 우리 주변에 있고, 이웃에서 전개되고 있지만, 이 나라가 경험하는 번영에서는 오려낸(제외) 사람들이다.

- cut through ⓥ 문제를 해결하다.

We were able to start the project once she told us how to cut through the red tape.

그녀가 어떻게 관료주의를 피해갈지 알려주자 우리는 프로젝트를 시작할 수 있었다.

red tape ⓝ (관공서) 불필요한 요식, 불필요한 절차

- cut up

① 잘게 부순다(자르다)

Then again, since the turkey was just going to get cut up after roasting, why not cut it all up beforehand and roast it in pieces?

그렇지만, 어차피 칠면조는 구워진 후에 잘라질 것이기에, 왜 미리 다 잘라서 조각으로 굽지 않는가?

② 비난하다.

My kids cut him up about his appetite all the time.

내 아이들은 항상 나의 식욕을 가지고 비난한다.

③ (자동차) 갑자기 끼워들다.

Some idiot cut me up on the motorway.

내 앞의 어떤 미친놈이 자동차 길에서 난폭하게 운전한다.

QRSTUVWXYZ

D

외신으로 본
대한민국의
IDIOM 1

BCDEFGHIJKLMNOP

Dabble

- dabble in ⓥ 심심풀이로 손대다(in a way that is not very serious)

He started using substances at a young age. He was probably around 12, 13 when he started dabbling in smoking pot, drinking alcohol.
그는 어린 나이에 약물을 사용하기 시작했다. 아마도 12, 3살 경 마약과 술에 심심풀이로 손대기 시작했다.

Dam

- dam breaks(break the dam) : 댐의 물을 방류하다.

The real credit for the growth of the Japanese market in the U.S. belongs to Nomo, Irabu and Soriano. Those three broke the dam. Ohtani really owes it to them.
(야구 소식) 미국에서 일본시장 성장의 실질적인 자랑거리는 노모, 이라부 그리고 소리아노이다. 저들 세 사람이 물꼬를 텄다. 오타니는 실질적으로 그들에게 빚지고 있다.

Damn

- not give a damn (about somebody, something) ⓥ 전혀 개의치 않다.   'about' 생략하기도 함.

These days, I give less than a damn what white people think.
요즘 나는 백인들의 생각에 조금도 개의치 않는다.

Damnedest(Darnedest)

- try(do) one's darnedest ⓥ 최선을 다하다.

We're going to do our damnedest to get the agency to respond.
그 기관이 반응을 보이도록(답을 주도록) 우리는 최선을 다하고 있다.

Damper

- put a damper on ⓥ 기세를 꺾다, 흥을 깨다.

But a persistent drip of bad news put a damper on the jubilation.   damper ⓝ (악기) 약음기
계속되는 나쁜 소식은 기쁨에 찬물을 끼얹었다.

Dark

- in the dark about : 아무것도 모르는

Defense Secretary Kept White House in the Dark About His Hospitalization
(기사 제목) (미국) 국방부 장관은 그의 입원을 백악관에 알리지 않았다.

Date

• **date back to** ⓥ (과거로) 거슬러 올라가다.

Clashes over the land date back to biblical times.
그 땅에 대한 (이스라엘과 팔레스타인의) 충돌은 성서 시대로 거슬러 올라간다.

Dawn

A dawn on B ⓥ B가 처음으로 A를 깨닫다(to realize for the first time)   dawn ⓝ 여명, 동이 틀 무렵.

Yet a sense of loneliness gradually dawns on him as a consequence of the aimless pleasures and social isolation.
목적 없는 쾌락과 사회적 고립의 결과로서 고독감이 그에게 점점 밀려옴을 알게 되었다.

Day

• **carry(win) the day** ⓥ 승리하다(win or prevail)

Truth and justice will carry the day.
진실과 정의가 승리할 것이다.

• **on a daily basis** : 매일(every day)

Mandatory hijab is a pillar of the theocracy that came to power in 1979 but today retains the support of only a minority of Iranians. "This is a totalitarian system whose presence people feel in their blood and in their flesh on a daily basis, one that does not accommodate freedoms of any kind,"
(이란의) 의무적인 히잡 착용은 1979년에 권력을 잡은 신정 정치의 기둥이지만, 오늘날에는 소수의 이란인만이 이를 지지하고 있다. "이것은 사람들이 일상에서 피부로 느끼는 전체주의 시스템이며, 어떠한 종류의 자유도 허용하지 않는 시스템이다."

Daze

• **in a daze** : 멍한 상태로(feeling confused and not able to think clearly)

After the test, I spent the rest of the day in a daze.
시험 후, 나는 나머지 하루를 멍한 상태로 보냈다.

Deep

• **deep down** : 본심은

But changing constantly on the surface seems almost a way in Japan of ensuring that nothing changes very much deep down.
하지만 겉으로 계속 변화하는 것은 일본에서 본심은 별로 변화가 없다는 것을 보장하는 방법처럼 보인다.

- run deep ⓥ 깊다(강력하게 뿌리를 내리다)

Social conservatism also runs deep in Korean society.
대한민국 사회의 보수주의는 깊다.

Default

- default on ⓥ 이행을 게을리하다.

It is obvious today that America has defaulted on this promissory note insofar as her citizens of color are concerned.

(Martin Luther King Jr의 'I have a dream'에서) 유색인종이 관계되는 한, 오늘날 미국은 헌법과 독립선언서에서 말한 평등이라는 약속어음을 이행하지 않음은 명백하다

her : 미국
promissory note : 약속어음

Defect

- defect to ⓥ (반대진영으로) 탈출하다, 전향하다.

At the same time, the hit could be a warning to other potential defectors, especially after North Korea's deputy ambassador to the U.K., Thae Yong Ho, defected to South Korea last August.

동시에 그 공격(김정남 테러)은 특히 북한의 영국 공사 태영호가 지난해 8월 대한민국으로 탈출한 후 잠재적인 전향자들에게는 경고가 될 수 있다.

defector ⓝ 탈북자

Defer

- defer to ⓥ ~의 의견에 따르다(agree to follow someone else's decision, a tradition)

Being consort to the British sovereign may have been more difficult than any feat demanded by Gordonstoun. Philip was always one step behind Elizabeth, always deferring to her in public.

영국 군주제에서 통치자의 배우자가 되는 것은 Gordonstoun 학교(유명 사립학교)가 요구하는 어떤 업적보다 어렵다. 엘리자베스 여왕의 남편인 필립은 공식 석상에서 항상 그녀의 의견에 따르면서 엘리자베스보다 한 발 뒤에 물러나 있다.

consort ⓝ
(최고 권력자의) 배우자

Defy

- in defiance of : 도전하여

Nearly every protester trudging through driving rain in Hong Kong on Oct.6 wore a mask, in defiance of the government's new ban on face coverings at public assemblies.

10월 6일 홍콩에서 폭우를 뚫고 행진하는 거의 모든 시위자들은 공공 집회에서 얼굴을 가리지 말라는 정부의 새로운 금지에 도전하여 마스크를 썼다.

Degree

- to some degree : 어느 정도는

Barack Obama offered a complex analysis of the conflict between Israel and Gaza, telling thousands of former aides that they were all "complicit to some degree" in the current bloodshed.

오바마 대통령은 이스라엘과 가자 지구 사이의 갈등에 대한 복잡한 분석을 제시하면서, 수천 명의 전직 보좌관들 모두가 현재의 유혈 사태에 "어느 정도는 공모자"라고 말했다.

Delight

- to the delight of : 환호 속에서, (누구의) 즐거움 속으로

And so the leader of more than 50 million South Koreans began belting out one of the most iconic American songs of the modern age to the delight of a crowd of diplomats and celebrities cheering him on.

(바이든과의 정상회담에서) 그래서 5천만 명이 넘는 대한민국 국민의 지도자는 외교관과 유명 인사들의 환호 속에서 현대 미국의 가장 상징적인 노래 중 하나를 열창하기 시작했다.

Deliver

- deliver on ⓥ (약속이나 선서를) 이행하다.

Families too are beginning to worry that geopolitical realities may make it hard for Trump to deliver on his promises.

가족들 역시 지정학적 현실이 트럼프가 그의 약속을 이행하는 것을 어렵게 한다는 걱정을 하기 시작하고 있다.

Delve

- delve into ⓥ 철저하게 조사하다.

Around the world, statues have been used to exemplify what power looks like and to maintain systems of power. Now, the public is looking at its representations of people and delving into uncomfortable parts of history.

전 세계적으로, 조각상(동상)은 권력이 어떤 모습인지를 예시하고 권력 체계를 유지하는 데 사용되어 왔다. 이제, 대중은 사람들의 대표 이미지를 살펴보고 역사의 불편한 부분을 깊이 파고들고 있다. (최근 영국에서 노예상인이었던 사람의 동상이 철거된 예가 있었음)

Demand

- on demand : 요구만 있으면, 보채면

Should you feed your baby on demand, or stick to a timetable?

아기가 보채면 우유를 먹일까요, 아니면 시간표를 고집할까요?

Denial

- **in denial** : 현실을 부정하는

He claims he's not sick, but I think he's just in denial.
그는 자신이 아프지 않다고 주장하지만, 내 생각에 그가 그저 부정하고 있는 것이다.

Dent

- **make(put) a dent in** ⓥ 영향을 미친다.

Classes in mindfulness, its advocates hope, can make a dent in those worrying numbers.
마음챙김 수업의 지지자들은, 그러한 수업이 그 우려스러운 숫자들에 영향을 줄 수 있기를 희망한다(앞 문장에서 ADHD 환자가 증가 수치가 제시됨. 그래서 worrying numbers 라는 표현).

'dent'는 차가 충돌하면 움푹 들어간 곳

Denude

- **denude A of B** ⓥ A에서 B를 벗기다, 박탈하다(deprive)

Drought and years of heavy grazing by sheep have completely denuded the hills of grass.
가뭄과 수년간 양의 과도한 방목이 언덕에서 풀을 완전히 없애버렸다.

Depart

- **depart from** ⓥ ~에서 벗어나다.

During his tenure as speaker of the legislature, he built his reputation as an executor of compromise, one who would speak up for Hong Kong's liberal spirit even if it occasionally meant departing from the party line.
국회의 대변인으로 재직하는 동안 그는 협상의 실행자로 명성을 쌓았는데, 때로는 당의 방침과 다를지라도 홍콩의 자유 정신을 목소리 높이는 것이다.

Deploy

- **deploy to** ⓥ (군대를) 배치하다.

The Pentagon orders 2,000 more U.S. troops to be ready to deploy to the Middle East.
(미국) 국방부는 2천 명 이상의 병력을 중동으로 배치될 준비를 하라고 명령한다.

deployment ⓝ

국방부 건물이 오각형으로 되어 있어 Pentagon으로 불림. penta~는 '다섯'의.

Depth

- **out of one's depth** : (자신의 깊이를 벗어난) 어울리지 않은, 능력 밖의

Most people still remember a shy Lady Diana Spencer who was so obviously out of her depth when she agreed to marry Prince Charles.
대부분 사람은 찰스 왕자와 결혼하기로 했을 때 분명히 어울리지 않았던 소심한 Diana를 아직도 기억한다.

Descend

- descend into ⓥ (상황이) 나빠지다(become worse)

The peaceful marches now typically descend into violence by nightfall, when authorities arrive.
평화로운 행진들은 당국이 도착하는 보통 밤이 되면 폭력으로 치닫게 된다.

- descend on ⓥ 많이 사람이 들이닥치다(when they are not very welcome)

Some 150,000 well-wishers descended upon the riverside town of Windsor for the big day, hoping to spot Hollywood celebrities walking into the church or catch a glimpse of Meghan Markle's dress before she made her way down the aisle to meet her prince.
(영국의 Harry-Markle 왕자 부부 결혼식) 약 150,000의 축하객들이 중요한 날을 맞아 할리우드 유명인들이 교회로 들어가는 모습을 보거나, Meghan Markle이 왕자와 만나러 가는 길에 입을 드레스를 보기 위해 윈저 강변 마을로 몰려들었다.

descend ⓥ (위에서) 내려오다.

Deter

- deter A from B ⓥ A가 B를 못하게 하다.

The US cannot coexist with a nuclear-capable North Korea. It would not only endanger Americans at home but also deter the US from protecting allies that were threatened or attacked by North Korea.
미국은 핵무기를 보유한 북한과 공존할 수 없다. 이것은 미국 본토에 있는 미국인들에게만 위험을 초래하는 것뿐만 아니라, 북한에 의해 위협받거나 공격받은 동맹국을 보호하는 데 있어 미국을 저지할 것이다.

deterrence ⓝ

Determine

- be determined to ⓥ 강한 의지를 가진

As a son of refugees from the North, Moon is determined to go his own way about it — tackling the Kim regime not by aggression but by measured engagement.
북쪽에서 온 피난민의 아들인 문재인 대통령은, 김정은 정권을 공격이 아닌 신중한 접근으로 처리하면서 그것(북한 문제)을 자신만의 방식으로 (나아가려고) 결심하고 있다.

determination ⓝ

Detract

- **detract from** ⓥ 손상시키다 (make something seem less good)

Scattered clouds should not detract from viewing Jupiter.
흩어진 구름 때문에 목성을 관찰하는데 방해받지 않는다.

Detriment

- **to one's detriment** : 해치며

He is engrossed in his work to the detriment of his married life.
그는 자신의 결혼생활을 해치면서까지 자신 일에 몰두했다.

detrimental ⓐ

engross ⓥ 몰두하게 하다 (hold the complete interest or attention of)

Devil

- **between the devil and the deep blue sea** : 진퇴양난(이러지도 저러지도 못하는 어려운 처지)

After two of my best friends had a terrible breakup, I've felt like I'm between the devil and the deep blue sea as I've continued being friends with both of them.
나의 절친 둘이서 심각하게 싸운 후, 그 둘과의 친구 관계를 계속하면서 진퇴양난에 빠진 기분이었다.

Dibs

- **call(have) (first) dibs on** ⓥ 먼저 주장하다, 우선권이 있다.

Freshmen have first dibs on dormitory rooms.
신입생들에게 기숙사 방에 대한 우선권이 있다.

Dice

- **the roll of dice(throw of the dice)** : 마지막 희망을 거는 곳

But even as the Kremlin sought to minimize him, Mr. Prigozhin still had one roll of the dice left — on the continent where his interests still lay intact. The Battle for Africa.
그러나 러시아 당국이 프리고진(푸틴에게 반기를 들었다가 비행기 사고로 죽은 용병그룹 사령관)의 영향력을 최소화하려고 시도하는 동안에도, 프리고진 씨는 여전히 한 번의 기회를 남겨두고 있었다 — 그의 이익이 여전히 온전히 남아 있는 대륙에서의 전투. 아프리카 전쟁.

dice ⓝ 주사위

Die

- **die down** ⓥ 차츰 잦아들다, 약해지다.

  The uprisings of the last few years are not going to die down as long as we have a deeply racially unjust and racially segregated society.
  인종적으로 매우 불공평하고 분리된 사회가 계속되는 한 과거 몇 년간의 소요(봉기)는 가라앉지 않을 것이다.

- **die for** ⓥ 정말 갖고 싶다. 정말 맛있다.

  She has a figure to die for.
  그녀는 끝내주는 몸매를 가지고 있다.
  That chocolate cake is to die for
  그 초콜릿 케이크는 정말 끝내준다.
  She had hair to die for.
  그녀는 정말 부러울 정도로 멋진 머리를 가지고 있었다.

- **die of** ⓥ ~를 원인으로 죽다.

  The number of people who died of heat-related illness could grow to more than 250,000 by 2050.
  심장과 관련한 질병으로 죽는 사람이 2050년에는 25만 명이 넘을 것이라고 한다.

Dig

- **dig in** ⓥ 참호(a protected place for themselves)를 파다.

  The Finns, when faced with the choice of digging in against the Soviets or launching a risky winter counteroffensive, chose the latter.
  소련에 대비해 참호를 파거나 위험한 겨울 전쟁을 시작하는 선택에 직면한 핀란드는 후자를 선택했다.

- **dig into** ⓥ (무엇을 알아내기 위해) 파헤치다.

  He is interested in everything and digs into every matter, paying attention to all the details.
  그는 모든 세부 사항에 주의를 기울이면서 모든 것에 관심을 가지고 모든 문제에 깊이 파고든다.

- **dig out** ⓥ

  ① 흙을 파내다(get something out of earth, snow etc using a spade or your hands)
  ② (오래 감춰지거나 잊혀졌던 것을) 들춰내다(찾아내다)

  In a place unaccustomed to wildfires, the emotional impact was as unsettling as the sore throats that had people digging out N95 masks from the long slog of COVID-19.
  산불에 익숙하지 않은 곳에서, 감정적인 영향은 사람들이 코로나 긴 기간 동안 사용하던 N95 마스크를 다시 꺼내 들게 만든 목의 통증만큼이나 불안정했다(산불로 인한 연기의 고통을 말함)

slog ⓝ 오랜 시간의 힘듦

Dignity

- **beneath one's dignity** : 품위를 떨어뜨리는, 존엄성에 어울리지 않는

One Sunday morning Napoleon appeared in the barn and explained that he had never at any time contemplated selling the pile of timber to Frederick ; he considered it beneath his dignity, he said, to have dealing with scoundrels of that description. (조지 오웰의 동물농장) 어느 일요일 아침, 나폴레옹은 헛간에 나타나 프레드릭에게 나무 더미를 팔 생각은 한 번도 해본 적이 없다고 설명했다. 그는 그런 종류의 악당들과 거래하는 것은 자신의 품위에 어울리지 않는다고 말했다.

Dime

- **a dime a dozen** : 매우 흔한(very common and not valuable)

Being a genius is different than merely being supersmart. Smart people are a dime a dozen, and many of them don't amount to much.
천재란 단지 뛰어나다는 것과는 다르다. 뛰어난 사람들은 매우 흔하고 그들 중 많은 사람이 별 볼 일 없는 사람들이다.

not amount to much ⓥ
중요하지 않다

Dint

- **by dint of** : ~의 힘으로, ~에 의해서

Raising her four daughters and young son by dint of loans, limited family legacies and hand-me-downs, Jane would eventually find solace in religion and become a nun.
대출, 한정된 가족 유산, 그리고 물려받은 것들을 통해 네 딸과 어린 아들을 키운 Jane은 결국 종교에서 위안을 찾고 수녀가 되었다.

Disgust

- **to one's disgust** : ~의 혐오(불쾌)함을 느끼며

Much to my disgust, I found that there were no toilets for the disabled.
매우 혐오스럽게도, 장애인 화장실이 없다는 것을 알게 되었다.

Dish

- **dish out** ⓥ 아낌없이 나눠 주다(give something to various people in a careless way)

Warmer air also holds onto more moisture, so storms dish out more rain.
따뜻한 공기는 더 많은 수분을 보유하므로 폭풍이 더 많은 비를 뿌린다.

Dismay

- **in dismay** : 당황하여, 깜짝 놀라

But she recently watched in dismay as a river near her home ran dry.
그러나 그녀는 최근 집 가까이 있는 강이 말랐음을 당황스럽게 보았다.

- **to the shock and dismay of** : 충격과 실망으로

  She let her kids skip school, she didn't insist that they finish college, and she took Jack to get his lip pierced at age 15, to the shock and dismay of other mothers in the grocery store

  그녀는 자녀들이 학교를 빼먹게 하고, 대학 졸업을 강요하지 않았으며, 15살의 나이에 Jack이 피어싱도 하게 하여, 슈퍼마켓의 다른 엄마들을 충격과 당황스럽게 했다.

to one's dismay도 많이 씀

Dismiss

- **dismiss A as B** ⓥ A를 B로 평가하다(무시하다)

  Once dismissed as a lethargic Administration, Ike's has come to be viewed as competent and effective.

  한때 나태한 정부로 평가받았던 아이젠하워 행정부는 이제 유능하고 효과적인 것으로 간주되고 있다.

lethargic ⓐ 게으른, Ike : Eisenhower 대통령의 애칭

Dispense

- **dispense with** ⓥ (통상적으로 있어야 할 것을) 없이 하다.

  I think we can dispense with the formalities (speak openly and naturally to each other).

  저는 우리가 격식을 차리지 않을 수 있다고 생각합니다(솔직하고 자연스럽게 대화할 수 있다)

Disposal

- **at one's disposal** : (누구의 마음대로) 처분할 수 있는(available for someone to use)

  That's the arsenal at the disposal of North Korea's Kim Jong Un.

  그것(핵무기)은 김정은이 마음대로 처분할 수 있는 무기이다.

Disservice

- **do a disservice to something** ⓥ 해를 끼치다, 가치나 명성을 손상시키다.

  To say that he is prone to hyperbole does a disservice to the word.

  그(김정은)가 과장(남침)을 잘 한다고 말하는 것은 그 단어에 대한 불공정한 표현이다 ('과장을 잘 한다'고 표현하는 것이 '과장'이라는 단어의 의미나 중요성을 과소평가함, 그 인물의 과장 경향이 흔히 생각하는 것 이상으로 심각하다는 점을 강조함)

disservice ⓝ a harmful action,
'do something a disservice'(변형)

Distress

- **in distress** : 조난 당한(a situation when a ship, aircraft etc is in danger and needs help)

  It sits vigil off the coast of Libya, one of about a dozen search-and-rescue vessels, along with two surveillance airplanes, that scan the horizon for boats in distress.

  대략 십여 척의 수색구조선 중의 하나인 그것(구조선)은 조난 당한 배를 찾아서 수평선을 뒤지는 두 대의 정찰 비행기와 더불어 리비아 해안에서 경계를 서고 있다.

Dive

- **take a deep dive** ⓥ 깊이 파고들다(explore something in depth)

  Our Man Jack took a deep dive into the cases for each here.

  우리의 Jack은 여기 각각의 사건에 대해 깊이 있는 분석을 했다.

  deep dive ⓝ 철저한 분석

- **dive into** ⓥ 뛰어들다(become suddenly and enthusiastically involved in something)

  I'm not quite ready to dive into that discussion.

  나는 그 대화에 뛰어들 준비가 되어있지 않다.

Divert

- **divert A from B** ⓥ B로부터 A를 돌리다.

  President Xi Jinping has tried to divert domestic attention from the ruling party's failures with a much more aggressive foreign policy.

  (중국의) 시진핑 주석은 훨씬 더 공격적인 외교 정책으로 집권당의 실패로부터 국내의 관심을 돌리기를 시도했다.

  diversion ⓝ 머리를 식히기 위해 하는 활동(an enjoyable activity that you do to stop yourself from becoming bored)

Do

- **do away with** ⓥ 없애다, 제거하다(abolish)

  Having done away with constitutionally mandated term limits and presidential age caps, the 76-year-old could conceivably rule for the rest of his life in a country where the vast majority of the population has known no other leader.

  헌법상 정해진 임기 제한과 대통령 연령 상한선을 폐지함으로써, 76세의 이 지도자는 대부분의 국민이 다른 지도자를 알지 못하는 나라에서 이론적으로 자신의 생애 동안 계속해서 집권할 수 있게 되었다.

- **do someone down** ⓥ

  ① 비난하다, 깎아내리다(belittle)

  I know you don't like him, but there's no need to keep doing him down in front of the boss.

  그를 싫어하는 것은 알지만, 상사 앞에서 그를 깎아내릴 필요는 없다.

② 비열하게 이기다(get the better of someone, typically in an underhanded way)
If you're a manager trying to do down a colleague, the best way to do it is to flood him with data.
매니저로서 동료를 이기고 싶으면, 그에게 데이터를 쇄도하게 하는 것이 좋은 방법이다.

- **do for** ⓥ 죽이다, 엉망으로 만들다.
Driving on those rough roads has really done for my car.
저런 거친 도로에서 운전하면 차를 망가뜨린다.

- **do A in** ⓥ 죽이다
He was planning to do himself in.
그는 자살할 계획이었다.

- **do up** ⓥ 단추(잠금장치)를 채우다
A perception of incompetence and arrogance makes the people — and the press — predisposed to think the worst of him. Another Korean expression may apply: Mr Yoon has begun doing up his shirt with the wrong button.
무능력하고 거만하다고 생각하면 국민 그리고 언론은 최악의 상황을 미리 생각한다. 또 다른 한국의 표현을 적용할 수도 있겠다. 윤석렬 대통령은 셔츠에 단추를 잘못 채우기 시작했다.

우리 표현에 '첫 단추를 잘못 끼우다' 는 '시작을 잘못하다' 의 뜻.

Dole

- **dole out** ⓥ 배분하다(distribute)
Although dissidents is still ruthlessly quashed, he has permitted a free market to take root, and the much maligned state distribution bureaus — once responsible for doling out all provisions — are shuttered.
(북한 기사) 비록 반대자들에 대한 무자비한 탄압이 여전하지만, 그(김정은)는 자유 시장이 뿌리내리게 했으며, 모든 배급을 담당하던 많이 비난받던 국가 배급 사무소들은 문을 닫았다.

Done

- **be done for** ⓥ 심각한 상황에 처하다, 끝장나다(be in serious trouble or likely to fail)
With no means of escape, the stranded climbers knew that they were done for.
탈출구가 없는 상황에서, 그 길을 잃은 등반가들은 그들이 죽음을 맞이할 것이라고 알았다.

- **be done with** ⓥ 끝장내다(brought to an end : decisively abandoned or dismissed)
Two veteran analysts of North Korea sounded an alarm this past week in an article for the U.S.-based website 38 North, asserting that Mr. Kim

was done with mere threats. "Kim Jong-un has made a strategic decision to go to war," they wrote.

두 노련한 북한 문제 전문가가 지난주 김정은이 단순히 위협하는 것을 끝장냈다고 주장하는 글을 미국에 있는 38 North 웹사이트에 글을 올렸다. 김정은은 전쟁하기로 전략적 결정을 내렸다고 그들은 썼다.

Doom

- **doom and gloom** ⓝ 암울함

This year's festival opened Tuesday under gray skies, as if nature itself were mirroring all the gloom and doom.

올해의 축제는 마치 자연이 모든 암울함을 반영하는 것처럼, 회색 하늘 아래 화요일에 개막되었다.

Dot

- **be dotted with** ⓥ 산재하다(dots or objects scattered at random)

dot ⓝ 점(a small round mark or spot)

The town's center was dotted with vacant storefronts, and local businessmen fretted about how tough it was to find workers.

(지방 소멸) 그 마을의 중심부는 텅 빈 가게들로 산재되었고, 현지 사업가들은 일할 사람을 찾기가 얼마나 힘든지에 대해 걱정하고 있었다.

Dote

- **dote on** ⓥ (맹목적으로) 사랑하다.

dotage ⓝ

Then he remembered : Jack, his son. The skinny 5-year-old boy who was always doted on by his older sisters.

(지진으로 죽은 아들을 회상) 그때 그는 다섯 살의 깡마르고 자신보다 나이 많은 누나들의 사랑을 독차지한 아들 Jack을 떠올렸다.

Double

- **double as** ⓥ ~으로서 기능을 겸하다.

Backpacks that double as shields are sold by major department stores.

(총기사고가 많은 미국) 방패도 겸하고 있는 backpack(책가방)이 주요 백화점에서 팔리고 있다.

- **double down on** ⓥ 늘리다, 전념하다.

Since then, Mr. Kim has renounced all dialogue with Seoul and Washington and doubled down on building more nuclear missiles, threatening to use them against the South should war break out again in Korea.

그(김정은과 트럼프 회담 결렬 이후) 이후로 김정은은 서울과 워싱턴과의 모든 대화를 거부하고 더 많은 핵 미사일을 건설하는 데 박차를 가했으며, 전쟁이 다시 한반도에서 발발할 경우 이를 남한에 사용할 것이라고 위협했다.

- double over ⓥ (통증, 웃음, 놀라움 등으로 인해 상체를 구부려서) 몸을 접다.

The joke made his comrades double over with laughter.
그 농담에 그의 동료들은 배를 잡고 웃었다(심하게 웃어서 몸을 구부리는 상태)

Down

- down to : ~에 이르기까지

They are often told what they can and cannot do in public — down to what they can eat, whether they can date and how they can interact with others.
그들(한국의 연예인 지망생들)은 공공장소에서 무엇을 할 수 있고 할 수 없는지 종종 지시를 받는다. — 무엇을 먹을 수 있는지, 데이트를 할 수 있는지, 다른 사람들과 어떻게 상호작용할 수 있는지에 이르기까지.

Drag

- drag on ⓥ 오래 끌다(it continues for too long)

Mr. Putin's invasion has dragged on for nearly 19 months, and he needs allies.
푸틴의 (우크라이나) 침략은 거의 19개월이나 끌었고 그는 (지금) 동맹을 필요로 한다.

Drain

- drain A of B ⓥ A에서 B를 고갈시키다.

drainage ⓝ

The shrinking and aging population worries Beijing because it is draining China of the working-age people it needs to power the economy.
줄어들고, 고령화되는 인구로 중국은 걱정이 많은데, 이는 경제를 이끌 노동 연령대의 사람을 고갈시키기 때문이다.

- drain off ⓥ 마르다.

If possible, slope the window sill downwards, so water easily drains off.
가능한 창턱을 경사지게 하세요. 그러면 물이 쉽게 증발할 것이다.

Draw

- draw in

① (해가) 짧아지다

The days are drawing in and the weather is definitely getting colder.
해는 짧아지고, 날씨는 분명히 더 추워지고 있다.

② 불러들이다, 관여시키다(get someone involved in something)

It was a rubber-stamp vote, but Mr. Putin used it to reaffirm Moscow's ties to North Korea and send a signal that he was drawing in allies who would bolster his standoff with the West.

그것(러시아 의회의 북러 군사동맹 비준)은 형식적인 투표였지만, 푸틴 대통령은 이를 통해 모스크바와 북한의 관계를 재확인하고 서방과의 대치에서 자신을 지지할 동맹국들을 끌어들이고 있다는 신호를 보냈다.

- **draw on** ⓥ 활용하다(use information, experience, knowledge etc for a particular purpose)

She leveraged her own life story — drawing on the powerful image of a lone woman living among the animals — to get people excited about environmentalism in an era when it was a fringe activity.

그녀(Jane Goodall)는 동물들 사이에서 홀로 살아가는 강력한 이미지를 활용하면서 환경 문제가 주목받지 못했던 시기에 사람들로 하여금 관심을 갖도록 자신의 삶에 관한 이야기를 지렛대로 이용했다.

> leverage ⓥ 최대한 활용하다(use something to maximum advantage)
> fringe ⓐ 비주류의

- **draw up** ⓥ 준비하다(prepare a draft or version of)

The secessionists are now in disarray. Instead of drawing up a new constitution, they are trying to decide if and how they will participate in the vote.

분리주의자들은 지금 지리멸렬하고 있다. 새로운 헌법을 그리는 대신, 그들은 선거에 참가할지, 한다면 어떻게 참가할지에 대해 결정하려고 하고 있다.

Drift

- **drift apart** ⓥ 사이가 멀어지다.

North and South Korea drift farther apart every day.
남북한은 매일 사이가 멀어진다.

> drift ⓥ 표류하다

Drill

- **drill down on** ⓥ 드릴 다운하다

It hasn't been difficult to drill down on the source of our sadness — we've all been depressed since my mom died — but knowing the reason, knowing that we have a right to be sad, doesn't make it any easier to be sad all the time.

우리의 슬픔의 원인을 파악하는 것은 어렵지 않았다 — 우리 모두 엄마가 돌아가신 이후로 우울했으니까 — 하지만 이유를 알고, 우리가 슬퍼할 권리가 있다는 것을 안다고 해서 항상 슬퍼하는 것이 더 쉬워지지 않는다.

> 더 많은 정보를 찾기 위해 관련 텍스트나 아이콘 등을 클릭하여 마치 뚫고 들어가듯이 검색하는 것

Drive

- **drive A home** ⓥ A를 명확하게 하다.

  To drive home the threat, North Korea cited a 1969 incident in which it shot down an American EC-121 reconnaissance aircraft, killing all 31 people aboard.
  위협을 강조하기 위해, 북한은 1969년 자신들이 미국의 EC-121 정찰기를 격추시켜 탑승하고 있던 31명 전원을 사망케 한 사건을 인용했다.

- **drive out** ⓥ 몰아내다.

  Israel Warns of Long War as It Moves to Drive Out Militants.
  (기사 제목) 이스라엘은 무장 세력을 몰아내기 위해 움직이면서 장기전을 경고하다.

- **drive through** ⓥ 드라이브 스루하다.

  The country also launched drive-through testing, an innovation now embraced in Germany, Australia and the US.
  그 나라(Korea)는 드라이브 스루 검사(코로나 검사)를 도입했으며, 이 혁신은 이제 독일, 호주, 미국에서도 받아들여지고 있다.

  > drive-through ⓝ 차를 탄 채로 이용. 'drive-thru'로도 사용

- **drive up** ⓥ (가격을) 끌어올리다.

  Across the world, climate-linked disasters have killed crops, disrupted energy supplies, and snarled transportation and in turn driven up prices.
  세계적으로, 기후 변화와 연결된 재난들이 작물을 죽이고, 에너지 공급을 방해하며, 교통을 막히게 하여 결국 가격을 상승시켰다.

  > snarl ⓥ (교통을) 정체시키다.

Drop

- **drop dead** ⓥ

  ① 급사하다(die suddenly and unexpectedly)
  He dropped dead on the squash court at the age of 43.
  그는 43살의 나이로 스쿼시 코트에서 갑자기 사망했다.
  ② 저주의 표현(an expression of intense scorn or dislike)
  Why don't you just drop dead?
  왜 그냥 죽어버리지 않는거야?(불쾌하고 공격적인 표현)

  ⓓ **drop-dead** ⓐ 끝내주는(sensationally striking, attractive, or impressive)
  a drop-dead evening gown
  끝내주는 야회복

- **drop in** ⓥ 편할 때 방문하다(pay an unexpected or casual visit)
  Drop in any time — we're always home.
  언제든 들러주세요 — 우리는 항상 집에 있어요.

- **drop-in** ⓐ 예약이 필요하지 않는

No appointments are needed for a drop-in visit at the bar.
바에 들르기 위해서는 예약이 필요하지 않다.

- **drop off** ⓥ (차로) 데려다 주다.

The man I raised, the man I dropped off at boot camp, the man who spent the holidays with me before deploying did not drink.
내(엄마)가 키운, 내가 신병훈련소로 데려다 준, 휴일을 나와 같이 보낸 그 아이는 (군대에) 배치되기 전에는 술을 마시지 않았다.

- **drop out** ⓥ

① (후보자) 중도사퇴하다.

Mr. Biden's advisers have long dismissed any speculation about him dropping out, rejecting it as unjustified nervousness even as he has trailed Mr. Trump in battleground states needed for victory this fall.
바이든 대통령의 참모들은 그가 사퇴할 것이라는 어떠한 추측도 오랫동안 일축해왔으며, 이 가을에 승리를 위해 필요한 경합주에서 트럼프 전 대통령에게 뒤처지고 있음에도 불구하고 그것을 불필요한 불안으로 간주하고 거부해왔다.

② 중퇴하다(leave a school or university before your course has finished)

In Nigeria, they are running mentorship clubs to help girls resist family pressure to drop out and marry as young as 13 years old.
나이지리아에서 그들은 학교를 중간에서 관두고 13살의 나이에 결혼하라는 가족의 압력을 거절하도록 멘토링 클럽을 운영하고 있다.

- **drop to** ⓥ ~으로 떨어지다.

A poll in February showed that the percentage of respondents who said Washington would defend their country with nuclear weapons even though North Korea could attack the mainland United States with nuclear missiles had dropped to 39 percent from 51 percent last year.
2월의 설문조사에서 북한이 미국 본토를 핵 미사일로 공격할 수 있음에도 불구하고 워싱턴이 대한민국을 핵무기로 방어해 줄 것이라고 응답한 사람의 비율이 작년의 51%에서 39%로 떨어졌다는 결과가 나왔다.

Drown

- **drown in** ⓥ 압도당하다(be overwhelmed by a large amount of something)

Unlike their older sisters and brothers who have left the country in search of their own dreams, this generation has stayed, only to drown in their parents' suffering under economic hardship.
꿈을 찾아 조국을 떠난 나이 많은 형제자매들과는 달리, 이번 세대들은 남아서, 경제적 어려움을 겪는 부모님들에게 압도당했다(부모의 고통에 빠져들고 있다)

- **drown A out** ⓥ 소리를 낮추다.

My voice will never be drowned out.
나의 목소리가 결코 줄어들지는 않을 것이다.

Dry

- **dry out** ⓥ 메말라지다(습기가 점점 마를 때)

As the strike goes on, the management's blood will dry out and they will eventually come to the negotiating table on their knees.
파업이 계속됨에 따라 경영진의 피는 마르게 되고, 결국 그들은 무릎을 꿇고 협상 테이블에 나올 것이다.

- **dry up**

① (강·호수 등이) 바싹 마르다(사라지거나 부족해질 때)

The village well, installed by an NGO a decade ago, had dried up, and women and children trekked almost a mile to fetch water from a stream for their daily needs.
십 년 전에 한 비정부단체에서 설치한 마을 우물은 말라붙어서, 여성들과 아이들은 하루 쓸 물을 길어오기 위해 시냇물까지 거의 1마일을 걸었다.

② 줄어들다.

When asked about Ukraine, he suggested that Western support for the country was drying up.
우크라이나에 대해 질문받았을 때, 그(푸틴)는 우크라이나를 위한 서방의 지원은 줄어들고 있다고 암시했다.

- **run dry** ⓥ (물이) 말라버리다, 고갈되다.

The territory's only power plant shut down weeks ago for lack of fuel, and the backup generators scattered around the territory have been

running dry, causing many operations at hospitals and other facilities to wind down.
해당 지역의 유일한 발전소가 연료 부족으로 몇 주 전에 가동을 멈췄으며, 지역 곳곳에 흩어져 있는 예비 발전기들도 가동을 멈추는데 이로 인해 병원과 기타 시설에서 많은 운영이 축소되고 있다.

NGO : Non-Governmental Organization(비정부단체)

UVWXYZ ABCDEFGHIJ
CDEFGHIJKLMNOPQRSTU
HIJKLMNOPQRSTUVWXYZ AB

UVWXYZABCD

E 외신으로 본
대한민국의
IDIOM 1

FGHIJKLMNOPQRST

Ear

- **have one's ear** ⓥ 접근하여 영향을 미치다(have access to and influence with someone)

  He claimed to have the President's ear.
  그는 대통령에게 영향을 미칠 수 있다고 주장한다.

- **wet behind the ears** : 미숙한, 경험이 없는

  I feel so wet behind the ears at my new job but I'm working late every day to try to learn as fast as I can.
  새로운 직장에서 아직 풋내기 같지만 가능한 한 빨리 배우기 위해 매일 늦게까지 일하고 있다.

갓 태어난 동물들은 귀 뒤가 젖어있음

Earnest

- **in earnest** : 본격적으로

  But four months later, after national election brought in a new government that won largely on a campaign to knock out corruption, work in the village has begun in earnest.
  부패 척결을 주요 공약으로 내세운 선거에서 새 정부가 들어서고 4개월 후, 마을에서의 작업(다이아몬드 채굴)이 본격적으로 시작되었다.

Earshot

- **out of earshot** : (멀리 있어서) 들리지 않는

  The fierce arguments continue out of earshot of migrants like Jack who are living rough in France's capital.
  격렬한 (난민 문제에 관한) 토론이 Jack처럼 프랑스의 수도에서 노숙하는 사람들에게는 들리지 않는다.

- **within earshot** : (가까이 있어) 들리는

  The two leaders were photographed chatting together on a blue footbridge in the DMZ, with neither minders nor microphones within earshot.
  두 정상(문재인과 김정은)은 경호원도 대동하지 않고, 들리는 마이크도 없이 DMZ의 도보 다리에서 같이 대화를 나누면서 사진 촬영했다.

DMZ : 비무장지대
(Demilitarized Zone)

Ease

- **ease in** ⓥ 서서히 익숙해지도록 하다.

  Don't invest a ton of time and money in a new hobby immediately. Ease in to figure out if it's right for you.
  새로운 취미에 많은 시간과 돈을 즉시 투자하지 마세요. 그 취미가 당신에게 맞는지를 생각하면서 서서히 익숙해지도록 하세요

Eat

- **eat away at** ⓥ 조금씩 갉아먹다(gradually remove or reduce the amount of something)

  The Baghdad Gate, a brick relic from the 8th century, stands over the skeletons of slain ISIS fighters that lie in the open air, their flesh eaten away by dogs.

  8세기의 벽돌 유물인 바그다드 게이트는 공중에 드러난 채 개들에게 살이 뜯겨진 채 누워있는 IS 전사들의 유해 위에 서 있다.

- **eat crow** ⓥ 잘못이나 패배를 인정하다.

  He was forced to eat crow when the company fired him.

  회사가 그를 해고했을 때 그는 잘못을 인정하지 않을 수 없었다.

- **eat up** ⓥ 거의 다 써버리다(use a lot of something, especially until there is none left)

  Tourism had eaten up all of the public space and relegated us locals to a role of extras on a movie set.

  (overtourism) 관광이 모든 공적인 공간을 차지해버려 지역 사람들을 영화의 엑스트라로 전락시켰다.

- **eat one's words** ⓥ 했던 말을 취소하다(retract what one has said)

  I'm going to make you eat your words.

  네 말을 취소하게끔 하겠다.

a ton of : 많은(a lot of)

Ebb

- **ebb away** ⓥ 서서히 빠지다(gradually decrease)

  Hong Kong's populace recognizes that the city's unique character and freedoms are ebbing away — and many are willing to make sacrifices to defend them.

  홍콩의 시민들은 도시의 독특한 특성과 자유가 점점 사라지고 있음을 인식하고 있으며, 많은 사람들이 이를 지키기 위해 희생을 감수할 의향이 있다.

Edge

- **edge away** ⓥ 천천히 멀어지다(move slowly away from someone or something)

  As police edged the slender young minister away from the bedlam, eggs flew over their heads, one hitting Macron squarely on his forehead and seeping into his hair.

  (데모 상황) 경찰은 야윈 젊은 장관을 데모대에서 멀어지게 하자, 달걀이 (데모대의) 머리 위로 날았고, 그중 한 개가 정면으로 마크롱의 이마를 맞혔고 머리카락으로 (액체가) 스며들었다.

- **on edge : 안절부절못하여**

Yet the prospect of taking in this latest wave of migrants has put many Iowans on edge.

그러나 이 최근의 이민자 물결을 받아들일 전망은 많은 아이오와 주민들을 긴장시키고 있다.

- **teeter on the edge of** ⓥ 막 (위험한 상황에) ~하려는 참에

New York governor Cuomo announced his intent to resign from office on Aug. 10, one week after the release of a damning investigation by the state's attorney general left him teetering on the edge of impeachment.

뉴욕 주지사 쿠오모는 주 검찰총장에 의한 결정적인 조사 결과 발표로 탄핵의 위기에 처한 일주일 후 8월 10일에 사임 의사를 발표했다.

damning investigation : 유죄의 의심이 드는 조사

Egg

- **have egg on one's face** ⓥ 꼴이 우스워진다(a state of embarrassment or humiliation)

Don't underestimate this team, or you'll be left with egg on your face.

이 팀을 얕보면 큰코다친다.

- **egg on** ⓥ 부추기다.

Egged on by influential conservative groups, Indonesia's parliament is considering legal reforms
that would outlaw sex between same-sex people.

힘 있는 보수단체의 부추김을 받은 인도네시아의 의회는 동성애를 불법화할 법적인 개혁을 고민하고 있다.

Eke

- **eke out an existence** ⓥ 겨우 생계를 이어가다.

Yet to many like him, eking out an existence illegally on the streets seems for the moment safer than trying to decipher which political argument will win out — here, and across the Atlantic.

그(유럽에 도착한 아프리카 난민)와 같은 많은 사람에게 거리에서 불법적으로 겨우 생계를 이어가는 것이 유럽에서 어떤 정치적 논쟁이 이길지를 암호 해독하듯 알려는 것보다 지금 당장은 더 안전한 것처럼 보인다.

live paycheck to paycheck(동의어)

Elaborate

- **elaborate on** ⓥ 상세히 말하다.

He said they had discussed "concrete steps" to protect civilians, and also "tangible steps" to allow more aid to enter Gaza, but did not elaborate on either topic.

그(미국의 국무장관)는 그들(미국과 이스라엘)이 민간인을 보호하기 위한 구체적인 조처들과 가자지구에 들어갈 수 있는 더 많은 도움을 허락하기 위한 가시적인 조처를 또한 이야기했으나 어느 주제에 대해서도 상세히 말하지 않았다.

Embark

- **embark on** ⓥ ~에 착수하다, 나서다.

It must also be clear that people don't automatically embark on a life of bliss the moment they touch German soil.
사람들(아프리카 난민)이 독일에 도착하는 즉시 축복의 삶에 자동적으로 착수하는 것은 아님은 분명하다.

> the moment : (접속사) ~하는 바로 그 순간

Empty

- **empty into** ⓥ ~으로 흐르다.

In recent days, North Korea has reported severe floods near the estuary where the Yalu River empties into the Yellow Sea after flowing along the North Korea-China border.
최근 몇 일간 북한은 압록강이 북한-중국 국경을 따라 흐른 뒤 황해로 들어가는 하구 지역에서 심각한 홍수를 보고했다.

> estuary ⓝ (강이 바다로 흘러가는) 어귀.
> Tumen River : 두만강

- **empty A out** ⓥ A를 비우다.

He then noted that hospitals were not legitimate military targets just as Israel was warning that another major hospital in Gaza had to be emptied out before the next round of bombing.
그(이스라엘 국방부 장관)는 이스라엘은 가자 지구의 또 다른 주요 병원을 다음 폭격이 시작되기 전에 비워야 한다고 경고하고 하면서 병원은 정당한 군사 목표물이 아니라고 언급했다.

End

- **at loose ends** : 무엇을 할지 미정인(have nothing to do)

One blazing afternoon in the summer of 2000, Jack found himself at loose ends.
2000년 여름 타는 듯이 더운 어느 날, Jack은 할 일이 없음을 알게 된다.

- **at the end of the day** : 결국 가장 중요한 것은(your final opinion)

But, at the end of the day, what is the policy of the Biden Administration toward Israel?
하지만 결국, 바이든 행정부의 대이스라엘 정책은 무엇인가?

- **bring A to an end** ⓥ A를 끝맺다.

  The fear now is that some may even sacrifice their lives as China decides how to bring this summer of demonstrations to an end.
  (홍콩의 민주화 시위) 현재의 두려움은 중국이 이번 여름의 시위를 어떻게 끝낼지 결정하는 과정에서 일부 사람들이 심지어 목숨까지 바칠 수도 있다는 것이다.

- **come to an end**(a close) ⓥ 막을 내리다.

  The 2024 Paris Olympics come to a close Sunday, ending a two-and-a-half-week sprint that began with a pair of soccer games on July 24.
  2024 파리 올림픽은 7월 24일에 축구 경기 두 경기로 시작된 약 2주 반 동안의 짧은 기간을 끝내며 일요일에 막을 내린다.

- **draw to an end** ⓥ 끝나다.

  The massive $10.8 billion base in Pyeongtaek is America's largest overseas military base as a more than decade-long expansion project draws to an end.
  10년 이상의 확장 프로젝트가 마무리되면서 평택에 위치한 108억 달러 규모의 기지는 미국의 가장 큰 해외 군사 기지가 되었다.

- **from end to end** : 끝에서 끝까지

  Then they sang 'Beasts of England' from end to end seven times running.
  (동물농장) 그리고 그들은 '잉글랜드의 짐승들'을 처음부터 끝까지 일곱 번 연달아 불렀다.

- **in the end** : 결과적으로는

  The Taliban also deserved elimination, yet in the end it was the United States that was eliminated from Afghanistan.
  탈레반이 사라져야만 하지만, 결과적으로 아프가니스탄에서 제거된 것은 미국이었다.

- **make ends meet** ⓥ 수지타산을 맞추다.

  Voters say inflation is their top concern, and many struggle to make ends meet.
  유권자들은 인플레이션이 그들의 주된 관심사이며, 많은 사람들이 수지타산을 맞추기 위해 고군분투하고 있다고 말한다.

- **on end**

  ① 계속해서

  It rained for days on end.
  며칠 동안 계속 비가 내렸다.

  ② 세로로 세워(in an upright position; not lying flat)

  Instead of curiosity and care that newborns tend to elicit, the chimpanzees reacted with what looked like fear, with their fur on end and emitting the kinds of calls that signal potentially dangerous animals.

갓 태어난 아기들이 보통 호기심과 관심을 불러일으키는 것과 달리, 침팬지들은 털이 곤두서고 위험한 동물이 있을 때 내는 소리를 내며 마치 두려워하는 듯한 반응을 보였다.

- put an end to A ⓥ A를 종식시키다.

put A to an end(변형)

If modern slavery is truly to be put to an end, then the campaigns must address a global economic structure that maximizes consumption and externalizes cost by relentlessly exploiting resources and labor.
(child labor) 현대의 노예제를 정말로 종식시키려면, 캠페인들은 자원과 노동을 끊임없이 착취하면서 소비를 극대화하고 비용을 외부화하는 글로벌 경제 구조를 다루어야 한다.

Engineer

- engineer out ⓥ 조작해서 추방하다.

engineer ⓥ 유전자를 조작하다.

Many of the stereotypical traits that our culture associates with boyhood — things like achievement, adventure and risk — are not inherently harmful cultural constructs that should be engineered out.
우리 문화가 소년다움과 연관시키는 많은 고정 관념적인 특성들 — 성취, 모험, 위험 감수 같은 것들 — 은 본질적으로 제거되어야 할 해로운 문화적 구성물이 아니다.

Equate

- equate A with B ⓥ A를 B와 동일시하다.

equation ⓝ 등식, 방정식

However, an ethical danger exists in the overly simplistic language comparing our fight against COVID-19 to a war, and equating doctors and nurses with soldiers.
그러나, COVID-19에 대항하는 우리의 싸움을 전쟁에 비유하고 의사와 간호사를 군인에 비유하는 지나치게 단순화된 언어 사용에는 윤리적 위험이 존재한다.

Errand

- run a errand ⓥ 심부름하다.

At one of the main checkpoints between the West Bank and Jerusalem, only two of four lanes were open recently and the hours of operation were shortened to 12 hours a day. Jane, 26, said she now had to wait for hours to run simple errands.
서안 지구(West Bank)와 예루살렘 사이의 주요 검문소 중 하나에서 최근 네 개의 차선 중 두 개만 개방되었고, 운영 시간도 하루 12시간으로 단축되었다. 26세의 Jane은 이제 간단한 심부름을 하기 위해 몇 시간을 기다려야 한다고 말했다.

Etch

- **be etched into(in)** : ~에 아로새기다.

The Palestinian political rift became etched into geography in 2007, when Hamas won a bout of factional fighting in Gaza and took charge of the territory.

팔레스타인의 정치적 분열이 2007년 지리에 아로새겨졌는데, 그때가 하마스가 가자지구의 파벌싸움에서 승리하고 그 지역을 책임질 때였다.

etching ⓝ 동판화

Even

- **get even (with)** ⓥ 보복하다, 복수하다(revenge)

After she insulted me, all I thought about was how I could get even with her.

그녀가 나를 모욕한 후, 내가 생각한 모든 것은 어떻게 앙갚음하는 것이었다.

Event

- **in the event of** : ~할 경우에

They doubt that Washington would come to their aid in the event of a conflict with North Korea now that Pyongyang is racing to develop the ability to attack American cities with nuclear warheads.

평양이 미국 도시들을 핵탄두로 공격할 수 있는 능력을 개발하는 경주에 나섰기 때문에, 그들(대한민국 국민)은 북한과의 충돌이 발생할 경우 워싱턴이 그들을 도와줄 것이라는 점을 의심하고 있다.

now that(접속사) : ~하기 때문에

Evolve

- **evolve into** ⓥ ~으로 진화하다, 발전하다.

The South Korean military is no stranger to tragic accidents, but this latest episode has evolved into the first major political crisis for Mr. Yoon since his party's crushing defeat in parliamentary elections last month.

한국군은 비극적인 사고에 익숙하지만(군에서 사고가 잦다는 의미), 이번 사건(해병대 채 상병 특검)은 지난달 국민의힘이 국회의원 선거에서 참패한 이후 대통령에게 첫 번째 주요 정치 위기로 발전했다.

evolution ⓝ (생물) 진화

Exact

- **to be exact** : 정확히

She has worked at the bank for many years, nine to be exact.

그녀는 은행에서 많은 해 동안 일해왔는데, 햇수로는 정확히 9년이다.

Excel
- **excel in(at)** ⓥ ~에 뛰어나다.

North Korea excels in bluster and insults (remember "dotard"?)
북한은 공갈과 모욕에 뛰다. (트럼프를 향해) 노망든 늙은이라고 한 것 기억해?

excellent ⓐ, excellence ⓝ
dotard ⓝ 노망든 늙은이

Exempt
- **exempt A from B** ⓥ A에게 B를 면제하다.

An agreement between the two countries exempts British soldiers from prosecution.
(케냐 주둔 영국군에 관한 내용) 협정은 영국군을 기소하지 못하게 하는 것이었다.

exemption ⓝ

Exile
- **go into exile** ⓥ 망명하다.

So, a lot of people were displaced, a lot of people had to go into exile.
많은 사람이 쫓겨났고, 많은 사람이 망명을 가야 했다.

Expatiate
- **expatiate on** ⓥ 자세하게 이야기하다.

Don't ask Uncle Jack about his collection of antique binoculars unless you want to hear him expatiate on it for hours on end.
만약 당신이 그것에 대해 몇 시간 동안 그가 장황하게 설명하는 것을 듣고 싶지 않다면, Jack 아저씨의 골동품 쌍안경 컬렉션에 대해 묻지 마라.

expatiation ⓝ

Expel
- **be expelled from** ⓥ 추방당하다.

Growing up, Jack had discipline problems and was expelled from several schools.
자랄 때, Jack은 규율(학칙) 문제가 있어 몇몇 학교에서 퇴학당했다.

expulsion ⓝ
expel A from B ⓥ 형식도 쓰임.

Eye
- **not bat an eye**(eyelid) ⓥ 눈 하나 깜짝하지 않다(show no surprise, fear, concern, etc)

Consumers in some countries might not bat an eye at rising macaroni prices.
일부 국가의 소비자들은 마카로니 가격 상승에 눈 하나 깜짝하지 않는다.

야행성 동물인 박쥐(bat)는 낮에는 보이는 것이 없기에 깜짝이지 않음.

- **an eye for an eye** : 눈에는 눈, 이에는 이

  The principle of an eye for an eye, makes the whole world blind.
  (인도의 간디) '눈에는 눈'이라는 원칙은 전 세계를 눈멀게 만든다(복수와 보복이 지속되면, 모두가 피해를 입는다는 뜻)

- **keep an eye on** ⓥ 주의깊게 지켜보다(watch)

  A rider has to keep an eye on a horse's mental state too.
  기수는 말의 정신 상태도 살펴야 한다.

- **beauty is in the eye of the beholder.**

  제 눈에 안경(보잘것없는 물건이라도 제 마음에 들면 좋게 보인다는 말)

- **turn a blind eye to** ⓥ (안 좋은 일에 대해) 눈을 감다.

  For decades, the world has turned a blind eye to India's abysmal human-rights record.
  수십 년 동안, 세계는 인도의 열악한 인권 기록을 외면했다.

  abyss ⓝ 심연, 깊은 구덩이

Eyebrow

- **raise one's eyebrows** ⓥ (놀람과 당황함으로) 눈썹을 치켜올리다.

  Local mothers raised their eyebrows when the girls rode their bikes alone to the dime store a mile away.
  그 지역의 엄마들은 소녀들이 자전거로 1마일이나 떨어진 곳의 싸구려 가게에 다녀왔을 때 놀라지 않을 수 없었다.

  dime store ⓝ 싸구려 가게

UVWXYZ ABCDEFGHI
CDEFGHIJKLMNOPQRST
IJKLMNOPQRSTUVWXYZ A

VWXYZABCDE

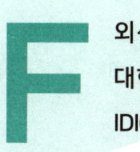

외신으로 본
대한민국의
IDIOM 1

FGHIJKLMNOPQRSTU

Face

- **lose face** ⓥ 체면을 잃다(lose other people's respect)

  This is likely to fuel a cycle of blame, with neither party wanting to lose face or take responsibility.
  이것은 누구도 체면을 잃거나 책임있게 행동하려 하지 않기에 비난의 쳇바퀴를 부채질할 것이다.

- **save face** ⓥ 체면을 살리다(avoid having other people lose respect for oneself)   face-saving ⓐ

  In their quest to cover up the truth to save face, the brothers are forced to confront their own troubled relationship and deal with their dead father's secret love life.
  체면을 살리고자 진실 은폐를 추구하다가, 형제는 곤란한 관계에 직면하여 돌아가신 아버지의 비밀스러운 애정행각을 처리하지 않을 수 없었다.

- **face down** ⓥ 맞서 이기다(얼굴이 아래를 향한 자세, 도전에 직면하여 이를 극복)

  Taiwan has little choice but to strengthen bonds with the only democracy capable of facing down Beijing.
  Taiwan은 중국에 맞설 수 있는 유일한 민주주의 국가(미국)와의 유대 강화를 선택할 수밖에 없다.

- **face off** ⓥ 맞서다(직접적으로 맞서는 대결)

  Pro-and anti-mask demonstrators faced off at a rally in Marietta, Ga., in August 2021.
  2021년 8월 조지아주 Marietta에서 마스크(mask) 찬성론자들과 반대론자들이 집회에서 맞섰다.

Factor

- **factor in** ⓥ ~으로 작용한다(to work as a factor)   factor ⓝ 요인, (수학) 인수

  And for Kim, personal survival factors in : North Koreans have noted that Gaddafi and Hussein were both deposed after surrendering their nuclear programs.
  (북한의) 김정은 입장에서는 자신의 생존이 요인으로 작용한다. 즉 북한은 (리비아의) Gaddafi와 (이라크의) Hussein이 핵무기 프로그램을 양보한 후 모두 권좌에서 쫓겨났음을 주목하고 있다.

Fade

- **fade away** ⓥ 점차 사라지다.

  Many singers faded away as they aged, but Insooni's popularity only expanded in her later years, her status rising as a singer with songs appealing across the generational spectrum.

많은 가수들이 나이가 들면서 사라졌지만, 인순이의 인기는 그녀의 말년에만 더 커졌으며, 세대를 아우르는 노래들로 가수로서 지위(위치)가 상승했다.

Faith

- **in good faith** : 선의로, 좋은 의도로

The company remained "committed to engaging in good faith negotiations with the union,"

회사가 "노조와 성실하게 협상에 임할 것에 대한 약속"을 유지하고 있다.

Fall

- **fall apart** ⓥ 결딴나다(stop being effective or successful)

Her approval rating stands at 54%, according to one poll, even after coalition talks fell apart.

한 여론조사에 따르면, 그녀의 지지율은 연립회담이 실패했음에도 54%이다.

- **fall back on** ⓥ 의지하다, 기대다.

But if diplomacy fails, the UAE can fall back on its relationship with Israel to contain Iran's regional influence.

외교가 실패하면, UAE는 이란의 지역적 영향력을 견제하기 위해 이스라엘과의 관계에 기댈 수 있다.

fallback ⓝ
(만일의 사태에 대한) 대비책

- **fall back to** ⓥ ~까지 후퇴하다.

His military commanders insist a Taliban takeover is not a given ; Jack also said in July that the some 300,000 Afghan security forces are just falling back to protect cities.

그의 군사 지휘관들은 탈레반의 장악이 확실한 것이 아니라고 주장한다 ; Jack도 7월에 약 30만 명의 아프간 보안군이 단지 도시를 보호하기 위해 후퇴하고 있다고 말했다

given ⓝ 기정사실
(a basic fact that you accept as being true)

- **fall behind** ⓥ 뒤처지다, 낙오하다.

The environmental crisis we're facing can seem insurmountable. It's true we're falling behind in adapting to reality, and the window of opportunity is closing-but it's also not too late.

우리가 직면한 환경 위기는 극복하기 어려워 보일 수 있다. 현실에 적응하는 데 있어 우리가 뒤처지고 있으며 기회의 창이 닫히고 있는 것은 사실이지만, 아직 늦지 않았다.

- **fall down** ⓥ

① 무너지다.

As glaciers melt out, the mountains are thawing and starting to fall down in certain places.

빙하가 녹아 사라짐에 따라 산들이 녹기 시작하고, 특정 장소에서는 산이 무너지기 시작한다.

② 미치지 못하다(fail to meet expectations or requirements)

The local authority is falling down on the job of keeping the streets clean.
지방정부가 거리를 청결하게 유지하는 일에서 소홀해지고 있다(기대에 미치지 못하고 있다).

③ 아래로 내려가다.

The demand for fast fashion falls down the supply chain to these women, who are put under immense pressure with little protection.
빠른 패션에 대한 수요가 공급망 아래로 전달되어, 거의 보호를 받지 못하는 상황에서 엄청난 압박을 받는 이 여성들(의류공장의 여성들)에게까지 미친다.

- **fall for** ⓥ ~에 속다.　　　　　　　　　　　　　　　be taken in(동의어)

This time, however, Indian masses and global observers are not falling for Modi's lies.
그러나 이번에는 인도의 국민들과 세계적인 관측자들이 Modi(인도 총리)의 거짓말에 속지 않고 있다.

- **fall from grace**(favour) ⓥ 신임을 잃다(stop being liked by people in authority)

His forged Dominican passport bore the name Pang Xiong, or "Fat Bear" in Mandarin. The embarrassing affair saw Kim Jong Nam fall dramatically out of favor in Pyongyang ; there are whispers that Kim Jong Un's mother notified the Japanese authorities in order to tip succession in her own son's favor.
(김정은의 이복형 김정남 사건) 그의 도미니카 위조여권에는 중국어로 살찐 곰이라는 뜻의 Pang Xiong이 있었다. 이런 당황스러운 사건으로 그는 평양의 눈 밖에 났다. 김정은의 엄마가 김정은이 권력을 승계하도록 일본 정부에 알렸을 것이라는 소문이 있다.

- **fall into** ⓥ ~에 빠지다(start doing something by chance)

Lots of people fell into unemployment, and families are suffering because of the lack of income.
많은 사람이 실업에 빠지고(실업자가 되고) 가정은 수입이 없어 고통을 겪고 있다.

ⓓ **fall into one's hands** ⓥ 수중에 들어가다.

The city fell into rebel hands in March 2013.
그 도시는 2013년 3월 반군(반란군)의 손에 들어갔다.

- **fall off** ⓥ 떨어져 나오다.

The ice and snow melted that day and fell off trees like rain.
그 날 얼음과 눈이 녹아서 나무에서 비처럼 떨어졌다.

- **fall on** ⓥ

① (누구에게) 책임이 있다.

It falls on us sometimes to decide what's just, what's unjust.
때때로 무엇이 옳고, 무엇이 올바르지 않은 바를 결정할 책임이 우리에게 있다.

② 엄습하다(to suddenly attack or get hold of someone)
An awed hush fell upon the bystanders.
무서운 침묵이 구경꾼들에게 엄습했다.

ⓓ fallout ⓝ

① (방사능) 낙진

Nuclear fallout is not hypothetical for Japan's 127 million people, and certainly not in Sakura, 75 miles from the Fukushima nuclear plant that went into meltdown following an earthquake and tsunami in 2011.
방사능 낙진은 일본의 1억 27백만 국민에게는 현실이다. 그리고 2011년의 지진과 쓰나미로 멜트다운(meltdown)으로 들어간 후쿠시마 핵발전소에서 75마일 떨어진 Sakura는 확실히 현실이다.

hypothetical ⓐ 가상의 (based on a situation that is not real, but that might happen)

② 예상하지 못한 좋지 않은 결과

Despite China's efforts to recast itself as a sanctuary from COVID-19 while cases soar across the US, and Europe, fallout from the pandemic lingers here, long after the rate of infections has stabilized.
미국과 유럽에서 (코로나) 환자가 증가하는 가운데 중국은 코로나 안전지대라는 자리매김의 노력에도 불구하고, 팬데믹으로 인한 낙진(좋지 못한 결과)는 감염율이 안정된지 오래되어도 여기에 길게 남아있다.

- **fall out with** ⓥ (누구와 사이가) 틀어지다.

After his father fell out with Mao, Xi was "sent down" at age 15 to the Shaanxi province village of Liangjahe, where he lived in a simple cave dwelling.
시진평의 아버지가 모택동과 사이가 틀어진 뒤, 시진평은 15세의 나이에 단순한 동굴 생활을 할 Shaanxi Liangjahe(산시성 랴오자허) 마을로 보내졌다.

- **fall short** ⓥ 부족하다, 미치지 못하다.

But in a world where the most powerful countries are deeply distracted, where international cooperation so often falls short and where millions of innocents pay the heaviest price for the world's turmoil, the UN has never been more important.
(유엔의 상임이사국 5개국) 가장 강력한 나라들은 깊이 신경 안 쓰고, 국제협력은 부족하고, 세계의 혼란에 순진무구한 수백만의 사람들이 많은 대가를 지불하는 세계에서 유엔이 (지금처럼) 중요한 적은 없었다.

- **fall to** ⓥ ~에 패배하다.

South Korea qualified for the World Cup by reaching the final of last year's Asian Cup, where it fell to China, 3-2.
(여자 월드컵 축구) 대한민국은 지난해 아시안컵 결승 — 중국에 3대 2로 패배 — 에 진출하여 월드컵 출전 자격을 얻었다.

- **fall under** ⓥ 영향을 받다(influenced or affected by)

For years, high school seniors in South Korea taking the annual college entrance exam known as the College Scholastic Ability Test, or the CSAT, have faced what are commonly called "killer questions" — extremely difficult problems that are seemingly incongruous with the section titles they fall under and that are sometimes outside the scope of the public education system curriculum.

(수능 킬러 문항) 수년 동안, 대학수학능력시험(혹은 CSAT)을 치르는 대한민국의 고등학교 졸업반 학생들은 일반적으로 '킬러 문제'라고 불리는 극도로 어려운 문제에 직면해 왔다. 이 문제들은 종종 그들이 속한(영향을 받는) 섹션 제목과 어울리지 않아 보이며, 때로는 공교육 체제 교육 과정의 범위를 벗어나기도 한다.

Fan

- **fan out** ⓥ 펼치다, 펼쳐지다.

And in Seoul, teams of workers in white hazmat suits have fanned out across an airport looking for possible infestations.

그리고 서울에서는 하얀 방호복을 입은 근로자 팀들이 가능한 감염을 찾아 공항구역에서 펼쳐졌다.

hazmat suit ⓝ 방호복

Fare

- **fare well (badly)** ⓥ 잘 한다(못한다)

Even with Son, South Korea's odds at the World Cup are long : FIFA ranks the team 61st in the world. And despite the sport's popularity in the region, other Asian teams fare little better : Japan ranks 60th and China 73rd

손흥민이 있음에도 불구하고, 대한민국의 월드컵에서의 승산은 낮다 : FIFA는 이 팀을 세계에서 61위로 랭크하고 있다. 그리고 이 지역에서의 스포츠 인기에도 불구하고, 다른 아시아 팀들도 별로 나아지지 않는다 : 일본은 60위, 중국은 73위이다.

long odds ⓝ 전혀 일어날 것 같지 않은 (일)

Fast

- **fast and hard(hard and fast)** : 어떤 경우에도 변하지 않는

But fame came fast and hard for Jane, whose gravity-defying twists and flips made her the youngest female Olympic gold medalist in snowboarding history.

Jane에게 명성은 빠르고 강하게 찾아왔다. 그녀의 중력을 거스르는 회전과 공중 동작은 그녀를 스노보드 역사상 가장 어린 여성 올림픽 금메달리스트로 만들었다.

flip ⓝ 몸이 공중에서 뒤집히는 동작

- **fast and thick** : 잇따라

  In the hours before the President of Catalonia took the podium, the rumors were coming thick and fast.

  Catalonia 대통령이 연단에 오르기 몇 시간 전, 소문들이 빠르고 집중적으로 퍼져나갔다.

  arriving or happening very frequently, in large amounts or numbers

  Catalonia : 스페인 북동부 자치지방.

- **stand fast** ⓥ 입장을 고수하다.

  He also stood fast on Israel's refusal to let fuel enter Gaza, even as it allows limited shipments of other vital supplies.

  이스라엘이 다른 필수 물품의 제한적인 반입은 허용하는 상황에서도 그(이스라엘 총리)는 이스라엘의 가자 지구에 연료 반입을 거부하는 입장을 고수했다.

Fault

- **at fault** : 책임있는

  I don't think the school is at fault for anything. They did everything they could to keep the children safe.

  나는 학교가 잘못한 것이 없다고 생각한다. 학교는 아이들을 안전하게 보호하기 위해 할 수 있는 모든 것을 했다.

- **find fault with** ⓥ 비난하다, 트집을 잡다.

  She's a nightmare to have as a guest — she finds fault with everything.

  그녀는 손님으로서는 진상이야. 모든 것을 트집 잡아.

- **to a fault** : 지나칠 정도로(to an excessive degree)

  I've interviewed BTS five times, and in every interaction, they are polite to a fault.

  나는 BTS를 다섯 번 인터뷰했는데 매번 그들은 지나칠 정도로 공손했다.

Favor

- **in favor of** : ~에 유리하게

  Yet the status quo shifts in China's favor a little more every year as the gap between US and Chinese military capabilities narrows.

  그러나 미국과 중국의 군사적 능력의 차이가 좁혀지면서 현 상태가 매년 조금씩 중국에게 유리하에 이동한다.

  in one's favor(변형)

  status quo : 현재 상황

- **out of favor** : 눈 밖에 나는

  Breeding, killing and selling dogs for their meat will be banned in a country where it has fallen out of favor.

  (보신탕) 사육하고, 죽이고, 고기를 파는 것은 개고기가 눈 밖에 난 나라에서 금지될 것이다.

- **favor A over B** ⓥ B보다 A를 우위에 두다

This is not the time to favor one over the other in pursuit of political gain.
이는 정치적 이득을 추구하며 한쪽을 다른 쪽보다 우위에 두는 시기는 아니다.

Fawn

- **fawn on** ⓥ 아양을 떨다.

But with celebrity came ravenous attacks on social media from a Korean public that is as quick to criticize stars as it is to fawn over them.
하지만 유명세와 함께 한국 대중은 스타들을 추종하는 것만큼이나 빠르게 소셜 미디어에서 맹렬한 공격을 가하기 시작했다.

fawn ⓝ 어린 사슴(young deer)
ravenous ⓐ 매우 배고픈 (very hungry)

Feast

- **feast on** ⓥ 맛있게 먹다.

Particularly popular footage showed some of the herd appearing drunk after feasting on fermented grain.
(야생 코끼리 떼 이동) 특히 재미난 장면은 발효된 곡물을 맛있게 먹은 일부 무리가 취한 것처럼 보이는 것이었다.

feast ⓝ 연회(banquet)

Feather

- **knock A down like a feather** ⓥ (쉽고, 완전히) A에게 충격을 주다.

There is a sense of déjà vu in the US medical community right now, a year and a half after COVID-19 first slammed into the health care system and knocked it down like a feather.
지금 미국 의료 커뮤니티에서는 COVID-19가 처음으로 의료 시스템에 충돌하여 깃털처럼 쓰러뜨린 지 1년 반 후, 데자뷰감(기시감, 이전의 큰 충격과 유사한 현상이 다시 나타나는 것을 경험)이 든다.

throw someone for a loop(동의어)

Feed

- **feed into** ⓥ 기여하다(add to something, making it bigger, more successful, more extreme)

Exploration of the actor's own experiences of grief fed into the development of his character.
그 배우 자신의 슬픔에 대한 경험을 탐구한 것이 그의 캐릭터 발전에 기여했다.

- **feed A into B** ⓥ A를 B에 넣다.

With more than 600,000 Russian troops killed or wounded since the start of the war, he needs more men to feed into his war machine.

전쟁이 시작된 이후 60만 명 이상의 러시아 군인이 사망하거나 부상당한 상황에서, 그(푸틴)는 전쟁 기계에 더 많은 병력을 투입해야 한다.

- **feed on** ⓥ (주로 ~을) 먹고 살다

We are confident that the Russian army and people will win a great victory in the sacred struggle to punish the band of evil that aspires to hegemony and feeds on expansionist illusions.
(북러 정상회담에서의 김정은 말) 러시아 군대와 인민은 헤게모니를 열망하고, 확장의 망상을 먹고 사는 사악한 무리를 벌주는 성스러운 투쟁에서 위대한 승리를 거둘 것을 우리는 확신한다.

Fence

- **mend fences(relations) with** ⓥ 관계를 개선하다.

Jack believes Kim may genuinely want to mend relations with Washington in order to improve the livelihoods of his 25 million subjects.
김정은은 자신의 2500만 신민들의 삶을 개선하기 위해 미국과 관계를 개선하기를 진정으로 원한다고 Jack은 믿는다.

subject ⓝ 신하(왕조시대 용어, 북한체제를 대하는 기자의 마음을 알 수 있음)

- **on the fence** : 관망하고 있는, 중도의(in a position of neutrality or indecision)

Public opinion is split between hawks, doves and those sitting firmly on the fence.
여론은 매파, 비둘기파, 그리고 중도로 나뉘었다.

Fend

- **fend off** ⓥ 막아내다.

However, as Russian forces try to fend off a counteroffensive in Ukraine, Moscow urgently needs to replenish its depleted arsenals with tanks and artillery.
그러나 러시아 군대는 우크라이나에서의 반격을 막아내려고 하면서, 탱크과 대포로 고갈된 무기고를 시급해 보충해야 한다.

replenish ⓥ 보충하다, 다시 채우다.

Festoon

- **be festooned with** ⓥ ~으로 장식된

During a parade to mark Myanmar's Armed Forces Day on March 27, General Jack, military tunic festooned with medals, inspected thousands of soldiers from an open-top jeep.
미얀마 군대의 날을 기념하는 3월 27일 퍼레이드 동안, 장군 Jack은 훈장으로 장식된 군복을 입고 오픈 탑 지프 차를 타고 수천 명의 군인을 점검했다.

Fidget

- **fidget with** ⓥ (초조, 지루함 등으로) 만지작거리다, 꼼지락거리다.

  He was fidgeting with his tie before the presentation.
  그는 발표 전에 (초조한 나머지) 넥타이를 만지작거리고 있었다.

Field

- **play the field** ⓥ 많은 남자(여자)와 놀아나다.

  As premier, Jack spoke of giving markets a greater role in the economy, and he promised a fairer playing field for private companies, saying they would get the same access as state-owned firms to bank loans, land and other resources.
  총리로서, Jack은 경제에서 시장의 역할을 더 확대하겠다고 말했으며, 민간 기업에게 공정한 경쟁의 장을 제공하겠다고 약속했다. 그는 민간 기업이 국유 기업과 동일한 접근을 은행 대출, 토지 및 기타 자원에 대해 갖게 될 것이라고 말했다.

  playing field : (잔디가 깔리고 보통 선이 그려져 있는) 경기장(운동장)

  'gain(get) access to'에 유의

- **take the field** ⓥ 출전하다(run out onto the field to begin play)

  Gold medalists are exempted from military service, and Son could yet play for the team.
  Some of his teammates are already exempt from full military service, having taken the field
  when South Korea won gold at the 2014 Asian Games or bronze at the 2012 Olympics in
  London.
  금메달리스트는 군 복무 면제 혜택을 받으며, 손흥민도 아직 팀에서 활약할 수 있다. 그의 일부 동료들은 이미 전체 군 복무에서 면제를 받았는데, 이는 그들이 2014년 아시안 게임에서 대한민국이 금메달을 획득하거나 2012년 런던 올림픽에서 동메달을 획득할 때 경기에 출전했기 때문이다.

Figure

- **cut a figure** ⓥ (두드러지게 보이거나 인상적인) 모습을 보이다.

  At the height of his power, Mr. Kissinger cut a figure that no Washington diplomat has matched since.
  그의 권력 절정기에, Kissinger 박사는 그 이후 미국의 어떤 외교관도 따라올 수 없는 인물로 자리매김했다.

- **figure out**

  ① 발견하다, 결정하다(discover, determine)

  It's impossible to figure out where Parasite is headed.
  영화 기생충이 어디로 향할지 예측하는 것이 불가능하다.

② 헤아리다(fathom)

To figure out your waist circumference, stand up, exhale, and wrap a tape around your belly button. If your number is over the threshold, talk to your doctor about the healthiest way forward.

허리 둘레를 측정하려면 일어서서 숨을 내쉰 후, 줄자를 배꼽 주위에 감으세요. 측정된 숫자가 기준치를 넘는다면, 앞으로 건강을 유지하는 방법에 대해 의사와 상담하세요.

Fill

• fill out

① (양식에) 기입하다.

Answer the questions, fill out your payment info, and submit your application.

질문서에 답을 하고 봉급 정보 양식에 기입하고 자신의 지원서를 제출하라.

② (몸집이) 더 커지다.

The vague contour of Jack had filled out to the substantiality of a man.

Jack의 모호한 윤곽이 성인 남자로서의 실질로 커졌다.

Filter

• filter in ⓥ ~에 스며들다.

And yet at one of the city's darkest moments, rumors of a sanctuary far away began to filter in, generating dreams among a populace that had already lost everything.

그러나 그 도시의 가장 어두운 순간 중의 한순간, 먼 곳에 피난처가 있다는 소문은 모든 것을 잃은 사람(피난민)들 사이에 꿈을 만들어내면서 스며들었다.

• filter out ⓥ (원하지 않는 것을) 걸러내다.

Net users can filter out unwanted emails with software.

인터넷 사용자는 소프트웨어를 이용해 원하지 않는 이메일을 필터링할 수 있다.

Finger

• cross one's fingers ⓥ 기도하다, 행운을 빌다.

Some dressage riders try to buy success, offering millions of dollars for trained horses. But many breed their own horses, cross their fingers and hope they can turn a foal into a star.

foal ⓝ 망아지

일부 마장마술 선수들은 훈련된 말에 수백만 달러를 제공하며 성공을 사려고 한다. 하지만 많은 사람들은 자신의 말을 번식시키고, 기도하면서 스타로 키울 수 있기를 희망한다.

Fire

- **add fuel to the fire** ⓥ 불에 기름을 붓다, 문제를 더 악화시키다.

  It's shocking news for the U.S. and countries in Europe hoping for an early end to the war in Ukraine. North Korean munitions can add fuel to the fire.

  그것(북한의 러시아 군수지원)은 우크라이나 전쟁의 조기 종식을 바라는 미국과 유럽 여러 나라들에게는 충격적인 뉴스이다. 북한의 탄약은 불에 기름을 끼얹는 것이다.

- **come under fire** ⓥ 공격을 받다.

  The International Olympic Committee(IOC) has worked to keep politics and sports as separate as possible — but that effort has come under fire.

  국제올림픽 조직위원회는 정치와 스포츠를 분리하기 위해 노력했으나 그런 노력은 공격을 받았다.

- **on fire** : 불타는

  Even if it were so hot as if the land were on fire, we would keep working.

  (지구 온난화) 마치 땅이 불타는 것처럼 더워도, 우리는 계속해서 일하곤 했다.

  > light A on fire ⓥ
  > A에 불을 붙이다.

- **play with fire** ⓥ 불장난하다.

  Xi, meanwhile, warned against slipping into a "new Cold War," and said that US was "playing with fire" with its support for Taiwan.

  한편, 시진핑은 "새로운 냉전"으로 미끄러지는 것을 경고하며, 미국이 대만을 지원함으로써 "불장난을 하고 있다"고 말했다.

- **set fire to** ⓥ 방화하다.

  Arsonists set fire to mosques in Florida and Texas.

  방화범들은 플로리다와 텍사스의 모스크(이슬람 사원)에 방화한다.

- **fire off**

  ① 발사하다, 사격하다.

  ② (문자·편지를) 보내다.

  When she(a marriage and family therapist) meets someone new and exchanges contact info, she sends them an audio message instead of firing off a text.

  그녀(결혼 및 가족 치료사)가 새로운 사람을 만나 연락처를 교환할 때, 그녀는 문자를 보내는 대신 음성 메시지를 보낸다.

First

- **first and foremost** : 맨 처음에, 다른 무엇보다도

  So, first and foremost, consider your personal beliefs, priorities, finances, and lifestyle.

  그러므로 무엇보다도, 여러분의 개인적인 신념, 우선순위, 재정, 그리고 생활 방식을 고려하세요.

- **in the first place** : 우선, 첫째로

    It is a sign of Russia's weakening state that Putin allowed nonstate players to command their own armies in the first place.
    (프리고진의 반란) 푸틴이 비국가 행위자들이 처음부터 자체 군대를 지휘하도록 허용한 것은 러시아의 약화된 상태를 나타내는 신호이다.

Fit

- **in fits and starts** : 하다가 말다가, 단속적으로

    The regime's armament has continued in fits and starts, despite international efforts to contain it.
    국제사회의 억제 노력에도 불구하고 그 정권(북한)의 (핵) 무장은 단속적으로 계속되었다.

- **fit into** ⓥ ~에 부합하다 (be part of a group or system)

    Kim Jong Un had displayed little affection for kinship, executing his powerful uncle Jang Song Thaek in 2013. "It very much fits into the North Korean 'game of thrones' that we've seen develop since Kim Jong Un has been in power."
    김정은은 친족에 대한 애정이 거의 없어 보였으며, 2013년에 자신의 강력한 고모부 장성택을 처형했다. "김정은이 권력을 잡은 이후 우리가 목격한 북한의 '왕좌의 게임'에 매우 부합한다."

Fix

- **fix something on** ⓥ ~에 고정하다.

    With an eye fixed on the great power rivalry, he was often willing to be crudely Machiavellian, especially when dealing with smaller nations that he often regarded as pawns in the greater battle.
    강대국의 경쟁에 눈을 고정해 보면, 그(미국 외교관)는 특히 대전(큰 싸움)에서 작은 나라들을 다룰 때 그들을 졸로 보는, 조악하게도 마키아벨리즘적이었다.

    fixation ⓝ

Fixate

- **be fixated on** ⓥ 눈여겨보다.

    The North Korean government seemed to be especially fixated on the U.S. military's departure from Afghanistan in August 2021, which Mr. Trump had planned and Mr. Biden carried out. North Korean officials "portrayed it as American global retreat.
    북한은 트럼프가 계획하고 바이든이 실행했던 2021년 8월 아프간에서의 미군 철수를 특별히 눈여겨보았을 것이다. 북한관리들은 이를 두고 지구촌에서의 미국 후퇴라고 말했다.

Fizzle

- fizzle out ⓥ 흐지부지되다(lose energy over a period of time, slowly come to an end)

This soda has fizzled out. I hate flat soda.
탄산음료의 김이 빠졌다. 그래서 나는 김빠진 탄산음료는 싫어한다.

fizzle(fizz) ⓥ (쉬익쉬익) 소리를 내다(make a feeble hissing or spluttering sound)

Flag

- flag down ⓥ (손을 흔들어) 차를 세우다.

They walked through the streets for over three hours before she was finally able to flag down a car.
그들은 거리를 세 시간 넘게 걸어 다닌 끝에, 그녀가 드디어 차를 세울 수 있었다.

Flame

- go up in flames ⓥ 불길이 치솟다.

The satellites first detected the villages going up in flames on Aug. 25.
8월 25일 위성은 처음으로 마을들이 불길에 휩싸이는 것을 감지했다.

Flash

- in a flash : 눈 깜짝할 사이(very quickly)

The decision to release his music came to him in a flash.
그의 음악을 발표하기로 한 결정이 순식간에 그에게 왔다.

Flesh

- flesh out ⓥ 살을 붙이다, 더 구체화하다.

These plans need to be fleshed out with some more figures.
이 계획들은 좀 더 많은 수치들로 구체화되어야 한다.

- in the flesh : (TV, 영화, 그림에서가 아닌) 실제로

This is a totalitarian system whose presence people feel in their blood and in their flesh on a daily basis, one that does not accommodate freedoms of any kind.
이것(이란의 신정 체제)은 사람들이 매일 그들의 피(내재적으로)와 살로(현실적으로) 느끼는 전체주의 체제로, 어떠한 종류의 자유도 받아들이지 않는다.

flesh ⓝ 살

Flex

- flex one's muscles ⓥ 힘을 과시하다(demonstrate one's strength)

The parade is the first sign of the new regime flexing its military muscles.
이 퍼레이드는 새로운 정권이 그들의 군사력을 과시하는 첫 번째 신호이다.

Flip

- flip through ⓥ …을 훑어보다, 획획 넘기다.

I flipped through my phone messages but there was nothing from Jack.
나는 휴대폰 메시지를 빠르게 훑어보았지만, Jack으로부터 온 것은 아무것도 없었다.

Flirt

- flirt with ⓥ 가볍게 생각해보다.

She flirted with the idea of becoming an actress when she was younger.
좀 더 어렸을 때, 영화배우가 되는 것을 가볍게 생각해보았다.

Float

- float into ⓥ
① (물이나 공기의 흐름에 따라) 흘러가다.
② (천천히, 편안하게 어디로) 가다(move forward into a place in a slow, easy manner)

Jane floats into the reception room of her official residence swathed in a luxurious silk sari, the personification of an iron fist in velvet glove.
(방글라데시 여성 총리) Jane은 화려한 비단 사리를 두른 채 공식 관저의 접견실로 우아하게 들어갔다. 그녀는 말 그대로 벨벳 장갑 속의 강철 주먹을 구현한 모습이었다.

> an iron fist in velvet glove : 부드럽거나 온화한 외관으로 감춘 강력한 권위나 힘

Flourish

- with a flourish : 요란하게(with a large confident movement that makes people notice you)

He opened his wallet with a flourish and took out a handful of notes.
그는 지갑을 멋지게 열고 지폐 몇 장을 꺼냈다.

Flush

- flush out ⓥ 쫓아내다.

Lemon helps flush out toxins in the gastrointestinal tract and strengthen the immune system.
레몬은 위장관의 독소를 배출하고 면역 체계를 강화하는 데 도움이 된다.

> the digestive(reproductive, urinary) tract : 소화(생식, 요도) 관

Fly

- on the fly : (준비 없이) 즉석에서(on the spot)

So far, policy is being made on the fly.
지금까지 정책은 즉석에서 만들어지고 있다.

- **fly into** ⓥ 갑자기 ~하다(be overcome by sudden extreme emotion)

  Colonel Park has said that the top Marine commander told him that when Mr. Yoon learned of the colonel's findings, he "flew into a rage" and called Mr. Lee to express his anger.

  (해병대 채상병 사건) 박 대령은 윤석열 대통령이 대령의 조사 결과를 알게 되었을 때, 최고 해병 사령관이 대통령이 "격노했다"고 말하며, 이 분노를 표출하기 위해 이종섭 국방장관에게 전화를 걸었다고 말했다.

colonel ⓝ 대령
lieutenant colonel ⓝ 중령
major ⓝ 소령

Fog

- **pierce the fog** ⓥ (혼란·불확실성을 극복하고) 명확히 이해하다.

  News of the killing has pierced the fog that usually shrouds what is happening in the Russian-occupied areas of Ukraine.

  살인 소식은 우크라이나의 러시아 점령지역에서 일어난 일을 감싸고 있는 것의 실체를 드러내고 있다.

fog ⓝ 안개

Fold

- **bring someone into the fold** ⓥ 같은 진영으로 끌어들이다.

  However, others in his party have refused to rule out the idea of bringing Jack into the fold.

  그러나 그의 당 내 다른 사람들은 Jack을 포용하는 아이디어를 배제하지 않고 있다.

fold ⓝ (같은 사상·신념을 가진) 집단, 단체

Follow

- **follow through** ⓥ

  ① (테니스·골프 등에서) 공을 따라가듯 팔을 끝까지 죽 뻗다.

  ② (시작한 일을) 마무리하다.

  But the new report shows that most employers have not followed through on that promise.

  하지만 새로운 보고서는 고용주의 대부분은 그 약속을 이행하지 않았다는 것을 보여준다.

- **follow up** ⓥ 더 알아보다(추가적인 조치)

  In future studies, the team plans to follow up with more studies on the quest to prepare the world's best cup of coffee.

  향후 연구에서, 팀은 세계 최고의 커피를 준비하기 위한 탐구에 대해 더 많은 연구를 진행할 계획이다.

follow-up

Fond

- **have fond memories of** ⓥ 좋은 추억이 있다.

Some of the city's former residents have fond memories of cool evenings along the river.
이 도시의 전 주민 중 일부는 강가에서 시원한 저녁을 보냈던 좋은 추억이 있다.

Foot

- **find one's feet** ⓥ (새로운 환경에) 익숙해지다.

Last year was a decent one for Cho. He joined Jeonbuk Hyundai Motors, one of Korea's top teams, in 2020 but took a while to find his feet.
작년은 조규성 축구선수에게는 괜찮은 한 해였다. 그는 2020년에 한국 최고의 팀 중 하나인 전북 현대 모터스에 합류했지만, 처음에는 적응하는 데 시간이 걸렸다.

- **get cold feet** ⓥ 주저하다 (suddenly feel that you are not brave enough to do something you planned to do)

Is Elon Musk getting cold feet over his $44 billion bid for Twitter?
Elon Musk가 440억 달러에 달하는 트위터 인수 제안에 대해 주저하고 있나요?

- **get a foot on** ⓥ 발을 디디다.

Despite South Korea's riches, it is also where even top college graduates struggle to earn enough to get a foot on the housing ladder, and where pensioners must recycle cardboard to make ends meet.
대한민국이 부자나라임에도 심지어 우수한 대학졸업자라도 내집을 마련하려면(집의 사다리에 발을 붙이기 위해) 고군분투하는, 그리고 연금 생활자도 먹고 살려면 판지를 재활용(폐지 수거)해야 하는 나라다.

- **on the back foot** : 수세적이다, 불리한 위치에 있다.   put A on the back foot (변형)

The state has known for some time it's on the back foot with dress codes, and is clearly spooked.
그 나라(이란)는 일정 시간 동안 복장 규정(히잡 강요)과 관련해 불리한 위치에 있다는 것을 알고 있었으며, 분명히 겁을 먹었다.

- **put one foot in one's mouth** ⓥ 당황하게 하다.

I really put my foot in my mouth — I asked her if Jane was her mother, but she said Jane is her sister.
나는 정말 실수했다 — 그녀에게 Jane이 어머니냐고 물었는데, 그녀는 Jane이 자기 언니라고 했다.

- **set foot in** ⓥ ~에 발을 들여놓다.

"So I made everything into a game" She did arts and crafts projects with her toddler daughters, took them to the library every week and taught them how to read, count and swim before they even set foot in a classroom.

(교육) " 나는 모든 것을 게임으로 만들었어요." 그녀(엄마)는 걸음마를 배우는 딸들과 함께 예술과 공예 프로젝트를 했고, 매주 그들을 도서관에 데려갔으며, 그들이 교실에 발을 들이기 전에 읽고, 세고, 수영하는 방법을 가르쳤다.

- **stand on one's feet** ⓥ 자립하다.

  It helps refugees stand on their feet, and then it offers them jobs.
  그것(이민자의 언어습득)은 자립을 돕고, 그들에게 직업을 제공한다.

- **foot the bill** ⓥ 비용을 부담하다.

  It will be expensive too, and it's not at all clear who is prepared to foot the bill.
  그것은 또한 비쌀 것이며, 누가 그 비용을 지불할 준비가 되어 있는지 전혀 명확하지 않다.

Footstep

- **follow in someone's footsteps** ⓥ (누구의) 발자취를 따라가다.

  She also qualified as a role model to countless women when she followed in the footsteps of Pakistan's former Prime Minister Bhutto by giving birth while in office.
  그녀는 직무를 수행하는 동안 출산하여 파키스탄의 전 총리 Bhutto의 발자취를 따라감으로써 수많은 여성들에게 롤 모델이 되었다.

Force

- **come into force** ⓥ 효력을 발생하다, 시행되다.

  Many have started scouring their social-media accounts, deleting posts they fear could be incriminating once the law comes into force.
  많은 사람들이 법(홍콩 보안법)이 시행되면 자신들의 게시물이 범죄와 관련될 수 있다고 우려하여 자신들의 소셜 미디어 계정을 샅샅이 뒤져 게시물을 삭제하기 시작했다.

  scour ⓥ 샅샅이 뒤지다 (comb)

- **force A on** ⓥ A를 강요하다.

  They resent having these decisions forced on them.
  그들은 이러한 결정들이 자신들에게 강요되는 것에 분노한다.

  have + 목적어 + p·p : '(p·p)당하다'의 의미 (예문 : '강요당하다')

- ⓓ **force oneself on** ⓥ 강간하다.

  Her professor Jack drove her to his sister's home and tried to force himself on her.
  그녀의 교수 Jack은 그녀를 자신의 여동생 집으로 데려가 강간을 시도했다.

- **force down** ⓥ

  ① 억지로 삼키다(to swallow something by making an effort)

  The medicine tasted awful, but I managed to force it down.
  약 맛은 끔찍했지만, 나는 억지로 삼켰다.

② (비행기를 협박하여) 착륙하게 하다.

The economic toll grew heavier when the pandemic forced down the global prices of oil and natural gas, vital Iranian exports.
(비유적 표현) 팬데믹으로 이란의 주요 수출품인 석유와 천연가스의 가격이 내렸을 때 경제적인 피해는 심각했다.

Fork

- **fork over** ⓥ 돈을 쓰다.

Travel can be a logistical nightmare during the busiest time of the year. If you don't want to fork over the cash for a prime-time plane ticket, or if you're dreading the crowds and long delays, offer a compromise to your long-distance relatives.
일 년의 성수기에 여행한다는 것은 악몽일 수 있다. 황금시간대 표에 돈을 쓰고 싶지 않다면, 많은 인파와 지연이 무섭다면 먼 곳에 사는 친척과 타협을 해보시라.

logistics ⓝ ① 택배
② (많은 사람·장비가 동원되는 복잡한 작업의) 실행 계획

Form

- **return to form** : 본래의 모습을 보이다(다른 행동을 보이다가 본래의 강점이나 특징을 드러낼 때)

But in the State of the Union, he returned to form : "We need only look at the depraved character of the North Korean regime to understand the nature of the nuclear threat it could pose to America and to our allies."
그러나 연두교서에서 그는 본래의 모습으로 돌아갔다. "우리는 북한이 미국과 우리의 동맹국들에게 가할 수 있는 핵 위협의 본질을 이해하기 위해서는 북한 정권의 타락한 성격만을 보아야 한다"

the State of the Union : 연두교서

Fraught

- **fraught with** : (좋지 못한 것으로) 가득한

The march towards this revolution may be slow and fraught with challenges.
혁명으로의 행진은 느리고 도전으로 가득 찰지도 모르겠다.

Fray

- **above the fray** : 논란에서 벗어나

Macron's 11 rivals in the first-round vote on April 10 spent months sniping while Macron glided above the fray.
4월 10일 1차 투표에서 마크롱의 11명의 경쟁자들은 몇 달 동안 신랄하게 비난했지만, 마크롱은 그 싸움 위로 우아하게 지나갔다.

fray ⓝ 싸움, 경쟁

G

외신으로 본
대한민국의
IDIOM 1

Gain

- **for one's own gain** : 자신의 이익을 위하여

  Since the days of the Soviet Union, Russia has stoke American racial divisions for its own gain.

  소비에트 연합(소련) 시절 이후 러시아는 자국의 이익을 위해 미국 내 인종 분열을 조장해왔다.

  stoke ⓥ 부추기다(add more coal or wood to a fire)

- **gain on** ⓥ 점점 따라붙다.

  She was still leading at the halfway point, but the other runners were gaining on her.

  그녀는 중간 지점까지 여전히 선두를 달리고 있었지만, 다른 주자들이 그녀에게 점점 다가오고 있었다.

Gall

- **have the gall to root** ⓥ 뻔뻔하게도 …하다, 배짱이 좋다.

  Tutu had the gall to demand we also sup with our enemies.

  Tutu(남아공의 대주교)는 우리가 적들과 밥 먹기를 요구할 정도로 배짱이 좋다.

  gall ⓝ 대담함, 뻔뻔함

Gamble

- **gamble away A** ⓥ 도박으로 A를 날리다.

  In recent years, he gambled away nearly $126 million in Las Vegas casinos.

  최근 몇 년 동안 그는 라스베이거스 카지노에서 약 1억 2천 6백만 달러를 도박으로 날려버렸다.

Game

- **play the game** ⓥ 정정당당하게 행동하다(behave in a fair of honourable way)

  You should have told them — it wasn't playing the game to keep it secret.

  당신은 그들에게 말했어야 했다 — 비밀로 하는 것은 올바른 행동이 아니었다.

- **the only game in town** : 유일한 대안(something is the only possible choice in a situation)

  The party, which has run the government consistently since its formation in 1955 except for a handful of years, is "really the only game in town, and the real policy debates tend to occur within the LDP rather than with other parties," says Jack

  (일본의 자민당 이야기) 1955년 창당 이후 몇 년을 제외하고 꾸준히 정부를 운영해 온 그 정당은 "실질적으로 유일한 선택지이며, 실제 정책 토론은 다른 정당들과는 아니라 LDP 내에서 일어난다.

  LDP : 자유민주당(자민당, Liberal Democratic Party)

Gang

- gang up on ⓥ (떼거리로 단결하여) 공격하거나 괴롭히다.

Schoolchildren are quick to gang up on anyone who looks or behaves differently.
학생들은 모습이나 행동이 다른 사람에게 금방 뭉쳐서 괴롭힌다.

Gasp

- gasp for ⓥ 갈구하다(feel that you urgently need something)

Mr. Delon was well past the peak of his fame when he won the best actor César, France's Oscar equivalent, for his performance as a middle-aged alcoholic grasping for happiness in the Bertrand Blier drama "Notre Histoire" (1984).
(영화 배우) Delon은 중년의 알코올 중독자로 행복을 붙잡으려 애쓰는 역할로 Bertrand Blier의 드라마 'Notre Histoire'(1984)에서 최우수 남우주연상 César 상을 수상했을 때 이미 그의 명성의 정점을 지나고 있었다. César 상은 프랑스의 Oscar 상에 해당한다.

Gear

- kick A into gear ⓥ 가동시키다.

It is bizarre to me that the Biden Administration didn't use the Afghan evacuation as an opportunity to kick the refugee-resettlement program into gear.
바이든 행정부가 아프가니스탄 대피 작업을 난민 재정착 프로그램을 가속화할 기회로 활용하지 않은 것이 나에게는 기이하다.

- gear up ⓥ 준비하다(prepare for something)

Mr. Blinken said that the Israeli government had "asked for some specific additional assistance" as the country gears up for what Prime Minister Benjamin Netanyahu has warned will likely be a prolonged conflict.
이스라엘의 네타냐후 총리가 오랜 전투가 될 것이라는 경고대로 이를 준비하면서 이스라엘 정부가 일부 특별한 추가 지원을 요구했다고 블링큰 미국 국무부(외교부) 장관은 말했다.

Gee

- gee up ⓥ

① (말) 더 빨리 달리라고 채근하다.
② 격려하다.

Jack, geed up by his early goal, went on to score another.
초반 골에 힘입어 자신감을 얻은 Jack은 또 다른 골을 넣었습니다.

Get

- **get ahead** (of) ⓥ 앞서다. — stay ahead in(동의어)

What has been lacking, experts say, is the political will to get ahead of the crisis — and to use data and science to its advantage.

전문가들은 위기에 앞서 나가, 데이터와 과학을 유리하게 활용하는 정치적 의지가 부족하다고 말한다.

- **get along** (with) ⓥ ~와 사이좋게 지내다. — take along(참고)

"It's nice to get along when somebody has a lot of nuclear weapons," Mr. Trump said of Mr. Kim when he accepted his party's presidential nomination last month.

트럼프 대통령이 지난달 자신의 정당의 대통령 후보 지명을 받아들이면서 김정은에 대해, "누군가 많은 핵무기를 가지고 있을 때는 좋게 지내는 것이 좋다"고 했다.

- **get around to** ⓥ 처리하다(do something that you have been intending to do for some time)

Jane is haunted by the fact that she did not send her 14-year-old daughter to school with a bullet-proof backpack. The mother of three had wanted to buy one but never got around to it.

Jane은 14살 딸아이를 방탄 backpack(책가방)을 메고 학교에 보내지 못한 사실에 신경이 쓰였다. 세 아이의 엄마인 Jane은 방탄 책가방 하나를 사기를 원했으나 그러질 못했다.

- **get back at** ⓥ 보복하다, 복수하다(retaliate)

After he lost his job, he vowed that he would find a way to get back at his old boss.

직장을 잃은 후, 그는 옛 상사에게 복수할 방법을 찾겠다고 맹세했다.

- **get behind** ⓥ 지지하다(support) — stand behind(동의어)

The good news is that we have a plan. It's multifaceted and requires a radical change of human production and consumption patterns, but it will succeed if people from all walks of life get behind it

(지구 온난화) 좋은 소식은 우리가 계획을 가지고 있다는 것이다. 이 계획은 다각적이며 인간의 생산 및 소비 패턴의 급격한 변화를 요구하나, 모든 계층의 사람들이 이를 지지하면 성공할 것이다.

- **get by** ⓥ 그럭저럭 살아가다.

Today the official poverty line for a family of four in the US is about $26,200, but a 2013 Gallup survey found that people think a family of four must earn $58,000 on average just to get by.

poverty line ⓝ 빈곤선 (최저한도의 생활을 유지하는 데 필요한 수입)

미국에서 4인 가족의 공식 빈곤선은 약 26,200달러이지만, 2013년 갤럽 조사에 따르면 사람들은 4인 가족이 겨우 생활하기 위해서는 평균적으로 58,000달러를 벌어야 한다고 생각한다.

- **get down** ⓥ

① (안전을 위해 급히 바닥에) 몸을 엎드리라.

The Secret Service told everyone to "Get down! Get down!" Mr. Jack said.
(트럼프 피격 현장) 비밀경호원이 모두에게 "'엎드려! 엎드려!'라고 말했다"라고 Jack은 전했다.

② 받아 적다.

He was followed by a group of reporters trying to get down every word he said.
그가 한 모든 말을 받아 적으려는 기자들 무리에게 뒤따라졌다.

③ 우울하게 하다(to cause to be physically, mentally, or emotionally exhausted)

It's really getting him down that there does not seem to be one woman who will date him.
그와 데이트할 여자가 한 명도 없는 것처럼 보여서 그는 정말로 우울해하고 있다.

④ 내리다(descend)   low ⓝ 최저 기온

The overnight lows could get down into the mid-30s, not quite enough for a freeze, but enough to feel a chill.
밤사이 최저 기온이 (화씨) 30도 중반까지 내려갈 수 있으며, 얼 정도는 아니지만 추위를 느끼기에 충분할 것이다.

⑤ (말, 사다리에서) 내려오다(alight especially from a vehicle)   get off(참고)

- **get in** ⓥ 간신히 ~하다(manage to do something even though you do not have much time)

You don't need to leave the house to get in meaningful movement. Cleaning, making household repairs, raking leaves and even cooking a meal count as physical activity.
(시간 여유가 없는 사람의 운동) 간신히 의미있는 운동(헬스장에 가는 등)을 하려고 집을 떠날 필요는 없다. 청소하고, 집을 수리하고, 낙엽을 갈퀴로 걷고 심지어 요리도 물리적 활동으로 간주 된다.

- **get in on** ⓥ (무언가에) 참여하다(become involved in)

Regrettably at the time, my brother and I didn't get in on the fun.
유감스럽게도 그때 저와 제 동생은 그 재미에 참여하지 못했다.

- **get into** ⓥ (특정 장소나 조직, 학교 등에) 입학하다, 가입하다.

South Korea boasts one of the world's toughest education systems, contributing in no small part to the world's highest teen suicide rate, as young people struggle to get into one of the top three universities.
대한민국은 젊은이들이 상위 3개 대학(SKY) 중 하나에 입학하기 위해 고군분투하는 가운데, 청소년 자살률이 세계 최고 수준인 데 크게 기여하면서 세계에서 가장 엄격한 교육 체제 중 하나를 자랑한다.

get off

① (법적으로) 벌을 받지않다.   get away with(참고)

But on the other hand, it put Hunter once again in the cross-hairs of Mr. Biden's adversaries who instantly complained that the wayward son got off too easy.

cross-hairs ⓝ 총기나 망원경의 조준선

하지만 반면에, 이것(범법행위)은 Hunter(바이든 아들)를 다시 한번 바이든 대통령의 적들의 십자선(공격 대상이나 비난의 표적)에 놓이게 했고, 그들은 방탕한 아들이 너무 쉽게 벌을 받지 않는다고 즉시 불평했다.

② ~으로 출발하다(to)

After getting off to a rocky start as vice president, Ms. Harris now stands at the brink of leading her party's ticket.

(미국) 부통령으로서 다소 힘든 시작을 한 후, Harris 여사는 이제 자신의 정당의 대표 후보가 될 가능성에 처해 있다.

③ (버스, 기차, 비행기 등 교통수단에서) 내리다.   get down(참고)

"Does any body get off at 13th?" the bus driver calls out. The children are silent.

"13번 (정류장)에서 내리는 사람 있어요?"라고 버스 기사가 물었으나 아이들은 조용히 있었다.

④ 더 나은 대우를 받다, 더 나은 인상을 받다.

For many in Japan today, the Trump Administration's volcanic rhetoric against North Korea is similarly reckless. "Kim is routinely vilified in the media here, but Trump doesn't get off a lot better. His erratic provocations are seen to be making a bad situation far worse."

오늘날 일본에서 많은 사람들은 트럼프 행정부의 북한에 대한 폭발적인 언사가 마찬가지로 무모하다고 본다. "김정은은 여기 언론에서 일상적으로 비난받지만, 트럼프도 훨씬 나은 평가를 받지 못한다. 그의 예측 불가능한 도발은 나쁜 상황을 훨씬 더 악화시키고 있다고 보여진다."

ⓓ **get time off** ⓥ (일상적인 일이나 의무에서 잠시 멀어져) 시간을 가지다.

A common theory holds that summer vacation was created for farm kids who needed to work. That's only marginally true. : students at rural schools did get time off for harvests, but those breaks fell in the spring and the fall.

여름 방학이 농장에서 일할 필요가 있는 농촌 아이들을 위해 만들어졌다는 일반적인 이론이 있다. 그러나 이것은 부분적으로만 사실입니다. 농촌 학교의 학생들은 수확 시기에 시간을 가지지만, 이러한 휴식은 봄과 가을에 있었다.

ⓓ **get away with** ⓥ (잘못된 행동을 하고도) 처벌을 받지 않거나 문제가 되지 않다.

Some people lie and cheat and always seem to get away with it.

어떤 사람들은 거짓말을 하고 속임수를 쓰면서도 항상 그 일로부터 빠져나가는 것처럼 보인다.

- **get on**

  ① 옷을 입다(put a piece of clothing on)

  I got a flashlight, got on some clothes, grabbed the cats.

  손전등을 들고 옷을 입은 다음, 고양이들을 잡았다.

  ② (교통수단에) 타다.

  As soon as he got on the plane for Hanoi, Obama called Iraq's President to help plant the fight to retake the city of Fallujah from ISIS — a battle that began two days later.

  하노이로 가는 비행기에 오른 즉시, 오바마는 이라크 대통령에게 전화를 걸어 ISIS로부터 Fallujah(이라크 도시)를 탈환하기 위한 전투를 준비하도록 도움을 요청했다. 이 전투는 이틀 후에 시작되었다.

  ③ 시작하다.

  Following the results of Tuesday's election, Jane, a 25-year-old living in Washington, D.C., is encouraging women to take action by signing up for a self-defense class, deleting dating apps, getting on birth control and investing in a vibrator.

  화요일 선거 결과(트럼프 당선)에 따라 워싱턴 D.C.에 사는 25세의 Jane은 자기 방어 수업에 등록하고, 데이팅 앱을 삭제하고, 피임을 시작하고, 바이브레이터에 투자함으로써 여성들에게 행동을 촉구하고 있다.

  ⓓ **get on the phone** ⓥ 전화 걸다, 전화 통화를 시작하다.

  Trump's first hostage crisis came early in his presidency. Two months after Trump negotiated Jack's release from Egypt, he got on the phone with Warmbier's parents, who were in disbelief about their son's incurable comatose state.

  트럼프 대통령의 첫 인질 위기는 임기 초반에 발생했다. 트럼프가 이집트에서 Jack의 석방을 협상한 지 두 달 후, 그는 Warmbier(북한에 인질로 잡혔던 인물)의 부모와 전화 통화를 했는데, 그들은 자신의 아들이 회복 불가능한 혼수 상태에 빠졌다는 사실을 믿을 수 없어 했다.

- **get out** ⓥ

  ① 알려지다(become known, leak out)

  I told a friend about my mom, and of course it got out.

  내가 친구에게 (정신병을 앓는) 엄마에 대해 이야기를 했는데, 물론 그 이야기가 퍼지고 말았다.

  ② 빠져나오다, 탈출하다.

  The Afghan women who managed to get out are the lucky ones, but they feel betrayed by a world that promised to stand by them.

  아프가니스탄에서 겨우 탈출한 여성들은 운이 좋은 편이지만, 자신들을 지지해줄 것이라 약속한 세계에 배신당한 기분을 느낀다.

put on(동의어), take off(반대말)

③ 제거하다, 없애다.

I have to get my gallbladder out, and I don't want to do it until this record is done in case I die on the table.

나는 담낭을 제거해야 하는데, 수술대에서 죽을 경우를 대비해 이 앨범이 끝날 때까지는 하고 싶지 않다.

- **get over** ⓥ 극복하다(overcome)

But for now, at least, they may need sleep. "I'm still trying to get over my jet lag," deadpans Suga, one of the group's three rappers.

그러나 적어도 지금쯤, 그들은 잠이 필요할지도 모르겠다. BTS의 3명의 래퍼중의 하나인 Suga가 "시차를 극복하려고 노력중이다"라고 무표정하게 말한다.

deadpan ⓥ 무표정으로 말하다(marked by an impassive matter-of-fact manner, style, or expression)

- **get through** ⓥ 통과하다(reach a place or person that is difficult to reach)

Son's first priority, though, is helping South Korea get through a tough World Cup group that includes defending champions Germany and well-regarded Mexico and Sweden.

손흥민의 첫 번째 목표는 대한민국이 힘든 월드컵 조를 통과하도록 돕는 것인데, 그 조에는 지난 대회 우승팀 독일과 평이 좋은 멕시코와 스웨덴이 있다.

well-regarded ⓐ 평이 좋은

Give

- **give away** ⓥ

① 비밀을 누설하다.

She has mastered the art of saying a lot and giving away very little.

말은 많이 하지만, 비밀은 거의 누설하지 않는 기술을 터득했다.

② 양보하다(사람이나 권리를 넘겨주는 상황)

This makes South Korean officials nervous that Trump may give away too much to clinch a deal.

(북한 핵) 이 때문에 한국 관계자들은 트럼프가 거래를 성사시키기 위해 너무 많은 것을 내줄까 봐 걱정하고 있다.

- **give way** ⓥ

① 양보하다(물리적으로나 의견 충돌에서 물러나는 상황)

The two were like "accelerating trains coming toward each other with neither side willing to give way."

(남북관계) 두 나라는 "서로에게로 양보할 의사없이 돌진하는 기차와 같았다."

② 꺼지다, 무너지다.

When the ground gave way, five of them were swept away in the churning brown water and one, Lance Cpl. Chae Su-geun, disappeared downstream, yelling for help, and was later found dead.

(해병대 사건) 지반이 꺼질 때, 다섯 명이 소용돌이치는 갈색 물에 휩쓸렸고, 그중 한 명인 채수근 상병은 도움을 요청하며 강 하류로 사라졌다가 나중에 사망한 채로 발견되었다.

③ 대체하다(to)
But parts in radio plays gave way to a more pivotal role : shaping the country's political future.
라디오 극의 부분들이 그 나라의 정치적 미래를 형성하는, 즉 좀 더 핵심적인 역할로 대체되었다(드라마 자체의 내용이 점차 정치적 주제를 다루거나, 정치적 영향력을 행사하는 방향으로 바뀌었다).

- **give in to** ⓥ 굴복하다.

At Noryangjin Fish Market in Seoul on Friday, fish vending associations had put up banners urging consumers to not give in to paranoia.
(후쿠시마 오염수) 금요일 서울의 노량진 수산시장에서 생선판매협회는 소비자들이 피해망상에 굴복하지 말라는 현수막을 세웠다.

paranoia ⓝ 편집증, 피해망상

- **give off** ⓥ

① (냄새·열·빛 등을) 내다, 발하다.
We're proud that everything we do is giving off light.
우리(BTS)가 행하는 모든 것이 빛을 발한다고 자랑한다.

② 풍기다.
The Beef Industry Council used the slogan "Real food for real people" in the 1980s, and its famous "Beef. It's What's for Dinner" campaign has featured actors who give off a rugged cowboy vibe, like Sam Elliott.
(육류 권장 기사) The Beef Industry Council(육류산업협회)은 1980년대에 "Real food for real people"이라는 슬로건을 사용했고, 유명한 "Beef. It's What's for Dinner" 캠페인은 Sam Elliot와 같은 거친 카우보이 이미지를 풍기는 배우들을 등장시켰다.

vibe ⓝ 분위기
(a distinctive feeling or quality capable of being sensed)

- **give out** ⓥ 바닥이 나다, 동이 나다.

When the flashlight batteries give out, she resorts to a flickering candle to guide the insertion of an IV needle, delivering malaria medicine, into your baby's hand.
손전등 배터리가 다 되어 버리자, 그녀는 깜박이는 촛불에 의지하여 아기의 손에 말라리아약을 투입하는 IV(정맥주사, intravenous) 주사 바늘 삽입을 안내한다.

- **give up** ⓥ 포기하다(relinquish)(일반적인 포기)

Don't stand in front of seated young people, lest they feel pressured to give up their spot.
젊은 사람들이 자리를 양보해야 한다는 압박감을 느끼지 않도록 그들 앞에 서지 마세요.

- **give up on** ⓥ 포기하다(대상이나 목표에 대한 포기)

She wasn't ready to give up on her education and dreams of becoming a journalist.
그녀는 교육과 기자가 되겠다는 꿈을 포기할 준비가 되어 있지 않았다.

Go

- **go about** ⓥ (통상적인 방법으로) 일을 처리하다.

There were pictures of the lush landscape and of villagers going about their business, drawing water and sitting, watching, some blankly, all warily.

무성한 경관과 마을 사람들이 일상을 보내는 모습들이 담긴 사진들이 있었습니다. 사람들은 물을 긷거나 앉아서 주변을 경계하는 눈빛으로, 때로는 무표정하게 주변을 바라보고 있었다.

- **go after** ⓥ 추구하다(어떤 목표나 결과를 달성하기 위해 적극적으로 노력한다)

When women reached 20% in the Senate, they went after the Pentagon to reform the military's sexual-assault protocol.

(미투 관련) 상원에서 여성의원이 20%가 되었을 때, 그들은 국방부가 군대에서의 성폭력 프로토콜을 개혁하라고 추궁했다(압박을 넣었다)

- **go against** ⓥ ~을 반대하다.

The U.S. hedge fund Whitebox Advisors protested the move, calling it a "solution to a succession problem" that gave priority to family needs but went against the interests of outside investors in the company.

미국의 헤지펀드 회사(Whitebox Advisors)는 그것(기업 분할)을 집안의 필요성에 우선권을 부여하는 승계문제에 관한 해결책이지만 그 회사에 대한 외부투자자의 이익에 반한다고 항의했다.

- **go ahead** ⓥ 예상대로 진행하다.

Rival Beijing has the 2022 Winter Olympics, which will almost certainly go ahead as scheduled.

(도쿄의) 라이벌인 북경에서 2022년 동계 올림픽이 개최될 것이고, 이는 스케줄대로 거의 확실하게 예상대로 진행될 것이다.

동의어(come together, come off)

- **go it alone** ⓥ 혼자의 힘으로 하다.

Those who go it alone, or pick their partners poorly, run the risk of being left behind.

(회사 내 협력의 중요성) 혼자서 가거나 파트너를 잘못 선택하는 사람들은 뒤처질 위험이 있다.

- **go all out** ⓥ 최선을 다하다.

South Korea, which finished second with 29 votes, had also gone all out to promote its bid to host its first World Expo in the port city of Busan.

29표로 2등을 한 (엑스포 유치에 실패한) 대한민국은 항구도시 부산에서 첫 번째 유치하기 위해 모든 노력을 다했다.

- **go at** ⓥ 정열적으로 일하다(energetically attack or tackle)

146

The boy had gone at their orders in another boat which caught three good fish the first week.
그 소년은 다른 배를 타고 그들의 명령에 따랐고, 그 배는 첫 주에 세 마리의 좋은 물고기를 잡았다.

- **go away** ⓥ: (좋지 않은 일이) 사라지다(disappear)

As long as they are still present, then harassment won't go away.
그들이 여전히 있는 한, 성희롱은 사라지지 않을 것이다.

- **go back to** ⓥ ~으로 거슬러 올라가다.

Warnings of an American conspiracy to overthrow the party and transform China into a capitalist country by "peaceful evolution" go back to the Mao era.
당(중국 공산당)을 전복하고 중국을 '평화적 진화'를 통해 자본주의 국가로 변모시키려는 미국의 음모에 대한 경고는 마오(모택동) 시대로 거슬러 올라간다.

- **go beyond** ⓥ 넘어서다(much better, worse, more serious etc than something else)

We've gone beyond using leaves. It's about being clean and presentable and social and not smelling bad.
(코로나 때 화장지 사재기와 관련하여 배변 후) 나뭇잎을 썼던 시대는 지났다. 깨끗해야 하고 남에게 보여줄 만한 모습이어야 하고, 사회적이고 냄새 또한 나지 않아야지.

- **go by** ⓥ

① ~에 의거해 판단하다(form an opinion, from the information or experience)

As an actor, Markle appears to know how to deal with the attention, if the engagement interview was anything to go by.

actor ⓝ (남녀) 배우

약혼 인터뷰를 보면, Markle(영국의 해리 왕자 부인)은 배우로서 언론의 주목을 어떻게 처리할 줄 하는 것 같았다

② ~으로도 (이름이) 불리는

The Seoul Southern District Court confirmed that Mr. Kim, who is 58 and also goes by Brian, had been arrested Tuesday morning on similar suspicions.
서울남부지방법원은 58세이며 브라이언이라고도 불리는 김(카카오의 김범수) 씨가 유사한 혐의로 화요일 오전에 체포되었다고 확인했다.

- **go down** ⓥ

① (배가) 가라앉다(become submerged, to sink)

Everyone knew that those trapped underneath didn't have a chance if the boat went down.
(배의) 아래쪽에 갇혀 있는 (지중해를 건너 유럽으로 향하는) 난민들은 배가 뒤집힌다면 (생존의) 가능성이 없다는 것을 모두 알고 있었다.

② (기록 등) 내려가다.

③ 좋은/나쁜 반응을 보이다(go down well/badly)

Predictably, news of the U.N. meeting did not go down well in Pyongyang, the North Korean capital, where the government on Tuesday criticized the American-led discussion as "despicable," saying that the only purpose of the meeting was to help Washington achieve its geopolitical goals.

예상대로, 유엔 회의 소식은 북한의 수도 평양에서 좋지 않은 반응을 일으켰다. 화요일에 북한 정부는 미국이 주도한 논의를 "비열하다"고 비난하며, 이 회의의 유일한 목적은 워싱턴이 지정학적 목표를 달성하는 데 도움을 주기 위한 것이라고 말했다.

④ 기록되다.

Saturday, Aug. 12, will go down as a dark day for America.

토요일, 8월 12일(백인 우월주의자들의 시위)은 미국에 좋지 않은(암울한) 날로 기록될 것이다.

ⓓ **go down in history** : 역사에 기록되다.

I am happy to join with you in which will go down in history as the greatest demonstration for freedom in the history of our nation.

나는 우리나라 역사에서 자유를 향한 위대한 데모로 역사적으로 기록될 것에 여러분과 함께 하게 되어 기쁘다.

- **go for** ⓥ 잡다(try to get or win something)

When an opportunity like this comes up, you go for it.

이와 같이 기회가 왔을 때, 당신은 그것을 잡는다.

- **go forward** ⓥ 전진하다(continue doing something, to proceed)

Kansas' vote also highlights the key role that state constitutions will play in the nation's abortion landscape going forward.

캔자스의 투표는 앞으로 국가의 낙태 문제에 있어 주 헌법이 중요한 역할을 하게 될 것임을 강조하고 있다.

- **go from A to B** ⓥ A에서 B로 넘어가다.

Within a year of Moon-led diplomacy, Trump went from fire and fury to outright affection.

문재인 대통령 주도의 외교가 전개되고 1년 이내, 트럼프 대통령은 (북한에 대해) 화염과 분노에서 분명한 애정으로 변화되었다.

- **go in for** ⓥ ~에 마음을 붙이다, 참여하다, 좋아하다.

Perhaps Jane never went in for amour at all.

아마도 Jane은 결코 사랑에 빠진 적이 없었다.

- **go into** ⓥ (새로운 분야에) 뛰어들다.

Reagan went into politics after he lost his gig as a TV host and corporate spokesman for General Electric.

gig ⓝ (임시로 하는) 일(직장)

Reagan(미국 대통령)은 제너럴일렉트릭(GE)의 TV 호스트 및 기업 대변인으로서의 일을 잃은 후 정치에 뛰어들었다.

- **go off**

① 떠나다(leave a place, especially in order to do something)

It's insane to think that these three children with grenades were going off to fight the army.

(전쟁 사진을 보면서) 수류탄을 든 이 세 명의 아이들이 그 군대를 무찌르기 위해 나섰다고 생각하는 것은 제정신이 아니다.

② (수영이나 육상에서 출발 신호의 총을) 총소리가 나다, 총을 쏘다.

She had taken to flight as soon as the gun went off.

총소리가 나자마자 그녀는 도망치기 시작했다.

③ 폭발하다(explode or fire)

Bombs went off so often in some US cities that a smaller explosion might not make the morning paper.

일부 미국 도시에서는 폭탄이 자주 터져 더 소규모의 폭발은 조간신문에 나지도 않았다.

- **go on ⓥ**

① (일이) 일어나다, 벌어지다.

We know very little about what goes on withing the tiny inner circle of Russian President Putin.

우리는 러시아 대통령 푸틴의 조그마한 핵심층 내에서 무슨 일이 벌어지는지 아는 게 거의 없다.

② (어떤 상황이) 계속되다(to)

Following her debut, Han went on to write seven more novels, as well as several novellas and collections of essays and short stories.

데뷔 후, (소설가) 한강은 여러 중편 소설, 에세이 및 단편 소설집 뿐만 아니라 계속해서 일곱 편의 장편 소설을 더 집필했다.

- **go out ⓥ**

① 외출하다.

Baseball players can't go out drinking every night now.

야구 선수들은 이제 매일 밤 술을 마시러 나갈 수 없다.

② (불이나 전기가) 꺼지다(extinguish)

If the power goes out, using the stove for heat is not safe.

전기가 나가면, 난방을 위해 가스를 사용하는 것은 안전하지 않다.

③ 유행이 지나다(stop being fashionable or used)

Hats like that went out years ago.

저런 모자는 몇 년 전에 유행이 지났어.

④ 알려지다(be officially announced to everyone)

The appeal went out for food and medicines.
음식과 약품에 대한 요청이 공개되었다.

- **go out with** ⓥ 데이트하다, 사귀다(on a regular romantic or sexual relationship)

We've been raised on romances in which the guy "just wouldn't give up until she said yes," that she would go out with him or marry him.
우리는 남자가 '그녀가 데이트하거나 결혼하겠다고 할 때까지 포기하지 않는' 로맨스를 보며 자랐다.

- **go over** ⓥ 검토하다, 점검하다.

So what's the point of going over his past when he's changed?
그가 변했는데 그의 과거를 되짚어보는 게 무슨 소용이 있나요?

- **go so far as to do A** ⓥ 심지어 A 하기까지 하다.

But despite the warming ties between Russia and North Korea, there is still doubt that Mr. Putin would go so far as to provide North Korea with technology to perfect its ICBMs or build nuclear-powered submarines.
러시아와 북한 사이의 관계가 개선되고 있음에도 불구하고, 푸틴 대통령이 북한에 대륙간 탄도미사일(ICBM)을 완성하는 데 필요한 기술이나 핵 추진 잠수함을 건조하는 데 (필요한) 기술을 제공할 정도로 나아갈지에 대해서는 여전히 의문이다.

- **go through** ⓥ

① 겪다, 경험하다(undergo a difficult period or experience)

We might look like we're doing well on the outside with the numbers, but we do go through a hard time ourselves.
(BTS 지민) 우리가 바깥으로 보기에는 많은 숫자(관객)로 잘 하는 것처럼 보이지만 우리 자신들은 어려운 시간을 경험하고 있다.

② 찾다(search something in order to find something in particular)

They went through unidentified bodies and did not see him.
가족들(They)은 신원미상의 시체들을 찾았으나 그(아들)를 그를 발견하지 못했다.

- **go through with** ⓥ (공언한 대로) 실천하다.

I have to go through with my dream. I was planning for my future. I want to achieve that.
나는 내 꿈을 이루어야 해. 나는 내 미래를 계획하고 있었어. 그것을 달성하고 싶어.

- **go-to** ⓐ (어려울 때) 찾는

Morgan scored a key goal against Italy to help the US qualify for the 2021 World Cup, and she emerged as a go-to substitute in the tournament.
Morgan은 미국이 2021년 월드컵에 나갈 수 있는 자격을 갖추도록 이탈리아를 상대로 골을 득점했으며 토너먼트에서 (많이) 찾는 대체선수로 떠올랐다.

- **go under** ⓥ 파산하다(stop operating because of financial problems)

Some businesses will go under and people will lose their jobs.
일부 기업들은 파산할 것이고, 사람들은 일자리를 잃게 될 것이다.

- **go with**

① 어울리다.

I urge my friends to visit because even McDonald's will be serving moon-viewing burgers to go with the harvest moon this September.
(일본에 관한 내용) 나는 친구들에게 (일본) 방문을 권유한다. 왜냐하면 이번 9월 추석 달과 어울리도록 맥도날드조차도 달맞이 버거(가을의 추수감사절 시즌에 맞춰 제공되는 특별한 버거)를 제공할 것이기 때문이다.

② 동반하다.

Ill-health often goes with poverty.
건강이 나빠지면서 빈곤도 같이 찾아온다.

UVWXYZ ABCDEFGHIJ
CDEFGHIJKLMNOPQRSTU
HIJKLMNOPQRSTUVWXYZ AB

HIJK

외신으로 본
대한민국의
IDIOM 1

YZABCDEFG
LMNOPQRSTUVWX

Hack

- hack away at ⓥ 서서히(조금씩) 해치우다.

  I'm hacking away at the pile of reports on my desk.
  책상에 쌓여있는 보고서의 더미를 조금씩 처리하고 있다.

- can't hack it ⓥ 더이상 계속해서 못하다(difficult or boring)

  I've been doing this job for years, but I just can't hack it anymore.
  이 일을 수년 동안 해왔는데, 이제는 더이상 못하겠다.

Hair

- pull(tear) one's hair out ⓥ 머리를 쥐어 뜯다(어떻게 해야 할지 모르기 때문에 매우 걱정되거나 짜증나 있는 상태)

  Anyone else would have been tearing their hair out trying to follow these instructions.
  이 지시사항을 따라가려고 시도하는 어떤 누구라도 머리카락을 뽑으며 좌절했을 것이다.

Half

- half measures : 최선을 다하지 않는 대책

  These establishments demonstrate that China is engaged in half measures at best against Pyongyang.
  (유엔의 대북제재에도) 이러한 시설들(중국의 북한 식당들)은 중국이 기껏 북한에 대해서는 전력을 다하지 않는 대책에 관계하고 있음을 보여주고 있다.

Halt

- come(grind) to a halt ⓥ 중단되다.

  The project suddenly came to a halt when its funding was withdrawn.
  자금이 고갈되면서 그 프로젝트는 갑자기 멈춰 섰다.

Hammer

- hammer away at ⓥ 줄기차게 이야기하다(지속적으로 무엇인가에 대해 강하게 비판하거나, 어떤 문제나 주제를 계속해서 다루는 것을 의미)

  While Trump bemoans the threat of North Korea, he also hammers away at South Korea over a bilateral 2012 trade pack he has derided as a "horrible deal"
  트럼프는 북한의 위험에 대해 실망하면서, 끔찍한 거래라고 조롱한 2012년 무역협정에 대해 대한민국 정부에 줄기차게 이야기한다.

- hammer out ⓥ 의견을 도출하다, 타결하다.   hash out(참고)

As diplomats continued to hammer out logistics, roads were being repaired on Thursday so that large trucks loaded with aid would be able to pass through the crossing.
(가자지구) 외교관들이 계속해서 물류 문제를 해결하는 동안, 목요일에는 대형 트럭이 원조 물품을 실어 나를 수 있도록 통행로가 개선되고 있었다.

Hand

- hand down ⓥ

① 물려주다(give or leave something to people who will live after you)
The ring was handed down to her from her grandmother.
그 반지는 할머니에게서 물려받은 것이다.

② (판결 등) 공식적인 결정을 내리다(officially announce a decision, punishment)
Overrepresentation from those suburban ZIP codes increased the median sentence handed down to Black defendants by more than 50%.   ZIP code : 우편번호
해당 교외 지역 우편번호 지역에서의 과다대표(백인 배심원이 많다는 뜻)되어 흑인 피고인에게 내려진 중간형량을 50% 이상 증가시켰다(인종적 편견이 형량에 영향을 미칠 수 있음을 시사)

- hand out ⓥ 나눠 주다(distribute)

Instead, some of her earliest memories were of American GIs handing out candy during the US occupation of Japan after World War Ⅱ.
대신, 그녀의 초창기 기억 중의 일부는 2차 세계대전 후 미국이 일본을 점령한 동안 사탕을 나눠주는 미군에 관한 것이었다.

cf handout ⓝ 나누어 주는 것

Since then, they have been marching for long hours, jumping on pickup trucks, sleeping in parks, living on handouts of food.
그 이후로, 그들은 오랜 시간 동안 행진하고, 픽업트럭에 올라타고, 공원에서 잠을 자며, 나누어준 음식으로 생활해왔다.

- hand over A to B ⓥ A를 B에게 넘겨주다.

Until it was handed over to China by the British in 1997, Hong Kong was a safe haven for dissident writers and artists.   safe haven ⓝ 피난처 (a place where someone can go in order to escape from possible danger or attack)
영국이 1997년 홍콩을 중국에 넘겨주기 전까지, 홍콩은 반체제 작가나 예술가들에게는 피난처였다.

Handle

• **get a handle on** ⓥ 이해하고 처리하다(understand and be able to deal with something)

Hong Kong, Taiwan and Singapore have also managed to get a handle on the deadly pathogen without resorting to draconian lockdowns or paralyzing their economies, suggesting measured responses can work.

(코로나 사태) 홍콩, 대만, 싱가포르도 엄격한 봉쇄 조치나 경제를 마비시키지 않고도 치명적인 병원체를 통제하는 데 성공했으며, 이는 신중한 대응이 효과적일 수 있음을 시사한다.

Hang

• **get the hang of** ⓥ 이해하다(learn how to do something or use something)

Be patient but consistent in your instruction — your kids will eventually get the hang of things.

너의 지도에 있어서 인내심을 갖되 일관성을 유지하라 — 아이들은 결국 일들을 이해하게 될 것이다.

• **hang about**(around) ⓥ (특정한 곳에) 죽치고 있다.

A wolf hung about near a flock of sheep for a long time, but made no attempt to molest them.

오랫동안 늑대 한 마리가 양 떼 근처에 맴돌았지만, 그 양들을 괴롭히려는 시도는 하지 않았다.

• **hang on to** ⓥ 꽉 잡다(keep something)

Desperate to hang on to voters in rural areas, an important base of support, Law and Justice has vowed to halt the import of cheap Ukrainian grain and protect Polish farmers from the damage this has caused to their income.

Law and Justice 당의 중요한 기반인 시골 지역의 유권자를 필사적으로 꽉 붙잡으려는 법과 정의의 정당은 값싼 우크라이나 곡물의 수입을 멈추고 농민의 수입에 대한 손해로부터 폴란드 농민들을 보호하겠다고 약속했다.

• **hang (out) with** ⓥ ~와 시간을 보내다.

I have known the "the boys" — as I and other fans affectionately call them — for years and had the pleasure of travelling to Korea to hang with them on multiple occasions

저는 수년간 'the boys(BTS)'라고 불리는 저와 다른 팬들이 애정을 담아 부르는 그들을 알고 있었고, 여러 차례 그들과 함께 시간을 보내기 위해 한국으로 여행할 기쁨을 누렸다.

hangout ⓝ a place someone likes to go to often

• **hang over** ⓥ 드리우다.

hangover : 숙취

For some time now, South Korea has been a striking case study in the depopulation problem that hangs over the developed world.
현재로서는 당분간, 대한민국은 선진국에 드리운 인구감소문제에 관한 현저한 case study가 되었다.

- hang up ⓥ ~에 사로잡히다.

But it's important not to get hung up on the numbers.
하지만 숫자에 너무 얽매이지 않는 것이 중요하다.

the numbers : 이상적인 아침 식단(20 grams of protein, eight to 10 grams of fiber and 10 to 15 grams of unsaturated fats, totaling about 300 to 350 calories)

Hanker

- hanker for ⓥ 갈망하다(have a strong desire for something)

By the middle of the winter, they were hankering for a warm day.
겨울 중반쯤이 되자, 그들은 따뜻한 날을 간절히 원하고 있었다.

Hark

- hark back to ⓥ (과거를) 회상시키다.

He always harks back to the good old days of his youth.
그는 항상 자신의 젊은 시절의 좋은 옛날을 회상한다.

Hash

- hash out ⓥ (계속해서) 논의하여 끝을 보다.

In theory, federal threats should force water-use cuts — states would rather hash out a deal themselves than let Washington decide who gets what share of the river.
(가뭄으로 콜로라도강 고갈의 내용) 이론적으로는 연방 차원에서 물 사용 축소를 강요할 수도 있다. 그러나 중앙 정부가 강의 몫을 누가 차지하는가를 결정하기보다는 주 정부들이 끝까지 논의하여 결론을 내리곤 한다.

hash ⓝ (전화기) #

Have

- have it in for ⓥ ~에 앙심을 품다.

Jack's had it in for her ever since she forced him to sell his shares in the business.
그녀가 Jack에게 사업에서 지분을 팔도록 강요한 이후로, 그는 그녀에게 앙심을 품어왔다.

- have on ⓥ 입다, 착용하다.

He had on a garrison cap and his hair was plump and moist, and our hair was like straw.
그는 garrison 모자를 쓰고 있었고 그의 머리카락은 풍성하고 촉촉했으며, 우리의 머리카락은 마치 짚과 같았다.

- **have something to do with** ⓥ ~와 관계가 있다.
  But some suggest the city-state's effective response has more to do with transparency, comprehensive testing and quick isolation practices.
  (코로나 관련) 그러나 일부는 도시 국가(싱가포르)의 효과적인 대응이 투명성, 포괄적인 검사, 그리고 신속한 격리 관행과 더 많이 관련이 있다고 제안한다.

- **have nothing to do with** ⓥ ~와 관계가 없다.
  On Oct. 14, at an event in Philadelphia, Mr. Biden emphasized that "the overwhelming majority of Palestinians had nothing to do with Hamas and Hamas's appalling attacks, and they're suffering as a result as well."
  10월 14일, 필라델피아에서의 한 행사에서 바이든 대통령은 "압도적 다수의 팔레스타인 사람들은 하마스와 하마스의 충격적인 공격과 아무런 관련이 없으며, 결과적으로 그들 역시 고통받고 있다"고 강조했다.

Head

- **bury your head in the sand** ⓥ 현실을 피하다.
  Prime Minister Jack has to pull his head out of the sand and deal with reality, even if it is a reality he does not like.
  수상인 Jack은 그것이 좋아하지 않는 현실이라 하더라도 현실을 마주하여 처리해야 한다.

  > 타조는 위험이 닥치면 모래에 머리를 묻는 습성이 있음. 'pull one's head out of the sand'는 bury one's head in the sand의 반대

- **come to a head** ⓥ 정점에 이르다(become worse and has to be dealt with quickly)
  ⓓ head ⓝ (종기·여드름의) 화농 부위(the centre of a swollen spot on your skin)
  The friction appears to be coming to a head as the new year arrives.
  새해가 되면서 마찰(의견갈등)이 정점에 이르는 것처럼 보인다.

- **go over one's head** ⓥ 이해하지 못하다.
  He also repeatedly warned of how physically and mentally exhausting the game could be. As a kid with big dreams, Son says, that advice went over his head.
  그(손흥민 아버지)는 반복해서 그 경기(축구)는 육체적으로, 정신적으로 기진맥진하게 만들 수 있다고 경고했다. 손흥민이 말하길, 큰 꿈을 가진 아이로서 그런 충고를 이해하지 못했다.

- **hit the nail on the head** ⓥ 정확히 지적하다, 정확히 말하다.
  I think Jack hit the nail on the head when he said that what's lacking in this company is a feeling of confidence.
  Jack이 이 회사에 부족한 것은 자신감이라고 말했을 때, 그는 정확히 말했다고 생각한다.

- **make someone's head spin** ⓥ 어지럽다(dizzy)
  I was pouring with sweat, and my head was spinning.
  나는 땀을 비 오듯이 흘리고 머리는 어지러웠다.

- **rear one's head** ⓥ 골치 아픈 문제가 발생하다.

  While domestic issues are dominating the campaign, tensions across the demilitarized zone (DMZ) are once again rearing their head after North Korea hit a record month of missile testing in January, with 10 launches.
  국내문제가 선거 운동을 장악하면서, 사상 최대의 1월 10발의 미사일 시험을 기록하면서 DMZ를 가로지르는 긴장이 다시 머리를 든다.

- **turn someone's head** ⓥ 생각이나 태도를 바꾸다.

  But sometime, in the meat grinder of Bakhmut, the desperate fray turned his head : Prigozhin started to identify himself and his Wagner troops as blood-spattered heroes of Russia's war against Ukraine, and anyone who held them back as traitors — maybe even the President himself.
  하지만 언젠가, Bakhmut의 치열한 전투 속에서, 그 절박한 싸움이 그(용병대장 Prigozhin)의 마음을 돌렸다. 프리고진은 자신과 그의 Wagner 부대를 우크라이나에 대한 러시아 전쟁의 피투성이 영웅으로 여기기 시작했고, 그들을 저지하는 사람은 누구든 배신자로 여겼다 — 아마도 대통령 자신까지도.

  the meat grinder of Bakhmut
  : 우크라이나 바흐무트에서 일어난 치열하고 잔혹한 전투 상황

- **wrap one's head around** ⓥ 이해한다(find a way to understand or accept something)

  But "I can't wrap my head around not considering factors like, Is there going to be water to drink in 30 years?" he says.
  (이사 갈 곳을 물색하면서) 그러나 "나는 30년간 마실 물은 있는 곳인가와 같은 요인을 고려하지 않는 것에 대해 이해할 수 없다"라고 그는 말을 한다.

- **head for** ⓥ ~으로 향하다.

  Many more desperate people have headed for Europe, shifting the politics of every member of the European Union.
  (아프리카의) 더 많은 절망적인 사람들은 유럽연합 모든 회원국의 정치를 바꾸면서 유럽으로 향했다(많은 난민의 유입으로 각국의 이해관계가 모두 다름)

- **head into** ⓥ (어떤 상황에) 진입하다.

  But there is nothing in these numbers to boost Macron's confidence as he heads into a bitter re-election fight next year.
  하지만 이 숫자(지방 선거의 득표율)들은 내년에 치열한 재선 전투에 나서는 마크롱의 자신감을 높여줄 것이 없다.

- **head off** ⓥ 저지하다(prevent something from happening, especially something bad)

  Mr. Biden has sought to head off a wider conflict with both diplomacy and a show of military might.
  바이든 대통령은 외교와 군사력을 보여줌으로써 (가자지구) 확전(擴戰)되는 것을 피해 왔다.

Heart

- **at the heart of** : 핵심의

At the heart of this strategy lies the drone — not just as an airborne device but also as a potent software platform.

이 전략의 핵심에는 단순한 공중장치일 뿐만 아니라 강력한 소프트웨어 플랫폼으로서의 드론(drone)이 있다.

도치된 문장임

- **close(dear) to someone's heart** : 중요한(very important to someone)

Although the Conservative government argues that it will still meet its targets for Britain to become a net-zero emitter of carbon dioxide by 2050, the decision to license more fossil fuel extraction has angered campaigners against climate change — a cause close to the king's heart for decades.

영국의 보수당 정부는 2050년까지 이산화탄소 순배출량 제로의 목표를 달성하겠다고 주장하지만, 더 많은 화석연료 추출 허가 결정은 환경변화를 반대하는 운동가들을 격분시켰다. 수십 년간 (환경운동가인) 국왕에게는 중요한 운동이다.

- **someone's heart is in the right place** : 진심이다, 선의의 마음이다.

Many who launch public pledges and civil-society campaigns to end labor exploitation have their heart in the right place but appear to be not brave or intellectually honest enough to make a real difference.

노동 착취를 종식하기 위한 공개 서약과 시민 사회 캠페인을 시작하는 많은 사람들은 선한 의도를 가지고 있지만, 실질적인 차이를 만들기 위해 충분히 용감하거나 지적으로 솔직하지 못한 것처럼 보인다.

scrappy ⓐ 호전적인, 결의에 찬

- **win someone's heart** ⓥ 마음을 사로잡다.

The World Baseball Classic is a battle of the game's top professional players. A scrappy Czech Republic team, full of guys with regular jobs, just might win your heart.

월드 베이스볼 클래식은 게임(야구) 최고의 프로 선수들의 대결장이다. 평범한 직업을 가진 사람들로 가득하고 전의에 불타는 체코 공화국 팀은 당신의 마음을 사로잡을지도 모른다.

Heaven

- **marriage made in heaven** : 천생연분인(두 사람이나 단체가 잘 어울리고 완벽한 파트너)

It wasn't so long ago that Israeli Prime Minister Netanyahu called his country's relationship with China "a marriage made in heaven."

이스라엘의 네타냐후 총리가 자신의 나라와 중국의 관계를 '천생연분의 결혼'이라고 불렀던 것은 오래되지 않는다.

Hedge

- **hedge against** ⓥ 대비하다(불확실성이나 잠재적 위험에 대비하여 안전장치)

Jack, a Gulf expert with the International Institute for Strategic Studies, sees the deal as part of a wider Emirate strategy to hedge against Iran.
(이스라엘과 UAE deal) 국제 전략 연구소의 걸프 전문가인 Jack은 이 협약을 이란에 대한 방어책으로서 보다 광범위한 UAE 전략의 일부로 보고 있다.

Heel

- **bring someone to heel** ⓥ 복종시키다.

Trump merits the famed Peace Prize for bringing Kim to heel.
트럼프는 김정은을 복종시킴으로써 유명한 (노벨) 평화상을 받을 자격이 있다.

- **cool one's heels** ⓥ 기다리게 하다(be forced to wait)

Why would I make our perfect pup cool her heels in a crate when I could have her sleeping on my feet while I work.
내가 일하는 동안 우리 완벽한 강아지가 내 발 아래에서 잘 수 있는데, 왜 그녀를 크레이트에 넣어 기다리게 하겠습니까?

crate ⓝ 개집

- **keep A at heel** ⓥ A의 바로 뒤에서

They now argue that China must do more to keep Kim Jong Un underfoot or at least at heel.
그들(트럼프 행정부)은 중국이 김정은을 제어하거나 적어도 통제 상태에 두는 데 더 많은 노력을 해야 한다고 주장한다.

under foot은 완전 통제, at heel은 느슨한 통제

- **on one's heels**(on the heels of)

① 물러서게 하는

While talking heads predicted Armageddon, President Trump's strong stand against North Korea put Kim Jong Un back on his heels.
TV나 언론에 나오는 사람들이 아마겟돈을 예상하는 동안, 트럼프의 북한에 대한 강경한 자세는 김정은으로 하여금 다시 물러서게 했다.

talking head : TV에 등장하는 전문가
Armageddon ⓝ (지구 종말을 초래할 듯한) 대전쟁

② 뒤따라서

That summit came on the heels of new Western commitments, including by the US, to provide Kyiv with better weapons and more money.
그 정상회담(북한과 러시아)은 미국을 포함한 서방의 새로운 약속, 즉 Kyiv(우크라이나 수도)에 더 나은 무기와 더 많은 자금을 제공하기로 한 약속에 뒤따라서 일어났다.

- **take to one's heel** ⓥ 도망가다, 달아나다(begin to run away)

They took to their heels when they saw the policeman approaching.
경찰이 다가오는 것을 보자 그들은 달아나기 시작했다.

- **turn on one's heels** ⓥ 외면하다(suddenly turn away from someone, especially in an angry or rude way)

  He told us he had nothing more to say, then he turned on his heels and walked away.
  그는 더 이상 할 말이 없다고 우리에게 말한 뒤, 그 자리에서 돌아서서 걸어갔다.

Heir

- **fall heir to** ⓥ 상속하다, 상속인이 되다(inherit something)

  When the architects of our republic wrote the magnificent words of the Constitution and the Declaration of Independence, they were signing a promissory note to which every American was to fall heir.
  (미국) 건국의 아버지들이 헌법과 독립선언문을 위대한 말로 썼을 때, 그들은 각자의 미국인이 상속할 수 있는 약속 어음에 사인을 하는 것이었다.

  promissory note ⓝ 약속 어음

Hell

- **go to hell**

  ① 망하다(be destroyed)

  This government has to wake up. The country is going to hell and they're just sitting on their backsides.
  이 정부는 깨어나야 한다. 나라가 망가져 가고 있는데, 그들은 그저 뒷짐만 지고 있다.

  ② 화나게 하다.

  I'm going to do as I please and let 'em all go to hell.
  내가 하고 싶은 대로 할 예정인데 그들은 화날 것이다.

  backside ⓝ 엉덩이 (buttocks)
  sit on one's backside ⓥ 빈둥거리다(do nothing)
  'em : them

Helm

- **at the helm** : 책임지고 있는

  When he dies, it's doubtful the revolution will last long without a Castro at the helm.
  그가 죽을 때, 책임자인 (쿠바) Castro가 없이 혁명이 지속될 수 있을지는 의문이다.

  helm : (배) 키(the wheel or control which guides a ship or boat)

Herald

- **herald A as B** ⓥ (공적으로) A를 B로 발표하다.

  The event was heralded in North Korean state media as a national victory.
  북한의 관영매체에서는 그 사건을 민족의 승리라고 발표했다.

Hew

- **hew to** ⓥ 따르다, 준수하다.

  The Times, hewing to its policy about politicians' private lives, was slow to pick up on the story, which was soon verified by other news outlets.
  타임스(신문)는 정치인들의 사생활에 관한 자신들의 정책을 준수하면서, 그 이야기를 다루는데 느렸는데 다른 뉴스 매체들에 의해 곧 사실로 확인되었다.

High

- **leave A high and dry** : A를 방치하다(left without any help or without the things that they need)

  This too often leaves low-income areas high and dry, or, more accurately, low and wet.
  이것은 너무 자주 저소득 지역을 방치하여, 더 정확하게 말하면 젖고 물에 잠기게 한다.

- **high and low** : 좋을 때와 나쁠 때(상황의 극과 극)

  My family supports me no matter what, in both the high and low times.
  가족은 어떤 상황에서도, 좋을 때나 힘들 때나 항상 나를 지지해준다.

- **highs and lows** : 장단점(the good parts and bad parts)

  The camera has captured the highs and lows of life as an American bald eagle.
  카메라는 미국 대머리독수리의 삶의 흥망성쇠를 포착했다.

- **run high** ⓥ 고조되다(to be or become very strong or intense)

  Tensions were running high inside the Kremlin.
  (러시아의 대통령궁) Kremlin 안의 긴장은 고조되고 있다.

Hinge

hinge ⓝ (문) 경첩

- **hinge on** ⓥ ~에 달려있다, ~에 의존한다.

  Fortifying schools could hinge on everything from policy changes and staff training to vendor compliance and resource investments.
  학교를 강화하는 것은 정책 변화나 선생님들 교육에서부터 판매자들의 규정 준수와 자원 투자에 이르기까지 모든 것에 달려있다.

Hit

- **hit it off** ⓥ 사이가 좋다, 친구가 되다(get along well, become friends)

  After their extended two hour talk yesterday, the two leaders actually seem to have hit it off.
  어제 대화를 두 시간 연장한 후, 그 두 지도자는 실질적으로 친구가 되는 것처럼 보였다.

- hit on ⓥ (어떤 생각이) 떠오르다(suddenly or unexpectedly)

  After running through the numbers in every possible combination, we finally hit on a solution.

  모든 가능한 조합으로 숫자를 훑고 난 뒤, 우리에게는 마침내 해결책이 떠올랐다.

- hit on A ⓥ (성적으로) 매력적이라고 말을 걸다.

  Some guy hit on me while I was standing at the bar.

  어떤 남정네가 내가 바에 서 있을 때 말을 걸었다.

Hold

- on hold : 보류된

  The pandemic has put our dreams of another baby on hold.

  팬데믹으로 인해 우리의 또 다른 아기를 갖고자 하는 꿈이 보류되었다.

- take hold ⓥ 자리를 잡다, 뿌리를 내리다.

  An armistice never took hold in South Vietnam, and the war raged on for nearly two more years, until Saigon fell to the North.

  남베트남에 휴전이 결코 자리 잡지 못했고, 전쟁은 사이공(남베트남의 수도)이 북베트남에 함락될 때까지 거의 2년 이상 맹렬히 지속되었다.

- take hold of ⓥ 붙잡다.

  As my visit progressed, a feeling of dread took hold of me.

  나의 방문이 진행되면서 무서움이 나를 사로잡았다.

- hold back ⓥ 자제하다(make someone or something stop moving forward)

  But the Israelis did not view the deal as firm enough to hold back the invasion.

  하지만 이스라엘은 그 합의가 침공을 저지하기에 충분히 확실하지 않다고 보았다.

- hold forth ⓥ (길게 자신의 의견을) 말하다.

  The speaker was holding forth on the collapse of modern society.

  연사가 현대 사회의 붕괴에 대해 장황하게 설명하고 있었다.

- hold off ⓥ 물리치다(to prevent someone who is trying to attack)

  Yet Jane managed to hold off her rival down the stretch.

  그럼에도 Jane은 경기 막판에 상대를 물리치는 데 성공했다.

- hold off on ⓥ (공격을) 미루다.

  In late October, Mr. Austin advised Israeli officials to hold off on the ground invasion.

  늦은 10월, Austin(미국 국방부 장관)은 이스라엘 관리들에게 지상전을 펼치지 말라고 조언했다.

- **hold on to** ⓥ 끝까지 붙잡다, 매달리다.

Somalis hold on to hope despite the latest attack.
(아프리카의) 소말리아인들은 최근의 군사적 공격에도 불구하고 희망을 버리지 않았다 (끝까지 붙잡았다)

- **hold out** ⓥ (어려운 상황에도) 가지고 있다, 보유하다.

Still, the Dalai Lama holds out hope for a return to his birthplace.
그럼에도 Dalai Lama는 자신의 고향으로 돌아갈 희망을 여전히 간직하고 있다.

Dalai Lama : 티베트 불교의 최고 지도자로 중국 정부의 탄압으로 인도로 망명하여 티베트 망명 정부를 수립함.

  - **holdout**(n) 협조를 거부하는 사람

An ambitious treaty with holdouts is better than a watered-down one signed by all.
반대하는 이들이 있어도 야심 찬 조약이 모두가 서명한 싱거운 조약보다 낫다.

- **hold together** ⓥ 단결하다.

I have so much admiration for women like you who have held together and continued to do this work in the absence of justice.
(전쟁 성범죄) 정의가 없는 곳에서 단결하여 이 일을 계속해온 너희(인권운동가)와 같은 여성들에게 무한한 존경심을 가진다.

- **hold something up** ⓥ

① 방해하다, 저지하다.

It's China's only province without 4G cell-phone coverage, which, say officials, has been deliberately held up to impede the download of jihad propaganda.
(소수민족 운동이 활발한 위구르, 이슬람이 대부분인 지역) 관계자들에 따르면, 그곳은 중국에서 4G 휴대전화 커버리지가 없는 유일한 지방이며, 이는 고의적으로 지연되어 지하드 선전물 다운로드를 방해하고 있다고 한다.

jihad ⓝ 지하드(a holy war waged on behalf of Islam as a religious duty)

② 지지하다(to support something and prevent it from falling down)

She insists if the IAAF rule holds up, she'll refuse to take medication to lower her testosterone.
(남성 외모의 여자 육상선수) 그녀는 IAAF(International Association of Athletes Federation, 국제경기육상연맹) 규정이 유지된다면, 자신의 테스토스테론 수치를 낮추기 위한 약물 복용을 거부할 것이라고 주장한다.

③ 강도질하다

  - **holdup** ⓝ 강도

There have been a series of holdups at local banks.
지역 은행에서 일련의 강도 사건이 발생했다.

Hollow

- **hollow A out** ⓥ ~의 속을 (움푹하게) 파내다.

If the court allows the law to remain in effect, the decision will effectively hollow out Roe v. Wade, the landmark 1973 decision that established a constitutional right to an abortion before fetal viability.

법원이 법안을 유지하도록 허용한다면, 그 결정은 태아 생존 가능성 이전에 낙태를 헌법적 권리로 인정한 1973년의 획기적인 판결인 'Roe v. Wade'를 사실상 무력화시킬 것이다.

hollow ⓐ (속이) 빈

fetal ⓐ 태아(fetus)의

Home

- **home in on** ⓥ ~에 집중하다, ~에 전념하다(hone in on)

Cognitive scientists have been trying to home in on the fundamental components of human intelligence for more than a century.

인지 과학자들은 1세기 이상 인간 지능의 기본 요소를 파악하려고 시도했다.

Hone

- **hone in on** ⓥ ~를 향해 곧장 날아가다(home in on)

The missiles were shot down from the USS Carney, an Burke-class destroyer equipped with batteries of SM-2 sea to air missiles that use radar to home in on airborne targets.

미사일들은 USS Carney(군함)에서 격추되었다. USS Carney는 레이더를 사용하여 공중 목표물을 추적하는 SM-2 해상 대공 미사일 배터리를 장착한 Burke급 구축함이다.

hone ⓥ 기술을 연마하다.

USS : United States Ship (미국의 해군 전함 앞에 이름을 붙임)

battery ⓝ 포대(several large guns used together)

Hop

- **hop on** ⓥ (교통수단에) 타다.

Unable to easily travel outside South Korea, I hopped on the bullet train and visited cities around the country to arm myself with the knowledge I needed to do my job well.

(코로나 상황의 기자) 대한민국 밖으로 쉽게 여행할 수 없게 되자, 나는 고속열차(KTX)를 타고 제 직무를 잘 수행하기 위한 필요한 지식으로 무장하기 위해 국내 여러 도시를 방문하였다.

Horizon

- **on the horizon** : 곧 일어날 듯한

Distance may protect us from COVID-19, but alone on my farm, I worry that another crisis is on the horizon.

멀리 있으면 코로나로부터 나를 보호할 수 있을지 모르지만, 농장에 혼자 있자니 또 다른 위험이 있을 것 같아 걱정이다.

horizon ⓝ 수평선, 지평선

Ice

- cut no ice ⓥ 아무론 소용이 없다, 효과가 없다.

  But a majority for an approach or idea that doesn't translate into majority support for a party cuts no ice.
  그러나 정당에 대한 다수의 지지로 이어지지 않는 접근법이나 아이디어에 대한 다수의 지지는 아무런 소용이 없다.

Immerse

- immerse oneself in ⓥ ~에 몰두하다.

  But she also immersed herself in the business of the nation and kept a sharp eye on politics, a realm her husband famously claimed to ignore.
  그녀(카터 대통령의 부인)는 나라일에 몰두하였고, 남편이 신경 쓰지 않은 것으로 유명한 분야, 즉 정치에 대해서는 날카로운 안목을 지녔다.

immerse ⓥ (흠뻑 젖도록 액체에) 담그다.
immersion ⓝ

Immune

- be immune to ⓥ 영향을 받지 않다.

  The expo competition was not immune to the effects of the Israel-Hamas conflict and the war in Ukraine.
  엑스포 (유치) 경쟁은 Israel과 Hamas 갈등과 Ukraine 전쟁의 영향을 받지 않았다.

immune ⓐ 면역의
immunity ⓝ 면역

Impact

- have impact on ⓥ ~에 영향을 미치다.

  As of Friday, it was unclear what impact anti-seafood sentiment would have on Japan's exports in the longer term.
  (후쿠시마 오염수) 금요일 현재로는, 반 수산물 정서가 장기적으로 일본의 수출에 어떤 영향을 미칠지는 불확실하다.

as of : 특정한 날(on a particular date)

Impinge

- impinge on ⓥ (나쁜 영향을) 미치다.

  China's growth shortfall will not only impinge upon its domestic priorities but also hurt the rest of the world.
  중국의 성장률 추락은 국내 우선 정책에 영향을 미칠 뿐만 아니라 나머지 세계에도 상처를 입힌다.

impingement ⓝ

Imprint

- **bear the imprint of** ⓥ 흔적이 있다.

  Mr. Xi's views of the world and the United States bear the imprint of China's turbulent years when he was preparing to assume power.
  시진핑의 세계관과 미국관에는 그가 권력을 잡기 위해 준비하던 중국의 격랑의 시절의 흔적이 있다.

- **imprint A on** ⓥ A를 각인시키다.

  It was like two unsolvable riddles imprinted on my mind : How can humans be so violent, and how can humans be so sublime?
  (소설가 한강) 그것은 내 마음에 각인된 두 개의 풀 수 없는 수수께끼와도 같았다 : 어떻게 인간이 그렇게 폭력적일 수 있으며, 어떻게 인간이 그렇게 숭고할 수 있을까?

Inch

- **every inch** : 전부 다, 속속들이

  They knew every inch of the field.
  그들은 그 들판의 속속들이 알았다.

- **give someone an inch and they'll take a yard/mile** ⓥ 1인치를 양보하면 1마일을 가져가려 한다.

  If North Korea gives the US an inch, it tries to take a mile.
  북한이 미국에 일 인치(작은 것)를 주면, 미국은 일 마일(큰 것)을 얻으려 한다.

  속담 : 물에 빠진 놈 건져 놓으니까 내 봇짐 내라 한다

- **inch closer to** ⓥ 조금씩 다가가다.

  Each hour on Saturday brought news of Mr. Prigozhin's private military company forces inching closer to Moscow, posing a threat to Mr. Putin and raising the specter of a civil war in the nuclear-armed state.
  (러시아 용병 그룹 반란) 토요일 매시간 들려오는 소식은 Prigozhin(반란군 대장)의 사설 군사 회사 병력이 모스크바에 점점 더 가까워지고 있으며, 푸틴 대통령에게 위협을 가하고 핵무기를 보유한 국가에서 내전의 유령을 불러일으키고 있다는 내용이었다.

- **inch one's way** ⓥ 아주 천천히 움직이다.

  "Life is so restricted now," he said in his car as he inched his way through the checkpoint to take his 85-year-old mother, Claire, to the hospital.
  그(팔레스타인 사람)는 85세의 엄마, Claire를 병원에 데려가기 위해 검문소를 통과해 그의 길을 차로 천천히 움직이면서 "삶이 매우 제한되어 있다"고 말했다.

Indebted

- **be(become) indebted to** ⓥ 빚지고 있는.

  debt ⓝ 빚

The Willkommenskultur(독일어, welcome culture) that led refugees to pawn wedding rings to pay for perilous Mediterranean crossings and families to become indebted to smugglers promising passage across closed borders hasn't always been matched by a genuine welcome upon arrival.

(독일에 도착한 아프리카) 난민들이 위험한 지중해 횡단의 비용을 지불하기 위해 결혼 반지를 전당포에 맡기고, 가족들이 폐쇄된 국경을 넘겠다는 약속을 하는 밀수업자들에게 빚을 지는 등, 난민들을 유인한 '환영 문화(Willkommenskultur)'는 그들이 도착했을 때 항상 진정한 환영과 일치하지 않았다.

Induct

- induct one into ⓥ

① 인도하다(lead)

He was inducted into a system designed to extract the maximum amount of work for minimal pay.
그는 최소 임금을 위해 최대한 일을 해야 하는 시스템으로 인도되었다.

② induct ⓥ 공식적인 역할을 맡다.

Eighteen new junior ministers were inducted into the government.
18명의 새로운 차관들이 정부에 임명되었다.

Inflict

- inflict A on B ⓥ A에게 B를 겪게 한다.

That fight could inflict enormous costs on both sides.
저 싸움은 양쪽 진영에 엄청난 비용을 겪도록 한다.

infliction ⓝ 안 좋은 것을 겪게 함

Inform

- inform on ⓥ 밀고하다(rat on)

North Korea has resorted to urging its people to inform on others who watch K-dramas.
북한은 자국민에게 K-드라마를 시청하는 다른 사람을 신고하도록 촉구하고 있다.

information ⓝ

Infringe

- infringe on ⓥ 침해하다.

The Supreme Court will decide if a Texas law requiring online age verification to access pornographic websites infringes on the free speech rights of adult users.
대법원은 포르노 웹사이트 접근 시 온라인 나이 확인을 요구하는 텍사스 법이 성인 사용자의 자유롭게 말할 권리를 침해하는지 여부를 결정할 것이다.

infringement ⓝ

Ingratiate

- ingratiate oneself with ⓥ 환심을 사다(try very hard to get someone's approval)

The quickest way for Jack to ingratiate himself with his new fan base is to change those trends.

Jack이 새로운 팬층의 환심을 사는 가장 빠른 방법은 그 트렌드들을 바꾸는 것이다.

Ingratiation ⓝ

Inquire

- inquire after ⓥ 안부를 묻다(ask about someone's health, what they are doing etc)

She inquired after his grandfather's health.

그녀는 그의 할아버지의 안부를 물었다.

Inroad

- make inroads into(on) ⓥ 영향을 미치기 시작하다.

Over the past year, Oppo and Vivo phones have made aggressive inroads into the African market.

지난 한 해 동안, Oppo와 Vivo의 휴대전화가 아프리카 시장에 공격적으로 진출했다.

Insight

- offer insight into ⓥ 통찰력을 제공한다.

Over platters of iced whitefish, kimchi and spiced mackerel at a restaurant in Seoul's tony Gangnam neighbourhood, the highest-ranking North Korean official to defect during Kim's reign offers guarded insight into his former leader's mind-set.

서울의 부유층이 사는 강남의 한 식당에서 냉 송어, 김치, 조미한 고등어를 접시에 올려놓고 먹는 김정은 시대에 탈북한 한 고위 인사는 자신의 전직 상관인 김정은의 사고방식에 대해 조심스러운 통찰력(견해)를 제공한다.

Instrumental

- be instrumental in (doing) something ⓥ ~함에 있어 중요하다.

And Kahlos' work in 1938 turned out to be instrumental in building her legacy, as she came to prominence around the world for her vivid and surreal self-portraits.

그리고 그녀(멕시코의 세계적인 화가인 칼로)의 생생한, 그리고 초현실주의적인 자화상으로 세계에서 유명해지면서 1938년 그녀의 작품은 자신의 유산을 남기는데 중요한 역할을 하였다.

instrument ⓝ

Integrate

- integrate A into B ⓥ A를 B에 통합시키다.

  North Korea has a vast supply of Soviet-era weaponry that could be easily integrated into Russian military operations.
  북한은 러시아의 군사작전에 쉽게 통합될 수 있는 소련 시대의 무기류를 많이 가지고 있다.

  integration ⓝ

Intrude

- intrude into ⓥ 침범하다.

  Officials there expelled him in late September, saying that they had found him guilty of "illegally intruding" into their territory.
  (북한) 당국자들은 자신들의 영토에 "불법 침입"한 것으로 유죄 판결을 내렸다고 말하면서 그를 9월 말에 추방했다.

  intrusion ⓝ

Inure

- inure A to B ⓥ A를 B에 단련시키다.

  Americans may have become inured to Trump's rhetorical attacks on political enemies and allies
  미국인들은 정적이나 우군에 대한 트럼프의 레토릭 공격에 면역이 되었을 것이다.

Iron

- iron out ⓥ 다림질하다, 문제를 해결하다(resolve or work out a solution to)

  Some 28 miles away at Pearl Harbor, Army transport ship crews ironed out various ways to discharge the military equipment and the troops they will need in the event of war in the Pacific.
  약 28마일 떨어진 진주만에서, 육군 수송선 승무원들은 태평양에서 전쟁이 발생할 경우 필요한 군사 장비와 병력을 하역하는 다양한 방법을 조율했다.

  옷의 주름을 다리미로 펴는 행위에서 유래한 표현

Jam

- jam into ⓥ 빽빽하게 채우다(force too many things or people into a small space)

  The result, with Gaza's borders closed by Israel and Egypt, is a desperate population jammed into an area about the size of Las Vegas, with less food, water, medical supplies and fuel as the days go on.
  이스라엘과 이집트에 의해 가자 지구의 국경이 폐쇄된 결과, 라스베이거스 크기 정도의 지역에 인구가 밀집되어 있으며, 시간이 지남에 따라 음식, 물, 의료품, 연료가 점점 부족해지는 절박한 상황에 처해 있다.

Jaw

- **one's jaw dropped** : 놀라다(be very surprised)

In interview after interview, potential employers' jaws dropped when they met me face-to-face.
계속되는 면접에서 잠재적인 고용주들은 나(장애인)를 직접 보고선 놀라워했다.

cf **jaw-dropping** ⓐ 놀라운(매우 놀라서 입을 벌리고 놀라움을 표현)

Maradona netted that most jaw-dropping goal in World Cup history minutes after scoring the most controversial one ; Argentina first took the lead after his illegal handball.
Maradona(아르헨티나의 축구선수)는 매우 논쟁을 불러 일으킬만한 골(손에 맞고 득점)을 기록하고 몇 분 후 월드컵 역사에서 아주 놀랄만한 골을 기록했다. 그리고 아르헨티나는 불법적인 핸드볼을 기록한 후 처음으로 리드를 잡았다.

> net ⓥ 득점하다(to kick the ball into the net in sport)

Jerk

- **jerk around** ⓥ

① (갑자기) 격렬하게 움직이다.
The boat was jerking around in the storm.
배가 폭풍 속에서 흔들렸다.
② 골탕 먹이다(to waste someone's time or deliberately make things difficult for them)
I don't think she really likes Jack — she's just jerking him around.
저는 그녀가 정말로 Jack을 좋아하는 것 같지 않아 — 그저 그를 가지고 놀고 있는 것뿐이에요.

Job

- **do the job** ⓥ 원하는 결과를 성취하다.

She has worked to promote the game, promote her team and promote herself. She's done an amazing job.
그녀(미국의 여자축구 대표팀의 주장)는 경기력 향상, 팀의 고취 그리고 자신의 성장을 위해 노력했다. 그녀는 놀랄만한 결과를 가져왔다.

Jot

- **jot down** ⓥ 적다(write down, put down)

Let me jot down your number and I'll call you tomorrow.
당신의 번호를 적어두고 내일 전화할게요.

Jump

- **get(have) a jump on** ⓥ 먼저 유리한 고지에 서다

    Black Friday is the best time to get a jump on holiday shopping — prices are slashed on top brands and trending products, after all.
    블랙 프라이데이는 축일 쇼핑을 시작하기 좋은 시기인데, 이때는 유명 브랜드와 인기 제품들의 가격이 할인되기 때문이다.

    > 일찍 시작하거나 누군가보다 앞서 나갈 때
    > Black Friday : 추수감사절 연휴 이후 첫 금요일(1년 중 쇼핑센터가 가장 붐비는 날)

- **jump on** ⓥ 야단치다 (strongly attack or criticize something)

    She jumps on her children instantly if they're disobedient.
    그녀는 아이들이 말을 듣지 않으면 즉시 꾸짖는다.

Juncture

- **at a juncture** : 어떤 상황에서

    Jack's ouster after fewer than nine months on the job comes at a critical juncture for the economy.
    자신의 자리에 앉은 지 9개월도 되지 않은 Jack의 퇴출은 경제가 아주 중요한 시점이었다.

Justice

- **bring A to justice** ⓥ 법의 심판을 받다.

    This is something that should never have happened and the truth needs to come out, and the culprit needs to be brought to justice.
    (국회의원 피습) 일어나서는 안 되는 사건이고 진실이 밝혀져 용의자는 법의 심판을 받아야 한다.

- **do something justice** ⓥ (정당하게) 대접하다.

    Many of readers said that the sky was so magnificent that their photos couldn't do it justice.
    많은 독자들이 하늘이 너무 장엄해서 그들의 사진으로는 그 아름다움을 다 담아내지 못했다고 말했다.

    > do justice to something (변형)

Jut

- **jut out** ⓥ 돌출하다.

    Once just two rocks jutting out at high tide, the shoal has been transformed into a 680-acre (275 hectare) landmass, one of seven artificial islands the Chinese have constructed in the South China Sea since 2014.
    한때는 만조 때 두 개의 바위만이 솟아 있던 여울이, 중국이 2014년 이후 남중국해에 조성한 일곱 개의 인공 섬 중 하나인 680에이커(275헥타르) 크기의 육지로 변모하였다.

Keel

- **on an even keel** : 안정적인(steady, without any sudden changes)

  Jack had helped Jane out with a series of loans, until she could get back on an even keel.

  잭은 Jane이 안정적으로 돌아올 수 있을 때까지 연속적인 대출로 그녀를 도와주었다.

keel : (선박) 용골(이물에서 고물에 걸쳐 선체를 받치는 기능을 함)

Keep

- **keep down** ⓥ (커지지 않도록) 억제하다.

  Mr. Biden visited last year, partly to seek the prince's help in keeping down oil prices after Russia invaded Ukraine.

  작년에 러시아가 우크라이나를 침공 후, 바이든 미국 대통령은 유가를 억제하기 위해 (사우디) 왕자의 도움도 받으러 (사우디를) 방문했다.

- **in keeping with** : ~에 맞춰서(agreeing with or sharing important qualities with something)

  In keeping with tradition, he outlined the priorities of the prime minister at the opening of Parliament — including, this year, more fossil fuel extraction.

  전통에 따라서, 그(찰스 국왕)는 국회의 개원식에서 총리의 우선순위 대강을 말했다. (여기에는) 올해 더 많은 화석연료 추출을 포함하고 있다.

- **keep A from ~ing** ⓥ A가 ~를 못하게 하다.

  But many experts in Asia say that wearing a mask can keep a person from inhaling the respiratory droplets of someone else — the main way COVID 19 spreads.

  아시아의 많은 전문가들은 마스크를 쓰면 코로나가 전파되는 주요 원인인 다른 사람의 비말을 호흡하지 못하게 한다고 말한다.

- **keep out** ⓥ 들어가지 못하게 하다.

  The girls slept "hot-dog style," cocooned in tightly wrapped sheets to keep out the vermin.

  여자 아이들은 '핫도그 스타일'로 잤는데, 이는 해충을 막기 위해 꽉 감긴 시트에 몸을 싸서 안에 들어가 자는 것이다.

- **keep to oneself** ⓥ (사람들과 어울리지 않고) 혼자 지내다.

  My neighbour was an elderly lady who kept to herself.

  내 이웃은 (다른 이웃과 교류도 없는) 혼자 지내는 노인 여성이었다.

- **keep up** ⓥ 계속되다.

  Some people kept up the tradition, but its religious connection faded, even among Catholics.

  일부 사람들은 그 전통(Halloween 축제)을 유지했으나, 종교적 관련성은 가톨릭교인들 사이에서조차 희미해졌다.

- **keep up with** ⓥ 보조를 맞추다(go or make progress at the same rate as)

His wishes were that all his shares and the chairmanship go to his adopted son, in keeping with family custom since LG's founding.

(LG 상속 분쟁) 그(구본무)의 바람은 그의 모든 주식과 회장직은 LG 창립 이래로 가족의 관습과 보조를 맞추기 위해 양자인 구광모에게 가야 하는 것이었다.

Kick

- **kick back** ⓥ 휴식을 취하다(relax)

kickback ⓝ 뇌물(bribe)

Home to one of South Korea's top fine-arts colleges, Hongik University, this buzzing neighborhood is where young artists and musicians have gathered for decades to kick back, relax and be inspired.

한국의 최고 미술대학 중 하나인 홍익대학이 위치한 이 활기찬 동네는 수십 년 동안 젊은 예술가들과 음악가들이 모여 휴식을 취하고 영감을 받기 위해 모이는 곳이다.

- **kick the can down the road** ⓥ 문제를 뒤로 미루다.

For decades, China has played a smoke-and-mirrors game on North Korea that traps the US in doomed negotiations that spare Beijing a near-term crisis on its border, but kicks the can down the road on the larger problem.

smoke-and-mirror : 사람들을 속이거나 진짜 상황을 숨기기 위해 현실을 왜곡하는 행위

(북한 핵) 수십 년 동안 중국은 미국을 실패할 협상에 빠뜨리고 베이징에게는 국경에서의 단기 위기를 피하게 해 주지만, 더 큰 문제는 미래로 미루는 북한에 관한 연막작전을 펼쳐 왔다.

- **kick off**

① (축구 경기가) 시작되다.

② 시작하다.

Reconciliation kicked off with Kim agreeing to Moon's invitation to send a delegation to the 2018 Winter Olympics in Pyeongchang.

화해는 김정은이 문재인 대통령의 초대에 응해 2018 평창 동계 올림픽에 대표단을 보내기로 합의하면서 시작되었다.

③ 신발을 벗다(신발을 빠르게 벗는 모습을 묘사)

With the ring of light from his lantern dancing from side to side he lurched across the yard, kicked off his boots at the back door, drew himself a last glass of beer from the barrel in the scullery, and made his way up to bed, where Mrs Jones was snorting

(동물농장) 그의 랜턴에서 비추는 불빛이 좌우로 흔들리며 그는 마당을 비틀거리며 건넜고, 뒷문에서 부츠를 벗어 던진 후, 부엌의 통에서 마지막 맥주 한 잔을 따라 마시고, 코를 골고 있는 Jones 부인이 있는 침실로 향했다.

- **kick something into touch**(the long grass) ⓥ 거절하다.

  Obstacles remain. The multiple bills are still at risk of being kicked into the long grass.

  (대한민국 차별금지법) 장애물은 있다. 다수의 법률이 아직도 거절당할 위험에 있다.

- **kick out** ⓥ 추방하다(make someone leave a place, job etc)   kickout ⓝ 퇴학

  He was kicked out of World Cup play and again suspended for 15 months.

  그는 월드컵 경기에서 퇴장당했고 다시 15개월 동안 (출전) 정지 처분을 받았다.

- **kick up**

  ① 발을 들어 올리다(발을 편안하게 높은 곳에 올려놓는 행동을 묘사)

  Most of the compartments were taken up by the security men, who rested their assault rifles on the luggage racks, kicked up their feet, and watched movies on their phones.

  대부분의 객실은 보안 요원들이 차지했으며, 그들은 짐칸에 공격용 소총을 올려놓고, 발을 올려놓으며, 휴대폰으로 영화를 보았다.

  ② (바람이나 먼지가) 일어나다(cause to rise upward)

  Winds will kick up in the Cleveland area and gusts will reach 28 mph.

  Cleveland 지역에서 바람이 불 것이며, 돌풍은 시속 28마일에 이를 것이다.

Knack

- **have a knack for** ⓥ ~하는 재주가 있다.

  Besides, humans have a knack for sanitizing our most painful memories.

  그 외에도 인간은 가장 아픈 기억들을 정화하는 능력을 가지고 있다.

Knee

- **bring A to one's knees** ⓥ A를 굴복시키다.

  It is difficult to see how sanctions alone can bring North Korea to its knees.

  제재만으로 북한을 굴복시킬 수 있다고 보기는 어렵다.

Knock

- **knock down** ⓥ 파괴하다(destroy, demolish)

  Iowa, last year's No.1 state to retire, was knocked down to ninth place this year, mainly due to the rising cost of living in the state.

  아이오와주는 지난해 은퇴하기에 가장 좋은 주 1위에서 올해 9위로 밀려났는데, 이는 주 내 생활비 상승이 주된 원인이다.

- **knockdown** ⓐ 강력한

  The Suns need another knockdown shooter and could use a versatile four.   *four : (농구) power forward*

  Suns(농구팀)는 또 다른 뛰어난 슈터가 필요하고 다재다능한 포워드도 필요하다.

- **knock off** ⓥ 일을 중단하고 어디로 가다(stop working and go somewhere else)

  There was no one in the office because they'd all knocked off for lunch.

  점심을 위해 모두 나갔기 때문에 사무실에는 아무도 없었다.

- **knockoff** ⓝ 짝퉁, 모조품

  Three decades after the Cold War's end, many in the West, including the previous US President, have questioned NATO's purpose and value. That has lessened the risk for China that Western leaders might expand NATO's mission into Asia or work with China's Asian rivals to build a NATO knockoff.

  냉전 종료 후 30년이 지난 지금, 서방 국가들 중 많은 이들, 이전 미국 대통령을 포함해, 나토(NATO)의 목적과 가치에 의문을 제기하고 있다. 이러한 상황은 서방 지도자들이 나토의 임무를 아시아로 확장하거나 중국의 아시아 경쟁국들과 협력하여 나토 유사 조직을 구축할 위험을 줄였다.

- **knock on doors** ⓥ 가가호호 방문하다.

  Thousands of En Marche! members have fanned out across France since early June, knocking on people's doors to ask what they want from their politicians.

  수천 명의 En Marche(프랑스 대통령 마크롱이 만든 정당) 당원들은 유월 초 이후 프랑스 전역에 걸쳐 정치인들에게서 원하는 것이 무엇인지를 알아내기 위해 가가호호 방문했다.

- **knock on the door of** : 기다리고 있는, 아주 가까운   *on its doorstep(동의어)*

  If you want to know which countries over the next 12 to 18 months could have destabilization and mass migration, start with the 49 knocking on famine's door right now.

  (세계식량기구 사무총장의 기자(you)에 질문에 대한 답변) 앞으로 12~18개월 동안 어떤 나라들이 불안정해지고 대규모 이주가 발생할 가능성이 있는지 알고 싶다면, 지금 기아의 문턱에 서 있는 49개국부터 살펴보세요.

- **knock out** ⓥ

  ① 손상을 입히다(damage something so that it does not work)

  Before the funeral, she says she learned that two of Jack's teeth had been knocked out and bones in his neck broken.

  장례식 전에, 그녀는 잭의 두 개의 이가 부러지고 목뼈가 부러졌다는 것을 알게 되었다고 말했다.

② 기절시키다, 의식을 잃게 하다.

Disentangling a giant wild animal in the ocean requires bravery, grit and luck. Unlike with land mammals, you can't just knock the whale out.
(그물에 걸린 고래) 대양에서 거대한 야생 동물을 풀어주는 것은 용기, 투지, 그리고 운이 필요하다. 육상 포유류와는 달리, 고래를 단순히 기절시킬 수는 없다.

- **knock up** ⓥ 임신시키다(make pregnant)   주로 수동태 형식

When I got knocked up, the whole town knew it.
내가 임신했을 때, 마을 전체가 알았다.

Kowtow

- **kowtow to** ⓥ 굽실거리다(be too eager to obey or be polite to someone in authority)

South Korea's democracy appears rollicking, but its news organizations have long suffered low public trust, as people viewed them as kowtowing to corporate interests and pandering to partisan bias.
대한민국의 민주주의는 활기차 보이지만, 그들의 뉴스 기관들은 오랫동안 대중의 신뢰가 낮았다. 사람들은 이들이 기업 이익에 아부하고 정당 편향에 아첨하는 것으로 보았기 때문이다.

UVWXYZ ABCDEFGHIJKLMNOPQRSTUVWXYZ ABCDEFGHIJKLMNOPQRSTUVWXYZ ABCDEFGHIJ

A B C D E F G H I J K

외신으로 본
대한민국의
IDIOM 1

M N O P Q R S T U V W X Y Z

Labor

- **labor under the false idea**(delusion) : 잘못되게 믿다

  He still labors under the delusion that other people value his opinion.

  그는 여전히 다른 사람들이 자신의 의견을 중요하게 생각한다는 착각에 빠져 있다.

  > believe something that is not true

Laden

- **laden with** : 가득 실은, 가득 담긴

  During the Cold War, North and South Korea waged psychological warfare. They tried to influence each other's citizens with shortwave radio broadcasts laden with propaganda.

  냉전 시대에는, 북한과 남한은 심리전을 벌였다. 그들은 선전이 담긴 단파 라디오 방송을 통해 서로의 시민들에게 영향을 미치려고 했다.

Lag

- **lag behind** ⓥ ~보다 뒤떨어지다.

  Britain is lagging far behind the rest of Europe on this issue.

  영국은 이 문제에 있어서 유럽의 다른 나라들보다 훨씬 뒤처져 있다.

Lam

- **on the lam** : 도망 다니다, (경찰에) 붙잡히지 않다.

  After more than three years on the lam, a Florida tortoise is finally back home with her family.

  삼 년 이상을 도망 다녔던 플로리다 거북이가 마침내 그녀의 가족과 같이 집으로 돌아왔다.

Lamb

- **like a lamb** (to the slaughter) : 순진하게, 아무것도 모르고(quietly and without any argument)

  He walked into the meeting like a lamb to the slaughter.

  그는 도살장에 끌려가는 양처럼 회의에 들어갔다.

Lap

- **fall into one's lap** ⓥ 우연히 누구에게 굴러떨어지다

  Much of the blame for Brexit has fallen into Prime Minister David Cameron's lap.

  브렉시트에 대한 많은 비난이 총리 David Cameron에게 돌아갔다.

  > be received by someone with little or no effort or by chance

- in the lap of luxury : 사치스럽게

  The duo traveled the world on private jets and together lived in the lap of luxury.

  두 사람은 전용 제트기로 세계를 여행하며 같이 사치스러운 삶을 살았다.

Lash

- lash out ⓥ 맹렬히 비난하다(criticize someone angrily)

  Pyongyang lashed out in unusually pointed language, accusing Beijing of "mean behavior" and "dancing to the tune of the U.S."

  (중국이 유엔의 대북제재 결의에 동참하자 북한의 반응) 북한은 중국을 비열한 행동을 하고 미국의 구미에 맞게 춤을 춘다고 평소하지 않은 가시가 돋친 언어로 맹렬히 비난했다.

Last

- at the last gasp : 마지막 숨에(경기가 종료되는 시점에)

  Jack put a last flourish on the scoreline to make it 5-3 for Spain at the very last gasp, latching onto a long and accurate kick from goalkeeper Tenas.

  Jack은 골키퍼 Tom이 보낸 길고 정확한 킥을 잘 받아 마지막 순간에 멋진 마무리를 보여주며 스페인을 위해 스코어를 5-3으로 만들었다.

  scoreline : (축구) 최종 점수

- last laugh : 마지막 웃음, 최종 승리

  After a humiliating loss in the first game of the World Series, your favorite baseball team had the last laugh when they swept the next four games and won the series.

  월드 시리즈 첫 경기에서 굴욕적인 패배를 당한 후, 네가 좋아하는 야구팀은 다음 네 경기를 모두 이기며 시리즈에서 승리함으로써 마지막 웃음을 지었다.

Launch

- launch into ⓥ 갑자기 ~을 시작하다.

  Prince Charming launches into his life story right after we're seated.

  우리가 자리에 앉자마자 왕자님은 자신의 인생 이야기를 시작한다.

Lavish

- lavish on ⓥ 아낌없이 주다(give a large amount of something to someone)

  They lavished attention on their children.

  그들은 자녀들에게 많은 관심을 쏟았다.

Law

- **be above the law** ⓥ 법을 따르지 않다(not to obey the law)

The president should not be above the law but rather be a model of observing it.

대통령은 법 위에 있어서는 안 되며, 오히려 법을 준수하는 모범이 되어야 한다.

- **take the law into your own hands** ⓥ 법에 의하지 않고 멋대로 제재를 가하다.

While the new President's predilection toward violence is being justified as necessary, there is little difference between taking the law into one's own righteous hands and being wrongly above the law.

새로운 대통령(필리핀 Duterte)의 폭력에 대한 선호가 필요하다며 정당화되고 있지만, 자신의 정의로운 손으로 법을 집행하는 것과 법 위에 잘못 서 있는 것 사이에는 거의 차이가 없다.

Lay

- **lay down** ⓥ

① 내려놓다.

Government negotiators insist that such concessions were the only way to persuade FARC, which could have kept fighting for years, to lay down its weapons.

정부 협상가들은 이러한 양보가 수년간 계속 싸울 수 있었던 FARC를 무기를 내려놓게 설득하는 유일한 방법이었다고 주장한다.

FARC : 콜롬비아의 무장 단체

② 눕다.

They stood with him on picket lines and visited his class on radical politics, and they were watching when he lay down in front of a bulldozer to protest a segregated construction site.

그들은 그와 함께 피켓 라인에서 서 있었고, 그의 급진적 정치 수업을 찾아갔으며, 그가 인종 분리된 건설 현장에 항의하기 위해 불도저 앞에 누웠을 때 그 모습을 지켜보았다.

③ (법칙·원칙을 지키도록) 정하다.

ⓓ **lay down a marker** ⓥ 미래의 의도나 기준을 설정하다.

Our actions as fathers represent the markers that men lay down.

아버지로서의 우리 행동은 남성이 설정하는 기준을 대표한다.

ⓓ **lay down ground rules** ⓥ 향후 행동 기준을 정하다.

Prince Harry laid down the ground rules early in their relationship when he complained to the press that his then girlfriend — born to an African-American mother and a white father — had been the subject of racial abuse.

(영국 왕실) Harry 왕자는 그의 당시 여자친구가 아프리카계 미국인 어머니와 백인 아버지 사이에서 태어난 것을 두고 인종적 학대를 받았다고 언론에 불평할 때, 그들의 관계 초기에 기본 규칙을 설정했다(그들의 관계와 그녀에 대한 대중의 대우에 대한 명확한 기대와 경계를 설정했다는 의미)

ⓓ lay down your life ⓥ 남을 위해 자신의 목숨을 내놓다.

Unlike soldiers, who enlist with the very specific obligation to lay down their lives when so ordered, medical professionals are under a different set of ethical obligations.

군인들은 명령받은 대로 자신의 목숨을 바칠 구체적인 의무를 가지고 입대하는 반면, 의료 전문가들은 다른 윤리적 의무에 따라 행동해야 한다.

• lay off ⓥ 해고하다

layoff ⓝ

I had come to the city in the 1970s as a young activist and worked in a car factory before getting laid off during the recession.

나는 젊은 활동가로서 1970년대에 이 도시에 와서 경기침체로 해고되기 전에 자동차 공장에서 일했다.

• lay out ⓥ

①계획하다(arrange or plan a building, town, garden etc)

In a historic commencement address at Howard University on June 4, 1965, President Lyndon Johnson laid out the intellectual and moral basis for affirmative action.

1965년 6월 4일 Howard 대학의 역사적인 졸업 축사에서 존슨 대통령은 사회적 약자 우대정책에 대한 계획을 발표했다.

②제시하다, 설명하다.

For four hours, one Black man after another — prominent politicians, activists, entertainers — laid out the challenges ahead for Ms. Harris, including the racist and sexist attacks they expected from her opponents.

(해리스 부통령) 4시간 동안, 저명한 정치인, 활동가, 연예인 등 흑인 남성들이 차례로 나서서 해리스 여사가 직면하게 될 도전들을 제시했으며, 그중에는 상대방으로부터 예상되는 인종차별적이고 성차별적인 공격들도 포함되어 있었다.

• layout ⓝ 배치(the way in which something such as a town, building is arranged)

The fighters, who were divided into different units with specific goals, had meticulous information on Israel's military bases and the layout of kibbutzim.

특별한 임무로 여러 단위로 분할된 전사(하마스)들은 이스라엘 군사기지와 키부츠의 배치에 관한 상세한 정보를 가지고 있었다.

• lay A up ⓥ (병·부상으로 일 등을 하지 못하게) A를 드러눕게 하다.

Photographs show soldiers reading them while getting a haircut, laid up in traction and facing various challenging conditions.

traction ⓝ 뼈를 제자리에 고정하는 치료

사진은 뼈를 견인하는 동안 누워서 이발하고 다양한 도전적인 조건에 직면한 병사들이 그들(신문)을 읽고 있는 모습을 보여준다.

   cf **layup** ⓝ (농구) 레이업(슛)

Bank shots — bouncing the ball off the glass before it falls through the net — are derided as amateurish for anything but layups.

뱅크샷 — 백보드(glass) 맞고 그물로 떨어지는 슛 — 은 레이업을 제외하고는 이런 샷을 사용하는 것이 아마추어처럼 보인다고 조롱받았다(미국의 전통 농구에서는 layup을 제외하고는 백보드를 이용한 슛을 좋게 보지 않는다는 의미)

Lead

- lead on ⓥ 주도하다.

Under the French constitution, the President has special responsibilities for Europe, foreign affairs, and defense, but a Prime Minister with a parliamentary majority can lead on domestic policy.

프랑스 헌법에 따르면, 대통령은 유럽, 외교, 국방에 대한 특별한 책임을 지지만, 의회 다수를 가진 총리는 국내 정책을 주도할 수 있다.

- lead to ⓥ ~으로 이어지다.

Highly transmissible variants, such as Delta and Omicron, will lead to high numbers of asymptomatic or mild infections among the vaccinated.

델타와 오미크론과 같은 전염성이 아주 높은 변종은 예방접종을 받은 사람들 가운데서도 무증상 감염자나 미약한 전염으로 이어질 것이다.

League

- in league with : ~와 작당하여

It turned out that the business tycoon was in league with local law enforcement to have the investigation dropped.

산업계의 거물이 조사를 못받게 지방의 검찰과 작당했음이 드러났다.

Lean

- lean on ⓥ ~에 의지하다.

Years ago, her dad had left her mum, leaving her mum to lean on her.

몇 년 전에, 그녀의 아버지가 그녀의 엄마를 그녀에게 맡기고 죽었다.

leaning ⓝ 성향

Leap

- leap out at ⓥ 눈길을 끌다.

Honey is also one of the first notes that leaps out at you on the nose, along with vanilla and apricot.

(향을 가진 음료를 설명할 때) 꿀은 코로 느끼는 첫 번째 느낌 중 하나로, 바닐라와 살구와 함께 눈에 띄게 느껴진다(꿀의 향이 가장 먼저 강하게 느껴지고, 이와 함께 바닐라와 살구의 향도 눈에 띄게 느껴진다고 언급. 복합적이고 매력적인 향을 가지고 있음을 나타냄)

Least

- **not least** : 특히(used to emphasize that something is important)

Not least since it's now nigh impossible for the U.S. to seek Russia's consent for new U.N. Security Council sanctions against Pyongyang.

nigh : 거의(near or soon)

특히 이제 미국이 유엔 안보리에서 평양(북한)에 대한 새로운 제재를 위해 러시아의 동의를 구하는 것이 거의 불가능해졌기 때문이다.

Leg

- **on its last legs** : 수명이 다하는, 임기 말의

Kim felt utterly betrayed by Moon for siding with the US after Hanoi, as well as by his purchase of 40 US stealth fighter jets, and sees little point in negotiating with an administration on its last legs.

김정은은 문재인 정부가 미국 스텔스 전투기 40대를 구매한 것뿐만 아니라 베트남 하노이 회담 이후 미국 편을 든 문재인에 완전히 배신감을 느꼈으며, 마지막 발버둥(문재인 정부가 임기가 끝나는 시점)을 치고 있는 행정부와 협상하는 것이 별 의미 없다고 본다.

Leisure

- **at one's leisure** : 편할 대로(according to one's own convenience or comfort)

The tour group always gives us a couple free hours so we can explore each city at our leisure.

그 여행단체는 우리에게 몇 시간의 자유를 항상 주어 여유롭게 각 도시를 탐방할 수 있다.

Length

- **at length** : 자세히, 길게

Both have issued reports from doctors stating that they are in good shape, but neither has answered questions about their health at length.

양쪽(바이든과 트럼프)은 그들의 건강이 좋다는 의사의 말을 인용하였지만 어느 측도 그들의 건강에 관한 질문에 상세하게 답하지는 않았다.

- **go to the length**(go to extremes) ⓥ (~하기 위해) 많은 애를 쓰다.

He went to extraordinary lengths to overcome protectionist pressures within Japan to support the Obama Administration' Trans-Pacific Partnership on trade and took leadership of the plan when American political leaders of both parties renounced it.

그(아베)는 오바마 행정부의 환태평양 파트너십(Trans-Pacific Partnership) 무역 협정을 지지하려고 일본 내의 보호주의 압력을 극복하기 위한 비상한 노력을 기울였으며, 미국의 양당 정치 지도자들이 이를 포기했을 때 이 계획의 리더십을 맡았다.

Let

- **let alone** : (주로 부정문에서) ~은 말할 것도 없고
  She now doesn't know if she will be able to graduate, let alone work.
  (탈레반 장악 후의 아프간) 그녀는 일하는 것은 말할 것도 없고, 졸업을 할 수 있을지도 모른다.

- **let down** ⓥ 실망시키다(disappoint).
  The biggest thing that's let us down is the government, really. They've done nothing for us.
  우리를 실망시킨 가장 큰 것은 진정 정부였다. 그들은 우리를 위해 한 것이 아무것도 없다.

  letdown ⓝ 실망 (disappointment)

- **let go of** ⓥ (손에 쥐고 있던 것을) 놓다, 풀어주다.
  Her writing is relentlessly political — whether it's the politics of the body, of gender, of people fighting against the state — but it never lets go of the literary imagination."
  그녀(소설가 한강)의 글은 몸의 정치, 성별의 정치, 국가에 맞서 싸우는 사람들의 정치 등 끊임없이 정치적이지만, 문학적 상상력을 절대 놓치지 않는다.

  let something go(변형)

- **let off** ⓥ 용서하다.
  I'll let you off this time, but don't do it again.
  이번에는 너를 용서하겠지만 다시는 그러지 않도록 하세요.

- **let on** ⓥ ① (비밀을) 털어놓다 ② 인정하다(to make acknowledgment)
  And the example is more complicated than his rhetoric lets on.
  그리고 그 예시는 그의 수사가 내비치는 것보다 더 복잡하다.

- **let out**
  ① (수업, 회의 등) 끝나다(so that those attending are able to leave)
  When schools let out for the summer, those children need somewhere to go.
  학교가 여름 방학이 되면, 그 아이들은 갈 곳이 필요하다.
  ② **let something out** ⓥ (슬픔, 기쁨 등) 바깥으로 끄집어내다.
  Just being able to let those things out that you just tuck in your little secret part of your heart helps a lot. I feel much more at peace now.
  마음 속 깊은 비밀의 구석에 숨겨둔 것들을 털어놓을 수 있다는 것이 정말 많은 도움이 된다. 이제 훨씬 더 평화롭게 느껴진다.
  ③ (셔츠·외투 등의 품을) 늘리다.

  tuck in ⓥ 안으로 감추다.

  take in(반대말)

- **let up** ⓥ 약해다, 그치다 (to become less severe or harmful)
  The rain — and in some areas, the heavy snow — isn't letting up just yet.
  비가 — 그리고 일부 지역에서는 많은 눈이 — 아직 그치지 않고 있다.

Level

- **level off** ⓥ (상승세나 하락세를) 멈추다, (비행기가 이륙하다) 정상고도에 들어서다.
  Infections have leveled off around 8,000, and officials are now offering the nation as a model for stemming the virus.
  감염 건수가 약 8,000건에서 멈추고 있으며, 관리들은 이제 이 나라를 바이러스 억제의 모델로 제시하고 있다.

Lieu

- **in lieu of** : ~ 대신에
  In March the UN accused the government of war crimes that include the mass murder of civilians and allowing soldiers to rape women in lieu of payment.
  3월 유엔은 민간인을 대량학살한 전쟁범죄를 저지르고 군인들에게 월급 대신에 여성을 강간하도록 허용한 정부를 비난했다.

Life

- **breathe life into** ⓥ 생기를 불어넣다.
  The proposed reforms are an attempt to breathe life into the tepid economy, which hovers at near-zero growth and suffers unemployment rates above 10%.
  제안된 개혁들은 거의 0% 성장과 10% 실업률 이상에서 머무는 미지근한 경제에 생기를 불어넣으려는 시도이다.

  tepid ⓐ 미지근한 (lukewarm, a lack of excitement or interest)

- **bring A back to life** ⓥ A에 활기를 되찾게 하다.
  Jack's dream was to bring an abandoned town back to life by creating a safe haven for migrants to live, and possibly work, while seeking asylum.
  Jack의 꿈은 버려진 마을을 되살려 이주민들이 망명을 신청하는 동안 안전하게 살고, 가능하다면 일할 수 있는 피난처를 만드는 것이었다.

- **take one's own life** ⓥ 자살하다.
  In December, Lee Jae-hyeon, 16, a survivor who had lost two of his best friends in the crowd crush, took his own life after battling online detractors of the victims.
  12월, 이태원 참사에서 친구 두 명을 잃고 자신은 살아남은 16세의 이재현은 온라인상에서 희생자를 깎아내리는 자들과 싸운 후 자살했다.

  detract from ⓥ 비방하다 (make something seem less good)

Light

- **light up**

  ① 담뱃불을 켜다(light a cigarette)

  By the end of 1990, lighting up was prohibited on all domestic flights under six hours in duration, and since 2000 the smoking ban has been pretty much ubiquitous internationally.

  1990년 말까지 6시간 미만의 모든 국내선 비행기에서 흡연이 금지되었고, 2000년 이후로는 국제적으로 거의 모든 곳에서 흡연 금지가 시행되고 있다.

  ② (얼굴이) 밝아지다.

  Her eyes light up as she picks up the objects she has collected on her travels, using them as prompts to tell stories.

  (침팬지 대모 제인 구달) 여행하면서 수집한 물건들을 집어면서 얼굴이 밝아졌는데, 그 물건들은 이야기를 촉발하는데 사용했다.

Lighten

- **lighten up** ⓥ 느슨하게 하다(take things less seriously)

  William and Kate typically lighten up their royal schedules during school vacations to be with their kids.

  윌리엄과 케이트(영국의 왕자) 부부는 아이들과 같이 있으려고 방학 때는 왕실 스케줄을 느슨하게 한다.

Line

- **along the lines** : 비슷한 기조로(similar to but not exactly equal)

  But LGBT activists point out that lawmakers are not bound to vote along the lines of what the country says it wants.

  하지만 LGBT 활동가들은 입법자들이 국가가 원하는 것과 비슷한 기조로 투표해야 할 의무가 없다고 지적한다(입법자들이 때로는 국민 다수의 의견과 다르게 소수자 권리를 보호하기 위한 결정을 내릴 수도 있음을 의미)

  LGBT : 성소수자(lesbian, gay, bisexual and transgendered)

- **draw a line against** ⓥ 반대하는 견해를 취하다.

  The actor, Lee Sun-kyun, had been questioned on suspicion of drug use in a country that has long drawn a hard line against anything other than total abstinence.

  배우 이선균은 마약에 대해서는 완전한 금지보다 더 강력한(완전한 금지 이상으로) 견해를 오랫동안 보여온 나라에서 마약 투약혐의로 조사를 받아왔다.

  line ⓝ (공개적으로 밝히는) 태도

  total abstinence ⓝ (마약과 같은 중독성 물질에 대한) 완전한 금지

  abstain ⓥ ① (투표) 기권하다. ② (좋아하는 것을 건강·도덕상의 이유로) 자제하다.

- **draw a line between** ⓥ 선을 긋다.

  But the government's definition of fake news has raised questions about how to draw lines between disinformation and free speech.

그러나 정부의 가짜뉴스에 대한 정의는 허위정보와 자유 언론에 대한 선을 어떻게 긋느냐의 문제를 야기시켰다.

- **get out of line** ⓥ 방침에 반한 행동을 하다.

Those Afghan officials could then credibly threaten to call down a U.S. raid or an airstrike on anyone who got out of line.

저런 아프간 고위관리들은 방침에 반한 행동을 하는 사람들에게 미군의 공격이나 공습을 요청할 수 있을 정도로 위협적이다.

- **goes the line** ⓥ 입장을 말한다.

Authorities in Moscow say the reporters were killed in a random act of violence. It was a robbery gone wrong, goes the official line.

모스크바 당국은 기자들이 우발적인 폭력 행위로 살해되었다고 말한다. 공식 입장에 따르면, 이는 잘못된 강도 사건이라고 한다.

'the line goes'의 도치 구문

- **keep A in line** ⓥ A를 통제하다(under control)

Supplies of luxury goods like flat-screen televisions and DVD players — key to keeping the North's military elite in line — could also be blocked.

(국제사회의 대북 제재) 평면 스크린 텔레비전과 DVD 플레이어와 같은 고급 상품 공급이 — 북한의 군사 엘리트를 통제하는 데 핵심적인 역할을 하는데 — 차단될 수도 있다.

- **on the line** : 위태로운(at great risk)

Whenever I visited the North, I knew my life was on the line.

나는 북쪽(북한)을 방문할 때마다 내 목숨이 위태롭다는 것을 알고 있었다.

- **put oneself on the line** ⓥ (자신을) 위험에 노출시키다, 리스크를 감수하다.

SARS, which had a 10% mortality rate, was mostly a nosocomial infection, one primarily transmitted inside health care facilities as opposed to within communities. This fact gave rise to a renewed conversation about the ethical responsibility of health care workers to put their lives on the line.

nosocomial ⓐ
병원에서 감염한

SARS는 10%의 치사율을 가진 질병으로, 주로 병원 내 감염, 즉 지역사회가 아닌 보건 의료 시설 내에서 주로 전파되는 감염이었다. 이 사실은 보건 의료 종사자들이 자신의 생명을 위험에 노출시키는 윤리적 책임에 대한 새로운 대화를 촉발시켰다.

- **read between lines** ⓥ 행간의 뜻을 읽다(try to understand someone's real feelings or intentions from what they say or write)

Reading between the lines, I'd say he isn't happy with the situation.

행간의 뜻을 읽어보면, 그가 상황에 만족하지 않는다고 말할 수 있겠다.

- **toe the line** ⓥ (윗사람이) 시키는 대로 하다.

But it stood by the decision to report the contents of the audio file and accused the president of trying to silence an outlet that refused to toe his line.

(바이든의 '날리면' 보도 사건) 그(언론사)는 오디오 파일의 내용을 보도하는 결정을 따르기로 했고, 시키는 대로 하기를 거절하는 언론사들의 침묵시키려는 대통령을 비난했다.

- **in line for : ~의 순서에 있는**

  At the beginning of the year, Hong Kong, Taiwan and Singapore looked next in line for catastrophe.

  (코로나 사태) 2020년 시작에 홍콩, 대만 그리고 싱가포르는 재앙의 다음 순서에 있는 것처럼 보였다.

- **in line with : ~와 함께하는(in alignment or accordance with)**

  South Korea's tough stance on drugs is in line with that of some other countries in Asia.

  대한민국의 마약에 대한 강력한 대처는 아시아의 다른 나라들과 함께한다.

Live

- **live off ⓥ (~의 경제적 도움으로) 살아가다.**   *다소 의존적인 뉘앙스*

  One invested the rest of his money with the bank and plans to live off the interest.

  사람들은 그의 나머지 돈을 은행에 맡겨 이자로 먹고 살려고 계획한다.

- **live on ⓥ (적은 돈으로 기본적인 것들을 해결하며) 먹고 살다.**

  Many older South Koreans live on limited incomes because the national pension system wasn't instituted until the late 1980s.

  한국의 많은 노인은 제한된 소득에 의존하고 있는데, 이는 국민연금 제도가 1980년대 후반까지 도입되지 않았기 때문이다.

- **live out ⓥ (앞으로는 특별한 상황에서) 인생을 보내다.**   *bullying ⓝ 약자 괴롭히기*

  As an out gay woman who have overcome bullying, hate, and alienation, she has served as inspiration, especially to fellow members of the LGBTQ+community, for how to live out loud and proud.

  불링, 증오 그리고 소외를 극복한 게이 여성으로 커밍아웃한 그녀는 특히 성소수자 동료들에게 목소리를 키우고 자부심으로 살아가는 방법에 관해서 영감을 주는 사람으로 그 역할을 했다.

- **live through ⓥ (어려움을) 겪다.**

  My Japanese grandmother lived through those fire-bombings, unleashed by US planes.

  나의 일본계 할머니는 미군 비행기가 쏟아대는 소이탄 공격을 겪었다.

- **live up to ⓥ 부응하다.**

  North Korea has made it clear that it is not interested in easing military tensions on the Korean Peninsula or in living up to the military agreement to build trust.

북한은 한반도의 긴장 완화에 관심이 없고, 신뢰를 구축하기 위한 군사협정에 부응할 의사가 없음을 분명히 했다.

Lock

- **lock, stock and barrel** : 모조리(entirely, completely)

The chance of North Korea believing in U.S.-offered security assurance in return for nuclear disarmament — lock, stock and barrel — is now close to zero.

비핵화를 완전히 실현하면 안전을 보장하겠다는 미국을 북한이 믿을 가능성은 제로에 가깝다.

> Lock(잠금장치), Stock(개머리판), Barrel(총열), 즉 총의 전부가 '모조리'로 의미가 바뀜.

- **lock away** ⓥ) 가두어 보관하다.

The tax is part of a larger package designed to clean up the country's agricultural pollution and eventually restore some farmland to its natural form, like peat lands, which are exceptionally good at locking away planet-heating gases underground.

이 세금은 국가의 농업 오염을 정화하고 궁극적으로 일부 농경지를 자연 상태로 복원하려는 더 큰 계획의 일부이다. 예를 들어, 이탄지처럼 지구 온난화 가스를 지하에 가두는 데 매우 뛰어난 역할을 하는 지역들이 해당된다.

- **lock down** ⓥ 봉쇄하다.

Locking down your own cities could lead to economic collapse.

너가 사는 도시의 봉쇄는 경제적 붕괴로 이어질 수 있다.

- **lock A in** ⓥ 깊이 휘말리게 하다(쉽게 벗어날 수 없음을 의미)

The three had been locked in a bitter feud over medical treatment for Jack, whose health had declined since a stroke in 2019.

세 사람(자녀)은 2019년 뇌졸중 이후 건강이 악화된 Jack의 의료 치료를 두고 격렬한 불화에 휩싸여 있었다.

- **lock A out of** ⓥ A를 못 들어가게 하다.

A lot of wealthy Russians are locked out of the West and have no way to get their money out.

많은 부유한 러시아인들이 서방 국가들에 대한 출입이 제한되어 있으며, 자금을 해외로 이전할 방법이 없다.

- **lock up** ⓥ (감옥에) 가두다.

What the government may not understand is that the more of us they lock up, the stronger we become.

정부가 이해하지 못하는 것은 그들이 우리를 더 많이 가둘수록, 우리는 더 강하게 된다는 점이다.

Look

- **look around at** ⓥ 찾으려고 한다(try to find something)

When I come home very discouraged, she listens to only just a few words and she looks around at me and says that I've got a problem with this or that.

내(미국의 카터 대통령)가 용기를 잃고 집에 왔을 때, 그녀(대통령 부인)는 단지 몇 마디만 경청하고 나에게서 (무언가를) 찾고 이것 혹은 저것이 (나에게는) 문제라는 (식으로) 말한다.

- **look at** ⓥ 보다, 살피다.

I've spent my entire life and business looking at the untapped potential in projects and in people all over the world.

저는 전 세계의 프로젝트와 사람들 안에 있는 미개발된 잠재력을 찾아보는 데 내 인생과 사업 전반을 보냈다.

- **look back on** ⓥ (과거를) 회상하다.

When looking back at 2023, these songs will be part of the music that defined this year.

2023년을 돌아볼 때, 이 노래들은 올해를 정의한 음악의 일부가 될 것이다.

- **look down on** ⓥ 경시하다, 낮춰 보다.

So you should not be looked down on. Or treated unfairly.

그래서 너희들은 업신여김을 당하지 마라, 그렇지 않으면 불공정하게 취급된다.

- **look for** ⓥ ~을 찾다, 구하다.

Kim is looking for technological shortcuts for his military satellite and missile programs that have been frustrated by economic sanctions.

김정은은 경제 제재로 좌절된 군사위성과 미사일 프로그램에 기술적 지름길을 찾고 있다.

- **look forward to** ⓥ 기대하다(anticipate)

My mother says she's looking forward to meeting you.

제 엄마가 당신을 만나는 것을 기대하고 계신다고 한다.

- **look into** ⓥ 조사하다.

As for our request, and the potential evidence it contained, the investigators said they would look into it as soon as possible.

우리의 요청과 그 안에 포함된 잠재적 증거에 대해, 조사자들은 가능한 한 빨리 조사하겠다고 말했다.

- **look on** ⓥ

① 방관하다(watch without getting involved)

"Nationalism is a betrayal of patriotism" he said, as Trump, German Chancellor Merkel and Russian President Putin looked on.

트럼프, 독일 총리 메르켈 그리고 푸틴 러시아 대통령이 방관하는 가운데 그는 "민족주의는 애국주의의 배신이다"라고 말했다.

② (특정하게) 생각하다, 고려하다(in a particular way)

As Italian hospitals buckled under an influx of patients sick from the novel coronavirus, American medical professionals and public officials looked on with growing alarm.

괴상한 코로나로 환자들이 물밀듯 닥쳐 이탈리아 병원들이 제 기능을 못하자, 미국의 의료진과 공무원들은 증가하는 불안으로 (코로나를) 지켜보았다.

- **look to** ⓥ 기대하다.

Normally, uneasiness there would prompt key Asian players to look to the US for steadiness.

통상적으로 거기에(동북아시아) 불안이 감돌면 주요 아시아 국가들은 안정을 위해 미국을 기대하곤 했다.

- **look up to** ⓥ ~을 우러러보다, 존경하다.

The girls really look up to Jane and what she has achieved.

소녀들은 정말로 Jane과 그녀가 달성한 것들을 우러러본다.

UVWXYZ ABCDEFGHIJ
CDEFGHIJKLMNOPQRST
HIJKLMNOPQRSTUVWXYZ AB

BCDEFGHIJKL

MN 외신으로 본
대한민국의
IDIOM 1

OPQRSTUVWXYZA

Make

- **make for** ⓥ ~에 기여하다.

  The rollicking finale to the second state dinner of the Biden era made for a more memorable evening than most at 1600 Pennsylvania Avenue.
  (대통령의 미국 방문) 바이든 시대 두 번째 국빈 만찬의 흥겨운 마무리는 펜실베이니아 애비뉴 1600번지(백악관 주소)에서의 대부분의 저녁보다 더 기억에 남는 밤이 되었다.

- **make it** ⓥ 성공하다.

  Usually the rescue vessels make it in time, but not always.
  통상적으로 구조선은 제시간에 도착하나 항상 그렇지는 않다.

- **make it to A** ⓥ A에 도달하다(어려운 상황이나 경쟁을 극복하고 목표에 도달했다는 뉘앙스)

  A dressage rider explains how she and her horse, Jagerbomb, made it to the Olympics.
  한 마장마술 기수가 자신과 그녀의 말, Jagerbomb이 어떻게 올림픽에 진출했는지 설명한다.

- **make off with** ⓥ 훔치다(steal something and take it away with you)

  An Israeli military spokesman said that the search of the hospital grounds would take time because "Hamas knew we were coming" and had made off with or hidden traces of their presence there.
  이스라엘군 대변인은 병원 수색이 시간이 걸릴 것이라고, 그 이유는 하마스는 이스라엘군이 온다는 것을 알고 있었고, (장비를) 훔치거나 그곳에 (하마스가) 있었다는 흔적을 숨겼기 때문이라고 말했다.

- **make or break** ⓥ 승패를 좌우하다(allowing no middle ground between success and failure)

  Several people interviewed for this story described the yield as make-or-break.
  이 이야기를 위해 인터뷰한 몇몇은 산출이 승패를 좌우할 것이라고 기술했다.

- **make out** ⓥ 이해하다, 주장하다.

  Li Keqiang is not really a symbol of a bygone reform era, as some are making out.
  일부 사람이 이해하는 거처럼 중국의 리커창 (총리)는 과거 개혁시대의 상징과도 같은 인물은 결코 아니다.

- **make over** ⓥ

  ① (재산을) 넘겨주다.   pass down(참고)

  If he dies childless he is to make over his share of the estate to his brother.
  그가 자식 없이 사망할 경우, 그의 재산 지분을 형제에게 넘겨야 한다.

  ② 단장하다(to change someone or something so that they have a different use)

The old factory was completely made over and is now an upscale shopping center.
그 오래된 공장은 완전히 개조되어 이제 고급 쇼핑센터가 되었다.

makeover ⓝ

- **make up** ⓥ 이루다, 구성하다.

These conglomerates make up a sizable portion of South Korea's economy.
이런 대기업들은 대한민국 경제의 상당한 부분을 구성한다.

make-up ⓝ 화장

ⓓ one's make-up : 기질(the qualities that a person has, which form their character)
"He had his own moral compass. He knew what was right and what was fair and he demanded that kind of justice." It stuck with me. It stuck by all my brothers as well. It's part of our makeup.
"그는 자신의 도덕적 기준을 가지고 있어. 무엇이 옳고 공정한지 알고 있었고 그런 종류의 정의를 요구했다." 이 말은 제 마음에 깊이 새겨졌다. 제 형제들도 모두 같은 마음이었습니다. 그것은 우리 모두의 일부가 되었다.

ⓓ the make-up of a group or team : 구성, 조합(the combination of people that are in it)
Her historic confirmation will not change the ideological makeup of the Supreme Court.
그 여성(흑인)의 인준이 대법원의 이념적 구성을 변화시키지는 않을 것이다.

- **make up for** ⓥ 보충하다, 벌충하다.

In January food fell short. The corn ration was drastically reduced, and it was announced
that an extra potato ration would be issued to make up for it.
1월에는 식량이 부족해졌다. 옥수수 배급량이 크게 줄었고, 이를 보충하기 위해 추가 감자 배급이 발급될 것이라고 발표되었다.

Mantle

- **take on**(assume, wear) **the mantle of something** : (중요한) 책임을 떠맡다.

He has donned the mantle of modernizer, associating himself with a decree ending a ban on women drivers.
그는 여성운전의 금지를 끝내게 하는 법령을 자신과 연계시키면서 근대화의 책임을 떠맡았다.

mantle ⓝ (옷) 망토(cloak)

Map

- **map out** ⓥ 세심히 계획하다(plan carefully how something will happen)

Kids are used to following a schedule, so actually map out how the days will look at home.

(코로나로 학교에 못 가는 상황) 아이들은 스케줄에 따라 행동하는 것에 익숙해 있어, 집에서 나날들이 어떻게 되는지에 대해 실질적으로 계획한다.

Market

- **off the market** : 열애 중인, 짝이 있는

A majority of singles reported being eager to be off the market — the sooner, the better.

다수의 미혼들은 빠를수록 더 좋다는 (심정으로) 짝이 있기를 갈망한다.

Marry

- **marry someone off** ⓥ 중매하다(결혼이 외부의 결정으로 이루어진다는 뉘앙스)

When she became pregnant at 11 years old, she was married off.

그녀가 11살 임신했을 때, 중매되었다.

Match

- **be no match against**(for) : 적수가 되지 못한다.

The past year has demonstrated that a mobilized army is no match against a mobilized society.

작년은 (우크라이나의) 동원된 군대는 (러시아의) 동원된 사회에 적수가 되지 못함을 증명하는 한 해였다.

Matter

- **a matter of life and death** : 삶과 죽음의 일

The decision to press ahead with the Tokyo Olympics in 2021 is truly a matter of life and death.

(코로나 중인데도 2020년에 개최예정이었던) 도쿄 올림픽을 2021년에 강행하겠다는 결정은 정말로 삶과 죽음의 일이다.

- **a matter of seconds**(weeks, hours) : 불과 ~ 안에(only a few seconds, weeks, hours)

They can be mounted with nuclear warheads and reach South Korea, Japan and U.S. military bases in the region in a matter of minutes.

그들(short-range ballistic missiles)은 핵탄두를 장착할 수 있으며, 몇 분 만에 한국, 일본, 그리고 해당 지역의 미국 군사 기지에 도달할 수 있다.

- make matters worse ⓥ (일을) 악화시키다.

Terrorist attacks that targeted tourists, a vital source of economic growth, and then the pandemic, which dropped the GDP by 8.8% in 2020, have made matters much worse.

경제 성장의 중요한 원천인 관광객을 겨냥한 테러 공격과 그 후에 2020년의 GDP를 8.8% 감소시킨 팬데믹은 사태를 훨씬 더 악화시켰다.

Measure

- for good measure : 추가로

The stereotypes about us were, and continue to be, disdainful and dismissive, mixed with a potent disgust for good measure.

(white trash — 교육받지 못하고 가난한 백인 — 에 관한 내용) 우리에 대한 고정관념은 과거에도 그랬고 지금도 경멸적이고 무시하는 태도로 가득 차 있으며, 거기에 강한 혐오감까지 더해져 있다.

- in equal measure : 똑같이

I was angry and embarrassed in equal measure.

나는 똑같이 화도 나고 당황하기도 했다.

- measure A against B ⓥ 견주다, 비교하다.

Baseball has been the national sport in Japan for more than a century, and for most of that time, the Japanese have used the game to measure themselves against the United States.

야구는 1세기 이상 일본의 국기(國技)였고 일본은 그 기간의 대부분을 미국과 견주는 데 야구를 이용했다.

Meddle

- meddle in ⓥ 간섭하다.

meddling ⓝ

Russia's invasion of George in 2008 and Ukraine in 2014 and the enthusiasm with which it jumped into the Syrian morass have given the impression in recent years that Putin has a very low threshold when it comes to meddling in the affairs of others.

2008년에 조지아를, 2014년 우크라이나를 침략하고 늪과 같은 시리아에 뛰어든 열정을 감안하면 최근에 (러시아 대통령) 푸틴에게는 외국을 간섭하는데 매우 낮은 문턱이 있으리라는 인상을 주었다.

Mediate

- **mediate between** ⓥ ~사이를 조정하다.

A senior Israeli defense official, who spoke on condition of anonymity given the sensitivity of the situation, said Qatar, which is mediating between the United States and Hamas, informed the United States of the releases, and the United States informed Israel.

한 고위 이스라엘 국방 관계자는 상황의 민감성을 고려해 익명으로 발언하며, 미국과 하마스 간 중재를 맡고 있는 카타르가 석방 사실을 미국에 알렸고, 미국이 이를 이스라엘에 통보했다고 말했다.

mediation ⓝ

Melt

- **melt away** ⓥ 서서히 사라지다.

Close your eyes, take some deep relaxing breaths and let the day's tensions melt away.

눈을 감고, 편안한 깊은숨을 쉬세요. 그러면 하루의 긴장이 눈 녹듯 사라질 것이다.

- **melt down** ⓥ (다시 쓰기 위해) 녹이다.

All their drinking water had to be melted down from snow.

그들의 모든 마시는 물은 눈을 녹여서 만들어야 했다.

meltdown ⓝ
원자로 노심의 용융

- **melt into** ⓥ 속으로 사라지다(gradually become hidden by something)

Her brown hand waved a jaunty salute as she melted into her party at the door.

문에서 일행 속으로 사라지면서 그녀의 갈색 손은 즐거운 손 인사를 했다.

Memo

- **get the memo** ⓥ 상황을 인지하다(대부분 알고 있지만 자신만 몰랐을 때)

Everybody seems to be wearing green today — I guess I didn't get the memo.

모든 사람은 녹색을 입는 것으로 알고 있지만 나는 몰랐어.

Mercy

- **at the mercy of** : ~의 처분대로(unable to do anything to protect yourself from someone)

Although my grandfather was vaccinated and boosted, his dementia had confined him to a nursing home, so he was at the mercy of others to protect him from the virus.

할아버지는 예방주사와 부스터 샷도 맞고 치매로 양로원에 있어야만 했지만, 그의 생명은 코로나바이러스에서 그를 보호하려는 타인의 처분에 달려있다.

Mesh

- **mesh with** ⓥ ~와 맞물리다.

Just how unsafe is the world, exactly? And how does that reality mesh with the public's perception.

세계는 정확히 얼마나 위험한가? 그리고 그 현실은 대중의 인식과 어떻게 일치할까?

mesh ⓝ 그물망

Mess

- **mess up** ⓥ 엉망으로 만들다, 저지분 하게 하다.

They've messed up the scene, they've brought in sand to cover some of the floors, and they've created double walls.

그들(하마스)은 현장을 엉망으로 만들었고, 일부 바닥을 덮기 위해 모래를 가져왔으며, 이중벽을 만들었다.

screw up(동의어)

- **mess with** ⓥ 방해하다(cause problems or be dangerous)

If life wanted to mess with you, it couldn't have come up with a better way than death.

인생이 당신을 엉망으로 만들기를 원한다면, 죽음보다 더 좋은 것은 없다.

Mete

- **mete out** ⓥ (죄를) 주다(if you mete out a punishment, you give it to someone)

Kim goes to court on Oct. 13 for his refusal to perform service in a c orrectional facility. He wants his case to draw attention to the controversial treatment being meted out to South Korea's conscientious objectors.

김씨(양심적 병역거부자)는 교정시설에 수감되는 것을 거부해서 10월 13일 재판을 받는다. 그의 재판이 대한민국의 병역거부자에게 할당되는 논란의 취급에 대해 관심받기를 원한다.

Middle

- **divide(split) something down the middle** : 정확히 반으로 나뉘다(쪼개지다)

As to the near radioactive debate over masking, the nation is split down the middle, with 48% saying that masks and social distancing have been extremely or very effective at limiting the spread of the disease, and a near equal amount saying they have had little or no effect.

마스크 착용에 대한 매우 민감하고 의견이 갈리는 논쟁에 관해서, 국가는 한가운데에서 갈라져 있으며, 48%의 사람들이 마스크와 사회적 거리두기가 질병 확산을 매우 효과적으로 또는 매우 제한했다고 말하고 있고, 거의 비슷한 수의 사람들이 거의 효과가 없거나 전혀 효과가 없었다고 말하고 있다.

radioactive ⓐ
① of, caused by, or exhibiting radioactivity
② so divisive or controversial as to require avoidance

Midst

- **in the midst of** : ~의 한가운데

Gun manufacturers are in the midst of the worst business crisis in decades, with double digit sales drops driving some to the brink of bankruptcy.

총기류 생산자들은 수십 년 중에 최악의 경기 한가운데에 있다. 두 자리 숫자의 판매감소는 일부 총기생산업자를 파산 직전으로 내몰고 있다.

Mile

- **a mile a minute** : 매우 빠른 속도로(with great speed)

Trying to get more miles out of every minute — scanning Twitter while watching TV, for example — makes us think we're being productive, but really it just makes us feel more frazzled.

매 순간을 최대한 활용하려고(일분당 더 많은 마일을 가려고) 트위터를 스캔하면서 TV를 보는 것처럼 여러 일을 동시에 하려고 하면 우리는 생산적이라고 생각하지만, 실제로는 더욱 지치게 만들 뿐이다.

frazzled ⓐ 매우 피곤한 (in a state of extreme physical or nervous fatigue and agitation)

Milestone

- **hit the milestone** ⓥ 이정표를 기록하다(목표나 중요한 단계에 도달)

Jack just celebrated his fifth birthday. If he'd been born only a few years earlier, Jack may not have hit this milestone.

(아동 사망률과 관련하여) Jack은 막 5살 생일을 맞이했다. 몇 년 일찍 태어났더라면 5세 생일 전에 죽었을지도 모른다.

milestone ⓝ 돌에 기록된 (앞으로 걸어야 할) 마일

- **mark a milestone** ⓥ 획을 긋다(중요한 단계에 도달했을 때 그 순간을 기념하거나 표시)

The law's passage marked a milestone for animal protection activists who have campaigned for the ban for years.

(개 식용 금지) 법의 통과는 금지를 몇 년간 부르짖은 동물보호단체 활동가들에게는 한 획을 긋는 것이었다.

Million

- **not(never) in a million years** : 절대로 ~하지 않는다.

But she never "in a million years" thought Kansas voters would so strongly reject the constitutional amendment on Aug 2, with 59% voting no and 41% voting yes.

그러나 그녀는 캔자스 주민들이 8월 2일에 헌법 개정안을 59%의 반대와 41%의 찬성으로 강력하게 거부할 것이라고는 절대로 생각지도 못했다.

Mince

- **not mince (your) words** ⓥ (상대방이 기분 나쁘더라도 생각하는 바를) 정확히 말하다.

Allies of President Yoon Suk Yeol are attacking what they see as an existential threat to South Korea, and they are mincing few words.
(가짜뉴스에 관해) 윤석열 대통령의 우군들은 대한민국에 실존적으로 위협이 되는 것을 공격하고 서슴없이 말한다.

cf mince ⓥ
① (고기를 기계에 넣고) 갈다.
② 조심스럽게, 작은 걸음으로 걷다.

And that walk of hers — neither fast nor slow, striding nor mincing.
(채식주의자) 그녀의 걸음걸이는 빠르지도, 느리지도, 힘있지도, 가냘프지도 않았다.

Mind

- **at/in the back of your mind** : 마음 한구석에는(ignore because you do not want it to be true)

You probably have somewhere in the back of your mind that you don't want to disappoint your teachers in the same way you don't want to disappoint your parents.
당신은 아마도 당신의 부모님을 실망시키고 싶지 않은 것과 같은 방식으로 당신의 선생님을 실망시키고 싶지 않다는 생각을 마음 한구석에 간직하고 있을 것이다.

- **come to mind** ⓥ 생각이 떠오르다.

When you heard a nearly all-white jury had been seated in the Jack case, what immediately came to mind?
Jack(백인에 의해 피살된 흑인)의 사건에서 배심원들이 거의 모든 백인이라는 말을 들었을 때, 즉시 무슨 생각이 들었니?

- **have A in mind** ⓥ A를 염두에 두다, 마음에 담다.

Like the British, what China has in mind is both profit and national glory.
영국인들처럼, 중국이 염두에 두고 있는 것은 이익과 국가의 영광 둘이다.

- **take someone's mind off A** ⓥ A에서 관심을 거두다.

Jack, the donkey-cart driver, soaks his clothes in water several times a day, while tractor driver Tom swears that the Sindhi pop tunes blaring from his open cab takes his mind off the heat.
(지구 온난화) 당나귀 수레 운전사 Jack은 하루에 여러 번 옷을 물(땀)에 적시고, 트랙터 운전사 Tom은 열려 있는 운전석에서 울려 퍼지는 신디 팝송이 더위를 잊게 해준다고 말한다.

blare ⓥ (소리를) 요란하게(쾅쾅) 울리다

- turn over A in one's mind ⓥ A를 곰곰이 생각하다.

  In my younger and more vulnerable years my father gave me some advice that I have been turning over in my mind ever since.
  (위대한 개츠비 첫 문장) 내가 더 어리고 더 취약했던 시절에, 아버지께서 해주신 충고가 있었는데, 그 이후로 줄곧 내 마음속에서 되새기고 있다.

Minister

- minister to ⓥ 돕다(help or care for someone or something)

  She devoted herself to ministering to the poor and sick.
  그녀는 가난하고 병든 사람들을 돌보는 일에 헌신했다.

Minute

- by the minute : 시시각각으로

  The Israel-Hamas war is evolving by the minute.
  이스라엘-팔레스타인 전쟁은 시시각각으로 확대되고 있다.

  evolution ⓝ
  ① (생물) 진화
  ② 점진적인 발전

Miss

- miss out ⓥ 좋은 기회를 놓치다.

  He represented India in track and field in three Olympics, and narrowly missed out on a bronze medal at the 1960 Games in Rome.
  그는 육상 분야에서 세 번의 올림픽에 인도를 대표했으며, 1960년 로마 올림픽에서는 간발의 차로 동메달을 놓쳤다.

  track and field ⓝ 육상

Mix

- throw A into the mix ⓥ A를 고려하다('A'라는 새로운 요소를 추가하다)

  When you throw public health into the mix, the calculus can become uncouth pretty quick.
  (코로나임에도 올림픽 개최) 공중 보건을 고려하면, 계산(판단)이 상당히 빠르게 거칠어질 수 있다.

  calculus ⓝ
  ① (수학) 적분 ② 복잡한 계산
  uncouth ⓐ 무례한,
  부적절한(rude or socially unacceptable)

Mock

- mock up ⓥ 실물 크기의 모형을 만들다.

  It's unclear whether or not the warheads in the photo were real. North Korea has a track record of showing mockups of weapons still under development for the sake of propaganda.
  사진 속의 탄두가 실제인지 아닌지는 불분명하다. 북한은 선전을 위해 아직 개발 중인 무기의 모형을 보여주는 과거의 전례가 있다.

  mockup ⓝ

  track record : 전례
  (a record of past performance often taken as an indicator of likely future performance)

Model
- model A on B ⓥ B를 본떠 A를 만든다.

The "Great March," as it is known, was modeled on Barack Obama's presidential campaign in 2008.
익히 알려진 Great March(프랑스 마크롱 대통령의 선거운동)는 2008년의 오바마 대통령 선거 캠페인을 본떠서 만든 것이었다.

Moment
- jump the moment ⓥ 바로 행동하다(강제로 내몰리기 전에 스스로 행동을 취하다)

But with impeachment proceedings imminent, that's merely an offer to jump the moment before she is pushed.
(박근혜 전 대통령이 탄핵 직전에 스스로 물러나겠다는 내용) 그러나 탄핵 절차가 임박한 상황에서, 그것은 단지 그녀가 밀려나기 직전에 스스로 물러나겠다는 제안일 뿐이다.

Money
- make money off ⓥ ~에서 돈을 벌다.

Critics of the industry say the only beneficiaries of these so-called security measures are the people making money off them.
그 사업(방탄사업)을 비판하는 사람들은 소위 안전대책이라는 것의 수혜자들은 안전대책에서 돈을 버는 사람들이라고 말한다.

Mop
- mop up ⓥ 소탕하다.

mop ⓝ 대걸레

The country needs to tighten its borders and develop a better system for mopping up illicit weapons.
그 나라는 국경을 강화하고 불법 무기를 소탕하기 위한 더 나은 시스템을 개발할 필요가 있다.

Move
- move ahead with ⓥ (계획대로) 진행하다.

The State Department notified congressional committees at 11 p.m. on Friday that it was moving ahead with the sale, valued at more than $106 million, even though Congress had not finished an informal review of a larger order from Israel for tank rounds.

tank round : 탱크 포탄

국무부는 금요일 오후 11시 의회 위원회들에 의회가 이스라엘이 요구한 탱크 포탄에 대한 더 많은 요구를 비공식적으로 검토를 마치기 전일지라도 1억6백만 달러 이상의 가치를 지닌 판매를 진행하겠다고 통보했다.

- **move around** ⓥ 이사하다.

  Underrepresented tend to be people who move around more often or who don't own property, who are renters or who are less likely to register to vote.

  (백인 위주의 배심원 제도) 자주 이사 가거나, 자신의 부동산이 없거나, 임차인이거나, 투표를 등록하지 않는 사람은 과소대표되는 경향이 있다.

- **move away from** ⓥ ~에서 멀어지다, ~에서 벗어나다.

  Jack, who wrote about his post-Olympic depression in his book Bravey, released earlier this year, sees Jane as someone who can help us move away from the win-at-all-costs ethos in sports.

  올해 초에 출간된 그의 책 "Bravey"에서 올림픽 후 우울증에 대해 쓴 Jack은, Jane을 스포츠에서 승리를 위해 모든 것을 희생하는 정신에서 벗어나는 데 도움을 줄 수 있는 사람으로 보고 있다.

- **move forward** ⓥ 전진하다.

  Education in Britain needs to be looked at from the ground up — to teach what Britain was built on, what Britain has done and what it represents. Without that understanding, we can't move forward.

  영국 교육은 근본부터 다시 검토되어야 한다. 영국이 무엇을 기반으로 세워졌는지, 영국이 무엇을 해왔는지, 그리고 영국이 무엇을 대표하는지를 가르쳐야 한다. 그러한 이해 없이는 전진할 수 없다.

  > move backward ⓥ 후퇴하다.

- **move in** ⓥ

  ① 이사하다(start living in a new home)

  ② (누구와) 같이 살다.

  The siblings moved in with an aunt, an uncle and younger cousins, but they always felt like a burden, Mr. Goo said.

  (가수 구하라) 형제가 숙모, 삼촌 그리고 어린 사촌들과 함께 살게 되었지만, 항상 부담이 되는 것처럼 느꼈다고 구하라 오빠가 말했다.

- **move on**

  ① 새로운 것을 시작하다, 전진하다(start doing something new or making progress)

  We are all fallible but we move on.

  우리 모두 실수를 하지만 계속 전진한다.

  > fallible ⓐ 실수를 할 수 있는

  ② 다른 곳으로 옮겨가다(go or cause to leave somewhere)

  A third world war could start in Ukraine, continue in Israel, and move on from there to Asia, and then explode somewhere else.

  3차 세계대전이 우크라이나에서 시작되어 이스라엘에서 계속될 수 있으며, 그 후 아시아로 옮겨가고 다른 어딘가에서 폭발할 수 있다.

  ③ 행동을 취하다, 조치를 취하다.

There is also some evidence that Kim Jeong Un is in the final stage of consolidating power and moved on his half brother to eliminate any remaining rivalry.

김정은이 권력을 확고히 하는 마지막 단계에 있으며, 남아 있는 경쟁을 제거하기 위해 자신의 이복형제에게 손을 썼다는 증거도 있다.

④ 전 여인과의 관계를 청산하다(stop having romantic feelings about someone)

- **move up** ⓥ (일정을) 앞당기다.

Biden moves up program allowing Israelis to travel to U.S. without a visa.

바이든 대통령은 이스라엘 사람들이 비자 없이 미국으로 여행할 수 있는 프로그램을 앞당겨 시행 한다.

Nail

- **nail down** ⓥ 확실하게 하다.

nail ⓝ ① 못 ② 손톱, 발톱

President Trump later tweeted that Pompeo and Kim had nailed down the date and time that Trump will meet Kim to discuss the future of Pyongyang's nuclear-weapons program.

트럼프는 폼페오 국무장관과 김정은이 북한의 핵 프로그램의 미래를 논의하기 위해 대통령이 김정은을 만날 날짜와 시간을 명확히 했음을 나중에 트위터를 날렸다.

Name

- **call one names** ⓥ 욕하다, 험담하다.

We were called a lot of bad names, and we had to withstand that and continue to go on. "That breeds a certain kind of toughness."

우리는 많은 모욕적인 말을 들었고, 그런 상황에서도 견뎌내며 계속 나아가야 했습니다. "그것이 특정한 종류의 강인함을 기르게 한다."

- **be named after**(for) ⓥ (누구의 이름을 본떠) 이름을 짓다.

The Russian president was speaking in Kazan on the final day of a summit, named BRICS after its members Brazil, Russia, India, China and South Africa.

러시아 대통령은 브라질, 러시아, 인도, 중국, 남아프리카 공화국 회원국들의 이름을 딴 BRICS 정상회담의 마지막 날에 카잔에서 연설하고 있었다.

Nerve

- **get on one's nerves** ⓥ 신경을 건드리다.

on one's nerves(동의어)

In 2021, she "reportedly ordered several executions of high-ranking government officials for merely 'getting on her nerves.'"

2021년, (북한) 김여정은 신경을 건드렸다는 이유로 몇몇 고위 정부관리들의 처형을 명령했다.

- **lose one's nerve** ⓥ 어찌할 바를 모르다.

  It had fallen, he lamented, because its military had lost its nerve.
  (소련의) 군부가 어찌할 바를 몰랐기에 그것(소련)이 무너졌다고 그는 한탄했다.

- **on one's very last nerve** : 짜증나다, 더 이상 참을 수가 없다.

  "During COVID, there has been an increase in anxiety, a reported increase in depression and an increased demand for mental-health services," he adds. Lots of people, in other words, are on their very last nerve.
  코로나 동안 걱정의 증가, 우울증의 보고된 증가, 정신과 치료의 증가한 수요가 있었다고 그는 덧붙인다. 한마디로 많은 사람이 한계에 도달했다.

Net

- **fall(slip) through the net(cracks)** ⓥ 그물망을 빠져나가다.

  In a class of 30 children it is easy for some to slip through the net and learn nothing.
  30명의 아이들이 있는 학급에서는 일부 아이들이 그물망을 빠져나가(주목받지 못하고) 아무것도 배우지 못하는 일이 발생하기 쉽다.

Nicety

- **to a nicety** : 정확하게(with great precision or accuracy)

  Every aspect of the robbery was planned out to a nicety, allowing no room for error or confusion.
  강도의 모든 측면이 세심하게 계획되어 오류나 혼란의 여지가 없었다.

Nod

- **nod off** ⓥ (깜박) 졸다.

  As one mother nodded off, her eyelids heavy after giving birth less than two weeks earlier, a nurse came in and whisked her baby away.
  한 엄마가 출산한 지 2주도 채 되지 않아 피곤에 지쳐(눈꺼풀이 무거워) 졸고 있는 동안, 간호사가 들어와 그녀의 아기를 데리고 갔다.

- **nod to** ⓥ 인정하다.

  And even as Mr. Xi did nod to gender equality, he spent most of his speech elaborating on family, parenting and fertility.
  시진핑조차 양성평등을 인정하면서 그는 가족, 부모 역할 그리고 출산에 연설의 대부분을 할애했다.

Nook

- **every nook and cranny** : (어떤 장소의) 구석구석

  What is more, these sentiments have steadily infiltrated every nook and cranny of American life.
  게다가, 이런 감정(인종주의)들이 미국 전역의 구석구석으로 꾸준히 침투해 들었다.

nook ⓝ (아늑하고 조용한) 곳. cranny ⓝ (벽에 난 아주 작은) 구멍(틈)

Nose

- **have one's nose to the grindstone** ⓥ 열심히 일하다.

  My nose was to the grindstone the whole month of August.
  나는 8월 내내 열심히 일했다

grindstone ⓝ 숫돌

- **(put, get) nose out of joint** : 화나다(annoy someone, especially by attracting everyone's attention away from them)

  We had to wait a while, but that wasn't any reason for him to get his nose out of joint.
  우리는 잠시 기다려야 했지만, 그것이 그가 화를 내거나 기분을 상하게 할 이유는 아니었다.

- **pay through the nose** ⓥ 비싸게 주다(pay exorbitantly or dearly)

  I found the perfect dress, but I had to pay through the nose for it.
  완벽한 드레스를 찾았지만, 그것에 대해 엄청난 금액을 지불해야 했다.

- **right under one's nose** : (눈앞에 있지만, 그 사람이 눈치채지 못하는 상황) 코앞에 있다.

  The answer was right under our noses the whole time.
  답은 우리 코앞에 있었던 것이었다.

- **thumb one's nose at** ⓥ 무시하다, 코웃음을 치다.

  She thumbed her nose at my suggestions.
  그녀는 내 제안에 대해 무시하거나 경멸하는 태도를 보였다.

Nowhere

- **go nowhere** ⓥ 실패하다(have no success or make no progress)

  The investigation into the murders of three Russian journalists clearly looks to be going nowhere, all thanks to the diligent inaction of my country's government.
  내 나라 정부의 부지런한 무활동 때문에 세 명의 러시아 기자들의 살인 사건에 대한 조사가 분명히 실패할 것 같다.

diligent inaction : 문제를 해결하려는 의도적인 무시나 태만을 비꼬아 표현할 때 사용

- **nowhere close to**(near) : 전혀 ~아니다(not at all)

But don't worry if your baby sleeps for only 30 minutes at a stretch or seems nowhere close to sleeping through the night.

하지만 아기가 한꺼번에 오로지 30분만 자거나 밤새도록 전혀 잠을 자지 않는다고 걱정하지 마라.

- **out of nowhere** : 갑자기(happening or appearing suddenly and without warning)

Secret Service snipers, who are usually positioned away from the president on a roof or some other location, appeared out of nowhere, rushing onstage holding automatic rifles.

(트럼프 피격 현장) 대통령으로부터 떨어진 지붕이나 다른 장소에 주로 배치되어 있는 비밀 경호국의 저격수들이 갑자기 나타나 자동 소총을 들고 무대로 달려갔다.

Nuclear

- **go nuclear** ⓥ 핵을 무장하다.

The call for nuclear weapons will be anything but short-lived because 'going nuclear' sounds sexy as a slogan.

(대한민국 핵무장) '핵으로 가자'는 슬로건이 섹시하게 들린다는 이유로, 핵무기에 대한 요구는 결코 단기적인 것이 아닐 것이다.

UVWXYZ ABCDEFGHIJ
CDEFGHIJKLMNOPQRSTU
HIJKLMNOPQRSTUVWXYZ AB

DEFGHIJKLMN

OPQ 외신으로 본
대한민국의
IDIOM 1

RSTUVWXYZABC

Oat

- feel one's oats ⓥ 거만하고 잘난 체하다, 힘이 넘치고 까분다.

The boss was very cautious during his first year, but lately he's been feeling his oats and getting ride of people he doesn't work well with.
임기 첫해 상사는 조심했으나 최근에는 자신만만하여 자신과 일을 잘못하는 사람들을 자르기도 하는 등 잘난 체했다.

oat ⓝ 귀리. 말이 귀리를 먹고 활발해지는 모습에서 유래.

Obsessed

- be obsessed with ⓥ ~에 사로잡혀있는

Jack, a Korean adoptee who became an artist, pointed out that South Korea is usually obsessed with addressing historical wrongs, like seeking apologies from Japan for its sexual enslavement of Korean women during colonial rule.
예술가가 된 한국계 입양인 Jack은 한국이 일제 강점기 동안 일본에 의한 한국 여성의 성 노예화 와 같은 역사적 잘못을 바로잡는데 집착한다고 지적했다.

obsession ⓝ

Occupy

- be occupied with ⓥ ~에 몰두하다, ~에 정신을 빼앗기다.

China's leaders, fully occupied with a complex, high-stakes domestic economic-reform process, have no interest in taking on unnecessary risk.
중국의 지도자들은 복잡하고 중대한 국내 경제 개혁 과정에 전념하고 있어, 불필요한 위험을 감수(북한 문제)하는 데에는 관심이 없다.

occupation ⓝ

Odds

- against all odds : 역경에도 불구하고 (despite success being very unlikely)

To support the Iranian women on the ground, it is critical that the international community not regard Iranian women as victims. Rather, they are survivors of a gender-based apartheid state, who against all odds have still managed to make tremendous strides in both public and private life.
(이란에서 강제로 히잡을 쓰게 하는 것과 관련하여) (데모하는) 현장의 이란 여성들을 응원하기 위해서는 국제사회는 그들을 희생자로 간주해서는 안된다는 것은 중요하다. 오히려 그들은 성 불평등의 아파르트헤이트의 생존자들이다. 그들은 역경을 극복하고 공공이나 사적인 삶에서 커다란 발자취를 남기기 위해 아직도 애쓰는 사람들이다.

apartheid : 아파르트헤이트 (예전 남아프리카공화국의 인종 차별정책)

- **at odds with** : 불화하여

King Charles III, Climate Advocate, Delivers Speech at Odds With His Beliefs.

(기사 제목, 영국) 환경 보호론자인 찰스 국왕은 그의 신념과 맞지 않은 연설을 한다(연설 내용에 환경 침해적인 내용이 있음)

- **long odds** : 가능성이 희박한(very unlikely that it will happen)

Even with Son, South Korea's odds at the World Cup are long : FIFA ranks the team 61st in the world.

손흥민같은 선수가 있어도 대한민국은 월드컵에서 가능성은 희박하다. 국제축구연맹은 대한민국을 61번째로 평가한다.

FIFA(국제축구연맹) : Fédération Internationale de Football Association

Off

- **from the off** : 처음부터

Jordan had never before beaten South Korea but were convincing winners, attacking them from the off and overwhelming the tournament favourites with a plan based on hyper aggression, relentless pressing, counter-attacks and a bombardment of goalkeeper Jo Hyeon-woo's goal.

(아시안컵 요르단전) 요르단은 이전에 한국을 이긴 적이 없었지만, 경기 시작부터 공격적으로 나서면서 대회의 유력한 우승 후보인 한국을 압도하면서 확신에 차 있었는데, 이들의 전략은 고도의 공격성, 끊임없는 압박, 역습, 그리고 골키퍼 조현우의 골문을 폭격하는 것에 기반을 두고 있었다.

- **off to a good start** : 출발은 좋았다(starting in a very favorable or positive way)

Squilla and her calf seemed to be off to a good start.

(고래 멸종) Squilla(어미 고래)와 그녀의 새끼는 좋은 출발을 하는 것처럼 보였다.

- **off-balance**

North Korean military planners would favor a surprise attack, which commanders carried out when they invaded the South in 1950, to "knock the Americans mentally off-balance, knock everybody off-balance."

북한의 군사계획가들은 1950년 대한민국을 침범할 때 사령관들이 행한 기습공격을 선호할지도 모르겠는데, 그렇게 하면 미국 사람들을 정신적으로, 아니 모든 사람의 뒤통수를 치는 격이다.

off-balance ⓐ 균형을 잃은 (in an unsteady position and likely to fall) knock(catch, throw) one off-balance) ⓥ 균형을 잃게 만들다, 심란하게 만들다.

Offer

- **on offer**

  ① 이용 가능한(available, as for purchase or acquisition)

  We have a wide range of craft beers on offer, including some from our own in-house microbrewery.

  우리는 자체 마이크로 양조장에서 만든 맥주를 포함하여 다양한 수제 맥주를 제공하고 있다.

  ② 일정한 기간 할인된 가격으로 제공된

  This weekend only, we've got a huge range of appliance and electronics on offer.

  이번 주말에만, 우리는 다양한 가전제품과 전자제품을 제공하고 있다.

- **offer up** ⓥ 이득이 되는 것을 주다(give or present something beneficial)

  In the lower cabin, a baby was crying incessantly. A heavily pregnant woman offered up the last of her package of cookies to the child's mother to help soothe the infant.

  낮은 선실에서는 아기가 끊임없이 울었다. 만삭의 임산부가 아이를 달래라고 그 아이의 엄마에게 쿠키 꾸러미의 마지막을 제공했다.

microbrewery ⓝ 제한된 양의 맥주를 생산하며, 종종 다양하고 독특한 맛의 맥주를 제공하는 소규모 양조장

Offline

- **go offline** ⓥ 작동되지 않다.

  Across Texas, natural gas pipeline ill equipped to handle winter weather went offline.

  텍사스 전체에 걸쳐, 겨울 날씨를 견딜 수 없을 정도의 천연가스 파이프라인은 작동되지 않았다.

On

- **on-again, off-again** : 종잡을 수 없는(끊임없이 변하는 상황이나 불확실성이 높은 관계)

  The on-again, off-again summit between North Korean leader Kim Jong Un and US President Trump is now apparently on again on June 12, two days before the tournament begins, and the North and South have agreed to hold military talks on its opening day.

  북한의 김정은 지도자와 미국의 트럼프 대통령 간에 불확실하게 계획되었던 정상회담이 6월 12일에 다시 진행될 것으로 보이며, 이는 대회 시작 이틀 전이다. 또한 북한과 남한은 개회일에 군사 회담을 개최하기로 합의했다.

- **on and off** : 간헐적으로(intermittently)

  Jane was sick on and off for two years before doctors were able to discover what was wrong.

Jane은 의사들이 무엇이 잘못되었는지 발견할 수 있었기 전에 2년 동안 '아팠다, 괜찮았다'를 반복했다.

- **on to : (뭔가를) 발견하다**(an idea or information which leads to an important discovery)

Some experts think mindfulness is the antidote to distraction, misbehaving — even poor math scores. Are they on to something?

몇몇 전문가들은 마음 챙김(명상 같은 것)은 산만하고, 행동이 비뚤어지는데, 심지어 수학 점수 안 좋은데도 해결책이 된다고 생각한다. 그들은 뭔가를 발견한 것일까?

Onside

- **get(keep) A onside ⓥ A를 자기편으로 만들다.**

The government needs to keep the major national newspapers onside to help win votes in the election.

정부는 선거에서 승리를 도와줄 주요 전국단위의 신문을 자신의 편으로 유지하길 원한다.

Onus

- **put the onus on ⓥ ~에게 책임을 돌리다.**

However kindly meant, "What can I do?" puts the onus back on your overwhelmed friend to
come up with a suitable task, increasing their mental load.

"무엇을 도와줄 수 있을까?"라는 질문은 아무리 친절한 의도에서 나왔다 하더라도, 이미 지친 친구에게 적절한 일을 찾아내야 하는 책임을 다시 돌려주므로, 그들의 정신적 부담을 더욱 가중시킨다.

Operate

- **operate on ⓥ ~에 따라 작동된다.**   operation ⓝ

Trump, operating on impulse, exhibits no organizing principles.

충동적으로 행동하는 트럼프는 조직화된 원칙을 보여주지 못한다.

Option

- **option but to root ⓥ ~외에는 선택의 여지가 없다.**

Many modern-day slaves are, ostensibly, "free" to leave their workplace. However, in practice, the threat of punishment and grinding poverty leaves laborers with no option but to keep working in sweatshops making the everyday things we consume.

grinding ⓐ (부정적인 것이) 끝도 없이 계속되는

오늘날의 노예들은 겉으로는 작업장을 떠날 수 있을 만큼 자유롭다. 그러나 실제로는 벌을 주겠다는 위협과 계속되는 가난으로 우리가 매일 소비하는 물건을 만드는 공장에 일을 하지 않을 수 없도록 한다.

Outfitted

- **be outfitted with ⓥ** ~으로 갖춰져 있다.

In his telling, the 19-year-old Cuban accepted an offer posted on WhatApp to make good money doing "construction work" for the Russian military. Instead, he and his friend were outfitted with weapons and sent against their will to the front lines of a war they never intended to join.

그가 말하면서, 19세의 쿠바인은 러시아 군대에 건축일을 하면 돈을 많이 벌 수 있다는 앱의 제안을 받아들였다. 그런데 그와 그의 친구는 무기로 갖춰져 결코 생각해보지 못한 전선에 자신들의 의지에 반해서 보내졌다.

Over

- **over and above** : ~에 덧붙여(additionally)

Even now, over and above any legal relief, it's important to make both men and women aware of the fact that there has to be consent in having sex with your partner.

(부부강간) 지금 이 순간에도, 법적인 구제책에 덧붙여, 파트너와 성관계를 가질 때는 동의가 필요하다는 사실을 남성과 여성 모두가 인식하는 것이 중요하다.

Overstate

overstate ⓥ

- **It is no overstatement to ~ ⓥ** ~라고 하는 것이 과장은 아니다.

It's no overstatement to call Max Bond the most influential African-American architect of his generation.

Max Bond가 그 세대에서 가장 영향력 있는 아프리카계 미국인 건축가라고 말하는 것은 과장이 아니다.

Overdrive

- **go into overdrive ⓥ** 더욱 활기 띠다.

This week, regional anxiety around fish and seafood, and the arguments for why it is still perfectly safe to eat, have gone into overdrive.

이번 주(후쿠시마 오염수가 방류되는 주) 생산과 해산물을 둘러싼 지역의 걱정, 그리고 먹는 것이 여전히 안전하다는 논쟁이 더욱 활기를 띠었다.

Overlay

- **be overlaid with** : ~으로 덮다.

    This meshing of century-old tactics with state-of-the-art hobbyist tech, overlaid with the brutality of war, paints a harrowing portrait.
    백 년이 넘은 전술(참호를 만드는 것)과 최신 취미 기술의 결합, 그리고 전쟁의 잔혹함이 겹쳐져 끔찍한 초상화를 그려낸다.

> mesh ⓥ 딱 들어맞다, 맞물리다.
> state-of-the-art ⓐ 최신의

Overtake

- **be overtaken by events** ⓥ (예기치 못한 사건들로) 변화를 주체하지 못하다, 뒤처지다.

    But by the time Castro finally died, on Nov 25, he had been out of power for a decade, and almost entirely overtaken by events — especially the cascade of changes that began in December 2014, when his kid brother and successor, Raul, made peace with President Obama.
    (쿠바의) Castro가 마침내 11월 25일에 사망했을 때, 그는 이미 10년 동안 권력에서 물러난 상태였고, 특히 2014년 12월에 시작된 일련의 변화들로 인해 거의 완전히 시대에 뒤쳐져 있었다. 그의 동생이자 후계자인 Raul이 오바마 대통령과 평화를 이루면서 변화의 물결이 시작되었다.

Pack

- **be packed with** ⓥ ~로 가득한

    In Gaza on Saturday, the highways heading south were packed with vehicles piled high with blankets and mattresses.
    토요일 가자지구에서는 남쪽으로 향하는 고속도로에는 담요와 매트리스를 산더미처럼 실은 자동차로 가득했다.

Page

- **on the same page** : 합심하다 (working well together and have the same aims)

    Despite Beijing's steadfast support for the Kim regime, Moon praises China's adherence to UN sanctions and says it "is also on the same page when it comes to denuclearization."
    중국이 북한을 꾸준히 지원함에도, 문재인 대통령은 중국이 (북한에 대한) 유엔 제재를 고집함을 좋게 보고 그래서 북한의 비핵화에 관련해서는 같은 마음이라고 말한다.

Pale

- pale in comparison ⓥ 비교하면 미미하다.

Though the scale of the destruction pales in comparison to the devastation wrought by Russia's aerial attacks in Ukraine, the assaults have caused damage and disruption.

파괴의 규모는 러시아 공군의 우크라이나 공격이 자아낸 파괴에 비하면 미미하지만, 이 공격들은 파괴와 분란을 가져왔다.

pale ⓥ 창백해지다.

Pan

- pan out ⓥ (특정한 방식으로) 전개되다(happen or develop in a particular way)

And there are promising signs the agreement could pan out.

그리고 그 협정이 성공할 가능성을 보여주는 유망한 징후들이 있다.

Pander

- pander to ⓥ 영합하다(provide gratification for others' desires)

Rather than pandering to a faction of society, they must fulfill their responsibility of politics for the people.

사회의 일부 사람들에게 영합하기보다는 전 국민을 위한 정치의 책임을 이행해야 한다.

Pant

- pant for ⓥ ~을 몹시 원하다.

The end of the novel leaves you panting for more.

소설의 끝은 당신이 더 많은 것을 알고 싶어하게 한다.

pant ⓥ 숨을 헐떡이다.

Paper

- paper over ⓥ

① (숨기거나 가리기 위해) 벽지(wallpaper)를 바르다

② 미봉책으로 가리다.

A follow-up summit in Hanoi in February 2019 ended without progress. Key issues papered over by Trump in Singapore, like what vague terms like denuclearization actually meant, returned to the fore.

싱가포르 회담 이후 2019년 2월 베트남 하노이에서의 후속 회담은 진척 없이 끝났다. 싱가포르에서 트럼프 대통령이 미봉책으로 가린 주요 이슈들, 즉 비핵화라는 모호한 용어가 전면으로 나왔다.

Par

- **on (a) par with** : 동등하게

But on June 20, Macron's party won just 11% of the vote, on par with the Green Party and the Socialist.
그러나 6월 20일, (프랑스) 마크롱 정당은 녹색당과 사회당과 동등하게 단지 11%만 득표했다.

Parcel

- **parcel out** ⓥ 서로 나누다(divide or share something among several people)

California became an agricultural powerhouse by taming its rivers and parceling out their flows.
캘리포니아는 강들을 길들이고 그들의 흐름을 나눔으로써 농업 강국이 되었다.

Pare

- **pare down** ⓥ 줄이다, 축소하다.

He often writes really spare, pared-down prose, but his books catch you by surprise.
(노벨문학상 수상자) 그는 종종 정말 간결하고 간소화된 산문을 쓰지만, 그의 책들은 당신을 뜻밖에 놀라게 한다.

spare ⓐ 풍부하지 않은 (not abundant or plentiful)

verse ⓝ (시와 같은) 운문

Partake

- **partake in** ⓥ (어떤 활동에) 참가하다(join an activity)

The young women who partook in what the Boston Globe called "the Great Underwear Revolution" often rejected the expectation that they'd go straight from childhood into a grownup life as girdle-wearing wives and mothers.
보스턴 글로브(신문)가 '위대한 속옷 혁명'이라고 부른 것에 참여한 젊은 여성들은 종종 어린 시절에서 바로 거들을 입는 아내와 어머니로서의 성인 생활로 직행할 것이라는 기대를 거부했다.

Partial

- **be partial to** ⓥ 좋아하다(like something very much)

In upwardly mobile Vietnam, a country of 89 million, many are also partial to rhino horn.
(인구) 8900만인, 신분 상승이 유동적인 베트남에서 많은 사람이 코뿔소 뿔을 좋아한다.

Pass

- **come to pass** ⓥ 발생하다(happen)

If anything like that scenario came to pass, Mr. Biden would have to explain another outbreak of war on his watch to weary American voters.
그와 같은 시나리오(북한의 서북5도 점령) 가 발생하면, 바이든 대통령은 지친 미국 유권자들에게 자신의 임기 동안 (이스라엘 팔레스타인 전쟁과 우크라이나 전쟁 외의) 또 다른 전쟁 발발을 설명해야 할 것이다.

- **pass away** ⓥ 돌아가시다(avoid saying the word 'die')

Jack, 91, said that after his wife of seven decades passed away last year, he spent days at home barely washing or eating.
70년의 부부생활을 한 부인이 작년 돌아가신 이후 91세의 Jack은 겨우 집에서 목욕하고 먹는다고 말했다.

- **pass by** ⓥ 옆을 지나가다.   passer-by ⓝ 통행인

As joggers passed by in shorts, Haugen told me the story of her nerve damage.
반바지를 입고 지나가는 조깅하는 사람들 사이에서, Jack은 나에게 그녀의 신경 손상에 대한 이야기를 들려주었다.

- **pass down** ⓥ (후대에) 물려주다.   make over(참고)

It's a family recipe passed down from my great-grandmother.
증조할머니에게서 물려받은 우리 집안의 요리방법이다.

- **pass A off as B** ⓥ A를 B인 양 행세하다.

In South Korea, it was long left to parents to report the birth of a new child, a practice that adoptees say made it easier to leave newborn babies unregistered with the government and to pass them off as orphans who were then preyed upon by adoption agencies.
한국에서는 출생신고를 부모에게 맡겨놓는 것이 오래된 관행이었는데, 출생신고 없이 아이들을 고아로 여겨지게 만들어 입양기관의 희생양이 되게 하는 것이 더 쉬웠다.

- **pass on A to B** ⓥ A를 B에게 감염시키다.

I would truly feel guilty if I passed the virus on to anybody else.
내가 바이러스를 다른 누군가에게 감염시킨다면 진정으로 죄의식을 느끼게 될 것이다.

- **pass out** ⓥ

① 기절하다.

She has passed out a few times from th heat, and often gets dizzy.
(지구 온난화 이야기) 그녀는 더위 때문에 몇 번 기절했으며 종종 현기증을 느끼곤 한다.

② 나누어주다(hand out, distribute)

During the protests, his younger brother, then 18, and sister, just 16, were jailed, — he for two years for passing out pamphlets against the British, she for a month for unclear reasons.
시위 도중, 그의 18세인 남동생과 겨우 16세인 여동생은 감옥에 갇혔다. 남동생은 영국에 반대하는 전단을 나눠준 혐의로 2년간, 여동생은 명확하지 않은 이유로 한 달 동안 감옥에 있었다.

- **pass over** ⓥ (승계 순위의 사람이) 제외되다.

Passover ⓝ (성경) 유월절

Kim Jong Chul, Kim Jong Un's older brother, who is best known for his love of the British guitarist Eric Clapton, is another a possible successor. He was passed over for leadership when his father died.
영국의 기타리스트 Eric Claton 팬으로 알려진 김정은의 형 김정철은 또 다른 가능성 있는 (김정은이 사망하면) 계승자이다. 김정일이 죽었을 때, 김정철은 지도자 승계에서 제외되었다.

Patch

- **patch together** ⓥ 대충 조합하다 (put A together usually in a quick or careless way)

Troops worked on new maneuvers patched together from watching Ukraine fight Russia.
군대는 우크라이나가 러시아와 싸우는 모습을 관찰하여 조합한 새로운 기동 전술을 연습했다.

- **patch up** ⓥ (부상 부위를) 대충 치료하다 (quick and usually temporary medical treatment)

Mr. Lee was conscious and recovering from a two-hour-long surgery to remove blood clots and patch up a damaged jugular vein in his neck.
이재명 대표는 의식이 있었고 혈전을 제거하고 목 부위의 상처입은 경정맥을 대충 치료하기 위한 두 시간의 수술에서 회복 중이었다.

Path

- **cut a path** ⓥ 길을 내다

That has also helped bolster his key argument : that Europe needs to reduce its dependence on Washington and cut its own path to power.
그것(프랑스 마크롱 대통령이 우크라이나 사태를 위해 푸틴과의 잦은 대화)은 그의 주요 논점을 강화하는 데에도 도움이 되었다 : 유럽이 워싱턴에 대한 의존도를 줄이고 자신만의 힘의 길을 개척해야 한다는 것이다.

어떤 영역이나 분야에서 새로운 방향이나 기회를 창출하거나, 새로운 길을 개척하는 것을 비유적으로 표현

- **down the path** : 앞으로

"It cannot be right for Westminster to impose such significant costs on working people," said Mr. Sunak, referring to the seat of Britain's government. He added, "If we continue down this path we risk losing the consent of the British people."

seat of government : 정부가 있는 곳을 말하지만, 여기서는 정부 각료들을 향했다고 볼 수 있음.

"웨스트민스터(영국 정치의 본거지, 여기서는 의회)가 근로자들에게 그렇게 큰 비용을 부과하는 것은 옳지 않다고," 라고 수낵(영국 총리)은 영국 정부의 본거지를 언급하며 말했다. "이 길을 계속 간다면 우리는 영국 국민의 동의를 잃을 위험이 있다."고 그는 덧붙였다.

Pay

- **pay off** ⓥ

① 빚을 갚다.

Jack has plans to use the money to pay off his car loan.
Jack은 그 돈을 사용해 자동차 대출을 갚을 계획이다.

② 성과를 올리다.

Global efforts to rebuild the police and army were paying off.
경찰과 군대를 재건하려는 전 세계적인 노력들이 성과를 내고 있었다.

- **pay out** ⓥ (많은 돈을) 지출하다, 지불하다.

I had to pay out $500 to get my car repaired.
차 수리하는 데 500불을 지불해야만 했다.

㏇ **payout** ⓝ 많은 액수의 보험금이나 상금, 보상금

Thousands of men who say they were sexually abused as boy scouts may finally get restitution, though likely not in the form of a larger payout.
보이스카우트로서 성적으로 학대받았다고 주장하는 수천 명의 남성들이 마침내 보상을 받을 수 있을 것이지만, 아마도 큰 금액의 지급 형태로는 아닐 것이다.

Paycheck

- **live paycheck to paycheck** ⓥ 근근이 살아가다.

The US government is rising — slowly — to the need, debating offering paid leave and other forms of job security for people working paycheck to paycheck at jobs that require their physical presence.
미국 정부는 신체적 출현(출근)이 요구되는 직업에서 일하며 근근이 살아가는 사람들에게 유급 휴가 및 다른 형태의 직업 안정성을 제공하는 것을 토론하면서 그 필요성을 점차 인식하고 있다.

eke out existence(동의어)

Peel

- **peel off** ⓥ

① 옷을 벗다.

As Jane wrote of Mr. Delon in April, his "stardom was sealed the moment Tom peels off his shirt, baring his chest."
Jane이 4월에 알랭 드롱(영화배우)에 대해 쓴 바에 따르면, Tom(알랭 드롱의 배역)이 셔츠를 벗고 가슴을 드러내는 순간 그의 스타덤이 확정되었다(알랭 드롱의 인기를 결정적으로 만듦).

② (무리나 단체에서) 떨어져 나가다.
People began to peel off in groups, making their way home.
사람들이 무리를 지어 떨어져 나가면서 집으로 향하기 시작했다.

Perfection

- **to perfection** : 완벽에 가깝게(in a way or to a degree that is exactly right)

The steak was cooked to perfection.
스테이크는 완벽하게 조리되었다.

Perk

- **perk up** ⓥ 기운을 차리다(become or make more cheerful, lively or interesting)

One night after her program, the typically timid Jane perked up in her chair at the dinner table, excited to share some news.
프로그램이 끝난 어느 날 밤, 평소에는 소심한 Jane이 소식을 공유하고 싶어서 저녁 식탁에서 의자에 앉아 설레는 마음을 감추지 못했다.

Pepper

- **be peppered with things** ⓥ 가득하다(a lot of those things in it or on it)

pepper ⓝ 후추

Jane's resume was already peppered with superlatives and onlys.
Jane의 이력서에는 최고와 단지(only)로 이미 가득했다.

- **pepper somebody with questions** ⓥ 질문을 퍼붓다

He had begun his daughters' education long before they were peppering Standford physicists with questions about nuclear particles.
그(스탠퍼드 대학교수)의 (어린) 딸들이 스탠퍼드 물리학자들에게 핵입자에 대한 질문을 퍼붓기 오래전에 딸들에 대한 교육을 시작했다.

Personally

- **take A personally** ⓥ A에 대해 당황해한다

get upset by the things other people say or do

"Our generation takes things personally," said Jack, a 21-year-old software engineer from Kenya.
케냐 출신의 소프트웨어 엔지니어인 21살의 Jack은 "우리 세대는 things(기후변화)에 당황해한다"고 말했다.

Pertain

- **pertain to** ⓥ 관련이 있다(relate directly to something)

  The documents pertaining to South Korea showed a key American ally torn between Washington's pressure on Seoul to help supply ammunition to Ukraine and its official policy of not providing lethal weapons to countries at war.

  (대통령실에 대한 미국의 도청) 대한민국에 관한 문서들은 핵심적인 미국 동맹국인 대한민국이 우크라이나에 탄약을 공급하라는 워싱턴의 압력과 전쟁 중인 국가에 대한 치명적인 무기를 제공하지 않는다는 공식 정책 사이에서 갈등하는 모습을 보여준다.

Peter

- **peter out** ⓥ 점점 줄어들거나 소멸한다.

  But those efforts often peter out over time.

  하지만 그러한 노력들은 시간이 지남에 따라 종종 용두사미가 된다.

- **rob Peter to pay Paul** ⓥ 이 사람에게서 돈을 빌려 저 사람에게 진 빚을 갚다.

  Sometimes he was moving money from one account to another, robbing Peter to pay Paul.

  그는 때때로 한 계좌에서 다른 계좌로 돈을 옮기는데, 이는 아랫돌을 빼서 윗돌을 괴는 것이다.

  아랫돌 빼서 윗돌 괴고 윗돌 빼서 아랫돌 괴기(속담)

Phase

- **phase in** ⓥ 서서히 도입하다.

  What Happened in 2006? Notably, in 2006 the U.S. began to phase in ultra-low-sulfur diesel(ULSD)

  2006년에 어떤 일이 일어났는가? 잘 알다시피 2006년에 미국은 초저유황 디젤유를 사용하기 시작했다.

  phasein ⓝ 단계적 도입

  sulfur ⓝ (화학) 유황

- **phase out** ⓥ 점점 줄여나가다.

  As the nation struggles with a declining birthrate, the Defense Ministry has signaled its wish to phase out exemptions altogether.

  (대한민국) 출산율 감소에 허덕이는 가운데, 국방부는 모든 면제 조치를 단계적으로 폐지하고자 하는 의사를 표시했다.

  phaseout ⓝ 단계적 축소(폐지)

Pick

- **pick off** ⓥ

  ① (야구) (주자를 견제구로) 아웃시키다.

  ② 한 명씩 저격하다.

  pickoff ⓝ (견제구에 의한 주자) 아웃

There were gunmen in some of the buildings who picked off our men as they went past.
일부 건물에 있던 총잡이들이 지나가는 우리 병사들을 저격했다.

- **pick out** ⓥ 선택하다(choose something from a number of alternatives)

After services, her mother would take her and her brother to pick out a treat at a nearby Paris Baguette.
예배 이후, 그녀의 엄마는 그녀와 남동생을 가까운 파리바게트에서 한턱을 내곤 했다.

- **pick up**

① 집어들다.

Out of curiosity, 16-year-old miner Jack picked it up and fingered its flat, pyramidal planes.
호기심에서, 16살의 광부 Jack은 그것(다이아몬드)을 집어 들고 그것의 평평하고 피라미드 모양의 면들을 만져보았다.

② 탈 것에 태우다.

Jane was in a van on the way to a school in the coastal town of New Plymouth and had just picked up the local mayor(she likes to carpool)
Jane은 해안가 도시 뉴플리머스의 한 학교로 가는 길의 밴 안에 있었고, 방금 지역 시장을 태워주었다(그녀는 카풀을 좋아한다)

③ 전화를 받다.

He called Jane dozens of times. She did not pick up.
그는 Jane에게 수십 번 전화를 걸었으나 전화를 받지 않았다.

④ 활기를 띠다(if a situation picks up, it improves)

As North Korea-Russia trade picks up with the invasion now in its third year, the flow of U.S. military aid to Kyiv has been increasingly under threat.
북한-러시아 간 무역이 (러시아의 우크라이나) 침공 3년 차에 접어들면서 활성화되는 가운데, Kyiv(우크라이나 수도)로 향하는 미국의 군사 지원 흐름은 점점 더 위협받고 있다.

⑤ (방송, 신호등을) 포착하다.

They dismantled and moved large and cumbersome command and control operations in 20 to 30 minutes, and communicated with one another without using Army satellites, so that an adversary would not be able to pick up their conversations.
그들은 20~30분 만에 크고 복잡한 지휘 통제 작전을 해체하고 이동했으며, 적이 그들의 대화를 감지하지 못하도록 육군 위성을 사용하지 않고 서로 소통했다.

Picnic

- **be no picnic** : 간단한 일이 아니다(very difficult and needs a lot of effort or hard work)

We all love new gadgets, but shopping for technology is no picnic.
사람들은 모두 새로운 작고 유용한 도구를 좋아하지만, 기술 제품을 쇼핑하는 게 간단한 일이 아니다.

gadget ⓝ 작고 유용한 도구 (a small, useful, and cleverly-designed machine or tool)

Pie

- **pie in the sky** : 비현실적인

Their plans to set up their own business are just pie in the sky.
그들이 자신의 사업을 설립하려는 계획은 그저 공상에 불과하다.

Piece

- **do one's piece** ⓥ 자기 맡은 바를 하다.

People feel almost entitled to be rude to people who are not in a position of power. Especially when they come at them, and remind that they have to do their piece to get rid of this pandemic.
권력(힘)이 없는 사람에게는 무례할 수 있는 자격이 있다고 느낄 수 있다. 그 힘없는 사람들이 그들에게 다가올 때 이런 팬데믹을 없애기 위해 그들의 역할을 해야 한다고 상기한다.

do one's part(참고)

- **fall to pieces** ⓥ 기능이 멈추다, 허물어지다.

Why did the Communist Party of the Soviet Union fall to pieces?
(러시아의 전신인) 소련 공산당 왜 망했을까?

- **go to pieces** ⓥ 마음이 허물어지다(become very emotional)

Poor Jane really went to pieces during the funeral service.
불쌍한 Jane은 장례식 내내 감정이 격해있었다.

Pile

- **pile in** ⓥ 재빨리 탈 것에 타다(move into a place or vehicle quickly)

The 20-year-old had never seen the ocean before, and she clutched her 3-month-old baby Jack in terror as the people piled in.
(지중해를 건너는 아프리카 난민) 20살의 그녀는 바다를 본 적이 없었고, 사람들이 몰려들자 공포에 질려 3개월 된 아기 Jack을 꼭 껴안았다.

- **pile pressure on** ⓥ 압력을 더 많이 주다.

The saber rattling came as the world piled more economic pressure on Kim.
세계가 김정은에게 더 많은 경제적 압력을 가하자 무력시위가 온다(보답한다).

pile on the pressure(변형)

saber(sabre) rattling ⓝ 무력시위(the display or threat of military force)

230

- **pile up** ⓥ (안 좋은 것들이) 많아지다.

  Problems pile up for Korea's President.
  대한민국 대통령의 입장에 문제들이 쌓이고 있다.

Pin

- **pin A down** ⓥ A를 꼼짝 못 하게 하다.

  And each morning in downtown Minneapolis, Jack, a white former police officer who in May 2020 used his knee to pin down another Black man, Floyd, for over nine minutes, is on trial inside a courthouse encircled by concrete boundaries, chain-link fencing and citizen-soldiers dressed for war.
  매일 아침, 미니애폴리스 시내에서, 2020년 5월에 자신의 무릎으로 다른 흑인 남성인 플로이드를 9분 이상 눌러 제압한 백인 전직 경찰관 Jack이, 콘크리트 경계, 체인링크 울타리, 전쟁 복장을 한 시민군으로 둘러싸인 법원 안에서 재판을 받고 있다.

- **pin blame on** ⓥ 비난하다.

  Iran's Foreign Ministry and state media were quick to pin blame on Israel.
  이란 외무부와 국영 방송은 이스라엘을 비난하는데 재빨랐다.

- **pin (faith, hope, longings) on** ⓥ ~에 (신념, 희망, 갈망)을 걸다.

  We have become too much of an object on which migrants from all over the world pin their longings.
  우리(독일)는 전 세계의 이주민들이 그들의 열망을 투영하는 대상이 되어버렸다(많은 이주민이 독일로 가고 싶어한다)

Pinch

- **feel the pinch** ⓥ 경제적 어려움을 느낀다.

  Farmers who are inching closer to the middle class often feel the pinch of stagnating incomes most sharply.
  중산층에 점점 가까워지고 있는 농민들은 종종 정체된 소득의 압박을 가장 심하게 느낀다.

- **in a pinch** : 도움이 필요한 어려운 지경(in a bad situation when help is needed)

  Though Wi-Fi 6 is the modern standard for wireless signal, Wi-Fi 5 is still effective in a pinch.
  Wi-Fi 6이 무선 신호에 대한 현대적인 표준이긴 하지만, Wi-Fi 5도 급할 때는 여전히 효과적이다.

Pipe

- pipe up ⓥ 갑자기 소리를 높이다.

But within 13 seconds of beginning her remarks, the first protester piped up.
그녀가 발언을 시작한 지 13초 만에 첫 번째 시위자가 목소리를 높였다.

Pipeline

- in the pipeline : 준비 중이며 곧 완성될 것이다.

The United States already provides Israel more than $3 billion in military assistance every year, and Mr. Blinken said that much of the equipment from that funding is already "in the pipeline" to be sent to Israel.
미국은 매년 이스라엘에 30억 달러 이상의 군사원조를 이미 제공하고 있으며, 바이든은 그 자금으로 산 많은 장비가 곧 이스라엘에 전달되도록 준비 중이라고 말했다.

Pique

- pique your interest(curiosity) ⓥ 흥미를 자극하다.

Current events have piqued student interest.
현재의 사건들은 학생들의 흥미를 자극했다.

Piss

- piss off ⓥ 화나게 하다, 짜증나게 하다(annoy someone very much)

What he said really pissed me off. It was so rude.
그가 나에게 말한 것은 정말 화나게 했다. 그것은 무례하였다.

Pit

- pit A against B ⓥ A를 B에 대항하게 하다.

She suffered the double bind of race and gender. The first pitted her against white superiority, while the latter made her inferior in the eyes of men of all races.
그녀(만델라 부인)는 인종과 성의 이중 속박을 겪었다. 첫 번째는 그녀를 백인의 우월성과 대립하게 했고, 두 번째는 모든 인종의 남성들의 눈에 그녀를 열등하게 만들었다.

Pitter-patter

- go pitter-patter ⓥ (빗소리, 발걸음, 심장 등) 두근거리다.

pit-a-pat(동의어)

Nothing makes our hearts go pitter-patter like a delicious, juicy shrimp.
맛있고 육즙이 가득한 새우만큼 우리의 마음을 두근거리게 하는 것은 없다.

Pivot

- **pivot on** ⓥ ~에 달려있다(depend on or to be based on something)

This is an opportunity to take your time, adjust, and pivot on your own timeline.

이것은 시간을 벌어, 적응하고, 그리고 자신의 시간표에 맞춰 방향을 전환할 수 있는 기회이다.

Plan

- **plan after plan** : 여러 차례의 계획

The CIA set out plan after plan to assassinate Castro, mostly notoriously by poisoning a box of his favorite cigars.

CIA는 주로 Castro가 가장 좋아하는 시가 상자를 독살하는 방식으로 암살하려는 계획을 여러 차례 세웠다.

CIA(Central Intelligence Agency) : 미국중앙정보부

Plaster

- **plaster over** ⓥ 회반죽을 바르다(cover an old surface by spreading plaster over it)

One Kennedy supporter, Jack, parked a bus decorated with the candidate's face plastered over it in front of the D.C. hotel where the party convened.

Kennedy 지지자 중 한 명인 Jack은 후보의 얼굴이 붙어 있는 버스를 당 회의가 열린 D.C.의 호텔 앞에 주차했다.

plaster ⓝ 회반죽

Play

- **play against** ⓥ (스포츠) ~와 겨루다.

Four days ago, we played against Honduras and won 2-0. The press, everyone, was talking about we are doing well. Four days later we lost, and they're being negative. But that's football. And we just need to focus on our football.

나흘 전에는 우리는 온두라스와 경기를 했고 2-0으로 이겼다. 언론, 모두가 우리가 잘하고 있다고 말했다. 나흘 후에 우리는 졌고, 그들은 부정적인 반응을 보였다. 하지만 그게 축구다. 우리는 우리의 축구에 집중해야 한다.

- **play along** ⓥ 공조하다(agree to do or accept what other people want

The President's next task was persuading the US to play along.

대통령의 다음 일은 (북한 문제)에 공조하도록 미국을 설득하는 것이다.

- **play around** ⓥ

① 바람을 피우다.

② 가지고 놀다(with)

Enough politicians want to play around with Taiwan to get back at China.
충분한 정치인들이 중국을 보복하기 위해 대만을 가지고 장난치기를 원한다(대만을 이용하여)

- **play down** ⓥ 경시하다, 작게 취급하다.

Whereas previous Chinese leaders would smilingly play down the world's most populous nation as "developing" or "poor", Xi unabashedly called China a "great power" or "strong power" 26 times in his opening speech.
이전의 중국 지도자들은 중국(세계에서 가장 인구가 많은 국가)을 '개발 중'이거나 '가난한' 국가라고 겸손해했으나, 시진핑은 개막 연설에서 중국을 '위대한 권력' 또는 '강대국'이라고 주저 없이 26번이나 칭했다.

- **play by** ⓥ ~에 따라 활동하다.

When BTS arrived in 2013, it was clear they would play by new rules.
방탄소년단(BTS)이 2013년에 등장했을 때, 그들이 새로운 규칙에 따라 활동할 것임이 분명했다.

- **play for** ⓥ (어디에) 소속되다(represent a particular city, state, or country)

Jane, 39, said she started watching Kim Byung-hyun, a Korean pitcher, play for the Boston Red Sox when she was living in the United States partly because she was drawn to his "bad boy" personality.
제인(39세)은 자신이 미국에 거주할 당시 보스턴 레드삭스에서 뛰던 한국인 투수 김병현을 지켜보기 시작했다고 말했다. 그녀가 그에게 끌린 이유 중 하나는 그의 "나쁜 소년" 같은 개성 때문이었다고 합니다.

bad boy : 반항아(a person who flouts convention)

ⓓ **make a play for** ⓥ 잡기 위해 시도하다(try to get someone or something)

She made a play for the job, but she didn't get it.
그녀는 그 일자리를 얻기 위해 노력했지만, 결국 얻지 못했다.

- **play hard to get** : (초대 등을 즉각 받아들이지 않고) 비싸게 굴다.

It turns out Kim Jong Un is still playing hard to get.
(북미 정상회담의 취소) 김정은은 여전히 비싸게 굴고 있음이 판명되었다.

- **play off** ⓥ

① 승자를 가리다, 결승전을 치르다.

United and Rangers are playing off for the championship.
유나이티드와 레인저스가 챔피언십을 위해 대결 중이다.

ⓓ **playoff** ⓝ 플레이오프

They have made the playoffs 11 consecutive years, but won only one World Series title.
Dodgers는 11년 연속 플레이오프에 진출했지만 월드 시리즈 타이틀은 한 번만 획득했다.

② 누구누구와 반목을 일으켜 어부지리를 얻다.

Kim was a masterful puppeteer himself, playing his Chinese and Soviet benefactors off each other during the Cold War like two feuding parents.
김(김일성)은 냉전 시대 중 중국과 소련의 후원국들을 마치 두 부모처럼 서로 싸우게 하는, 뛰어난 조정자였다.

puppeteer ⓝ 인형(puppet)을 조정하는 사람

- **play on** ⓥ 이용하다(exploit a weak or vulnerable point in someone)

Her demonstration that during a crisis it is possible to lead without telegraphing aggression or playing on anxieties was a beacon in a world where the kinds of principles Arden champions seem to be on the wane.
전쟁이 일어났다고 전보를 하지 않고 걱정을 이용하지 않고도 위기상황에서 리드가 됨을 보여주는 것은 Arden(뉴질랜드 총리)가 옹호하는 원칙이 쇠퇴하는 세계에서 하나의 불빛이다.

- **play out** ⓥ 끝까지 진행하다(진행되다)

The litigation is expected to take months to play out.
소송은 종료될 때까지 수개월이 걸릴 것으로 예상된다.

- **play to** ⓥ ~에 맞춰 행동하다.

He didn't mean what he was saying. He was just playing to the crowd.
그는 자기가 하는 말을 진심으로 한 것이 아니었다. 그는 그저 군중의 마음을 얻으려고 한 것뿐이었다.

- **play up** ⓥ (중요성을) 강조하다.

The two main rival parties competed for swing voters by playing up their enemies' gaffes and past remarks.
두 주요 경쟁 정당은 상대방의 실수와 과거 발언을 부각시키면서 중도 유권자들의 표를 끌어모으기 위해 경쟁했다.

Plead

- **plead for** ⓥ ~를 탄원하다(탄원의 목적물)

Health workers plead for basic supplies.
의료 종사자들은 기본적인 물품을 달라고 탄원했다.

- **plead with** ⓥ ~에 탄원한다(탄원의 기관)

The victims' friends and families have pleaded with the authorities in Russia to consider this evidence.
희생자의 친구들과 가족들은 러시아 당국에 이런 증거를 고려해달라고 탄원했다.

Plot

- **plot out** ⓥ 음모를 꾸미다, 모의하다(plot)

During my visit in early April, 47 days after Navalny's death, the heads of the organization gathered to plot out their long-term strategy, a light rain pattering at the window of their conference room.

4월 초 Navalny(러시아 야당 지도자)가 사망한 지 47일 만에 방문했을 때, (야권) 조직의 수장들이 회의실 창문에 가벼운 비가 내리는 가운데 장기 전략을 계획하기 위해 모였다.

Plough(plow)

- **plow into** ⓥ 공격하다, 세게 부딪치다.

Car Plows Into Pedestrians in South Korea, Killing Nine.

(기사 제목) 차량이 보행자를 들이받아 9명이 사망하는 사고가 한국에서 발생했다.

- **plow through** ⓥ

① ~ 사이를 가르고 나아가다(뚫고 가다)

China would most likely use light amphibious vessels to try to secure a beachhead in Taiwan, military planners say, but those vessels would have to plow through heavily mined waters.

중국이 대만에서 상륙 거점을 확보하기 위해 경(輕) 상륙정을 사용할 가능성이 높지만, 그 상륙정들은 지뢰가 많이 설치된 해역을 통과해야 할 것이다.

② (어렵거나 지루한 책·보고서 등을 전부, 끝까지) 느릿느릿 읽어 나가다.

By 7:23, the high school senior is sitting in the front row of her computer class, plowing through brain puzzles.

7시 23분이 되면, 이 고등학교 졸업반 학생은 컴퓨터 수업의 첫 번째 줄에 앉아 두뇌 퍼즐을 끝까지 풀고 있다.

> plow(plough) ⓝ (농기구) 쟁기

Plunge

- **plunge A into B** ⓥ 거꾸러지다

Electricity in Gaza had already been available only a few hours a day before the power station shutdown, and once the sun set, the enclave was mostly plunged into darkness as airstrikes continued.

가자지구의 전기는 발전소가 셧다운 되기 하루 전에 불과 몇 시간 정도만 사용할 수 있었고, 해가 지면, 가자지구(enclave)는 공습이 계속되면서 암흑으로 거꾸러졌다.

> suddenly experience a difficult or unpleasant situation
> enclave ⓝ (한 국가나 도시 내의) 소수 민족 집단 거주지

- **plunge into** ⓥ ~에 뛰어들다(to start doing something with enthusiasm and energy)

At age 96, he plunged into questions surrounding artificial intelligence.

90세에 그는 인공지능과 관련된 문제에 뛰어들었다.

Plunk

- **plunk down** ⓥ (거액의 돈을) 턱 내놓다.

And some are urban dwellers who plunk down the entire $4,500 at purchase.

그리고 일부는 구매할 때 전체 4,500달러를 지불하는 도시 거주자들이다.

at purchase : 구매할 때

Ply

- **ply one's trade** ⓥ 통상적인 방법으로 거래하다

He doesn't think the verdict will drastically alter the way he and his peers ply their trade.

그는 그 판결이 근본적으로 그와 그의 동료들이 하는 거래방법을 변화시키리라 생각하지 않는다.

work steadily at one's business or trade

Poise

- **be poised to** ⓥ ~할 준비가 되어 있다 (be ready and prepared to do something)

Parasite won the top prize at Cannes, and it's South Korea's entry for the Best International Feature Film Oscar. There are good reasons why it's poised to resonate worldwide.

영화 기생충은 칸 영화제에서 최고상을 수상했으며, 그것은 남한의 최우수 국제 장편 영화 오스카상 후보작이다. 그것이 전 세계적으로 울림을 줄 준비가 되어있는 좋은 이유가 있다.

Pop

- **pop the question** ⓥ 청혼하다, 프러포즈하다.

They dated for two years before he popped the question.

그가 프러포즈하기 전에 그들은 두 해 동안 연애했다.

- **pop up** ⓥ 갑자기 일어나다, 발생하다 (unexpectedly)

No-kid zones started popping up in South Korea about a decade ago, in the context of social media reports of inappropriate behavior by parents at restaurants, like leaving diapers out and letting children run around.

식당에서 기저귀를 내버려 두고, 아이들이 멋대로 뛰어다니게 하는 등의 부모들의 부적절한 행동 들이 소셜 미디어에 등장하면서 노키드존이 십 년 전에 생기기 시작했다.

Pore

- **pore over** ⓥ 꼼꼼하게 살펴보다(read or study something very carefully)

Outside the gates, tourists were taking selfies and poring over maps, some of them clutching bags from the M&M's store.

문밖에서는 관광객들이 셀카를 찍고 지도를 살펴보고 있었으며, 그중 일부는 M&M's 매장에서 산 가방을 꼭 쥐고 있었다.

pore ⓝ (피부) 땀구멍
sort through(동의어)

M&M : 미국의 초콜릿 브랜드

Pose

- **pose**(present) **a problem**(challenge, threat) ⓥ (문제, 도전, 위협 등을) 제기하다

His party lost its majority in the legislature, posing a challenge to his ability to advance his agenda.

(그는 대통령이 되었지만) 그의 정당은 의회에서 다수당이 되는 실패해, 그의 어젠더를 추진하는데 도전이 된다.

pose ⓥ (사진 촬영을 위해) 포즈를 취하다.

agenda ⓝ 의제(a list or outline of things to be considered or done)

Pour

- **pour A into B** ⓥ A를 B에 (거액의 돈, 정열, 시간 등)을 쏟아붓다.

The arrival of Ryanair in 2010 had a major impact, initiating a new era of low-cost tourism, and a sharp growth in cruise travel poured hundreds of thousands of day-trippers into the city.

2010년 Ryanair(아일랜드에 본사를 둔 저가항공)의 등장은 저비용 관광의 새 시대를 시작하는 큰 영향을 미쳤고, 크루즈 여행의 급격한 성장은 수십만 명의 당일치기 관광객들을 도시(스페인의 바로셀로나)로 몰아넣었다.

- **pour into** ⓥ 흘러들다.

Soon a new crush of refugees was pouring into neighbouring Bangladesh.

곧 새롭게 밀려드는 난민이 이웃 나라인 방글라데시로 흘러 들어가고 있었다.

- **pour out** ⓥ (숨기고 있던 감정·말을) 쏟아 놓다.

Jane won silver in the floor exercise, crying tears of joy as eight years of pent-up emotion poured out.

Jane은 (체조) 마루 운동에서 은메달을 획득했으며, 8년 간 쌓인 감정이 쏟아져 나오면서 기쁨의 눈물을 흘렸다.

pent-up ⓐ 억눌린 (feelings have not been expressed or used for a long time)

- **pour through** ⓥ (많은 사람이) 한꺼번에 밀어닥치다.

Some Israeli officials now express deep regret that they so profoundly misjudged Mr. Sinwar and his intentions, one of many security failures that allowed Hamas to pour through the border fence and rampage, largely unimpeded, for hours.

일부의 이스라엘 관리들은 그들이 Sinwar(이스라엘 감옥에 있는 팔레스타인의 지도급 인사)와 그의 의도에 대해 심히 판단을 잘못했음에 깊은 유감을 표했는데, 그것(판단 잘못)은 하마스가 몇 시간 동안 아무 제지도 받지 않고 국경 펜스를 통과하고 멋대로 광란을 부리도록 허용한 많은 안보실패 중의 하나이다.

Premium

- at a premium : 구하기 힘든(difficult to get)

Hospital beds are filling up, and most alarmingly, space in intensive-care units(ICUs) is at a premium.
(코로나 상황) 병상은 차고 있고, 집중치료실의 공간은 구하기 힘들다.

Preoccupy

- be preoccupied with ⓥ (어떤 생각·걱정에) 사로잡히다(정신이 팔리다)

In the Itaewon catastrophe, the families asked whether the police had been too preoccupied with guarding the vicinity of Mr. Yoon's office, which he had moved nearby.
이태원 참사에서, 유가족들은 경찰이 윤석열 대통령이 최근 옮긴 대통령실 부근을 경호하는데 심할 정도로 정신이 팔렸는지를 물었다.

Preside

- preside over ⓥ 승계하다(be the head of a company or organization)

When Koo Bon-moo, chairman of South Korean conglomerate LG, died in 2018, there wasn't much question, at least publicly, of who would next preside over the company.
대한민국의 구본무 LG 회장이 2018년 죽었을 때, 누가 다음을 승계할지에 대해 공적으로는 최소한 많은 의심의 여지가 없었다.

conglomerate ⓝ 복합기업, 재벌

Press

- press ahead(on) ⓥ (단호하게) 밀고 나가다.

On Monday, South Korea indicated that if North Korea pressed ahead with its satellite launch, it would suspend part of an agreement the two Koreas signed in 2018 to create no-fly and no-live-fire buffer zones around their border.
월요일에, 한국은 북한이 위성 발사를 강행한다면, 두 나라가 2018년에 서명한 국경(휴전선) 주변 비행금지 및 실탄사격 금지 완충 구역을 만들기 위한 협정의 일부를 중단할 것임을 시사했다.

- **press for** ⓥ 요구하다(make a demand)

    Human rights groups have flagged more strikes as potential war crimes and pressed for international investigation.
    인권 단체들은 더 많은 공격을 잠재적인 전쟁 범죄로 지적하고 국제 조사를 요구했다.

    flag ⓥ 표시하다(make a mark against some information to show that it is important)

- **press (something) on (someone)** ⓥ 강하게 요구하다.

    Pressed on whether Israel was adhering to international law with its assault on Hamas, Mr. Finer said the United States was "confident that it is our position that it needs to."
    하마스에 대한 공격에서 이스라엘이 국제법을 고수하는지에 대해 강하게 요구받은 Finer(바이든 안보보좌관)는 이스라엘이 고수해야 한다는 것이 미국의 입장임에 확신한다고 말했다.

- **press on** ⓥ 강하게 밀어붙이다(continue moving forward in a forceful or steady way)

    The North had pressed on with the work despite "many deaths and injuries" caused by several land mine explosions, the South's military said, without providing further details.
    남측 군 당국은 북측이 수많은 사상자가 발생한 여러 차례의 지뢰 폭발에도 불구하고 작업을 계속했다고 밝히면서 구체적인 내용은 제공하지 않았다.

Prevail

- **prevail on** ⓥ 설득하다, 요청하다.

    As a sitting president, Trump would no doubt prevail upon his claque at the high court to quash Georgia's case against him, too.
    현직 대통령으로서, 트럼프는 의심할 여지 없이 고등 법원에 조지아주의 그에 대한 사건을 기각하도록 그의 지지자들에게 강력히 요청할 것이다.

    claque ⓝ 지지자그룹

Price

- **price yourself out of the market** ⓥ 비싼 가격 때문에 시장에서 배척당하다.

    Its Gen Z youth — frustrated with widening economic inequity and priced out of the housing market — fear that they will be the first generation in the country's history economically worse off than their parents.
    (대한민국) 경제적 불평등이 확대되어 좌절하고 주택 시장에서 밀려나는 Z세대 젊은이들은 자신들이 부모 세대보다 경제적으로 더 나빠질 것이라는 역사상 처음으로 나타난 세대가 될 것이라는 두려움을 가지고 있다.

Pull

- **pull ahead** ⓥ 앞서다.

By the 1990s, it was clear that the North's propaganda was losing its relevance as the South's economy pulled ahead.
1990년대에 이르러, 남한의 경제가 앞서면서 북한의 선전이 그 관련성을 잃고 있다는 것이 분명해졌다(북한의 선전이 더이상 현실에 부합하지 않아 사람들에게 영향을 미치지 못하게 되었음)

- **pull aside** ⓥ 한쪽으로 끌어당기다.

There was a huge roar. Everything was shaking. I crept to my one window and pulled aside the curtain, expecting to see a mushroom cloud rising over the Los Angeles basin.
커다란 굉음이 있었고, 모든 것이 흔들렸다. 나는 로스앤젤레스 분지 위로 솟아오르는 버섯구름을 보게 될 것이라고 예상하면서 창문가로 기어가 커튼을 젖혔다.

basin ⓝ 대야, 분지

- **pull back** ⓥ

① (하려던 일을) 취소하다.

US Administrations have considered military action but have pulled back, assessing the risk of catastrophic war as too great.
미국 행정부는 (북한에 대한) 군사행동을 고려했지만, 재앙적 전쟁의 위험이 너무 크기에 취소했다.

② (커튼을) 제치다, 벗기다.

His book is part North Korean history, part close reading of the dictatorship's decisions, appearances and statements that pulls back the curtain on a little-known figure at the heart of one family's quest for dominance on the Korean Peninsula.
그의 책은 북한 역사 일부와 독재 정권의 결정, 외모 및 발언에 대한 면밀한 분석 일부로 이루어져 있으며, 한 가족이 한반도에서 패권을 추구하는 과정에서 중심인물이지만 잘 알려지지 않은 인물(김여정)의 베일을 벗기는 내용을 담고 있다.

- **pull down** ⓥ 끌어 내리다.

On June 7, protesters in England pulled down a 125-year-old statue of slave trader and philanthropist Colston and threw it into the city's harbor.
6월 7일, 영국에서 시위대가 노예 상인이자 자선가인 Colston의 125년 된 동상을 끌어 내려 항구에 던졌다.

- **pull in** ⓥ 끌어모으다(attract business, money, people)

The vacuum of power created within Syria's borders has pulled in ISIS and other terrorist organizations.
시리아 국경 내에 생성된 권력의 공백은 ISIS와 기타 테러 조직들을 끌어들였습니다.

- **pull off** ⓥ 성공적으로 완수하다(bring off)

    The Ukrainians are equally exhausted, but to be successful they will need to pull off the extraordinary dual feat of launching an offensive while simultaneously replenishing and refitting their own forces.
    우크라이나인들은 똑같이 지쳐 있지만, 성공하기 위해서는 자신들의 군대를 보충하고 재정비하는 동시에 공격을 시작하는 이례적인 이중 업적을 달성해야 할 필요가 있다.

- **pull on**

    ① 꽉 잡고 잡아당기다(take hold of something and pull it several times)

    He just felt a faint slackening of the pressure of the line and he commenced to pull on it gently with his right hand.
    (낚시) 그는 그저 낚싯줄의 압력이 약간 느슨해지는 것을 느꼈고, 오른손으로 조심스럽게 줄을 당기기 시작했다.

    ② (옷이나 신 등을) 입다(신다)

    I pulled on my jeans and ran downstairs.
    바지를 입고 아래층으로 달려갔다.

- **pull out** ⓥ ~을 꺼내다.

    As the insults escalated, people in the crowd pulled out knives and began stabbing the three boys, fatally injuring Jack.
    욕설이 격화되자, 군중 속 사람들이 칼을 꺼내 세 소년을 찔러서 Jack을 치명적으로 다치게 했다.

- **pull out of** ⓥ 탈퇴하다, 철수하다, 기권하다.

    After abandoning the 12-country Trans-Pacific Partnership, Trump has threatened to pull out of America's free-trade deal with South Korea.
    12개국이 참여하는 환태평양 경제 동반자 협정(TPP)을 버린(탈퇴) 후, 트럼프는 미국과 한국 간의 자유 무역 협정에서도 탈퇴할 것을 위협했다.

- **pull together** ⓥ 힘을 모으다(they all work hard to achieve something)

    It's a rare artist that has the will and belief required to pull together so many forces to create a movie, let alone a good or even great one.

    좋은 영화, 심지어 훌륭한 영화는 차치하고, 영화를 만들기 위해 많은 세력을 모으는데 필요한 의지와 신념을 가진 예술가는 드물다.

- **pull up** ⓥ (차를) 세우다.

    When a car pulls up on the road, the two men fire at its occupants and then enter the kibbutz.
    차가 도로변에 설 때, (차에 탔던) 두 사람이 키부츠 점유자들에게 총을 쏘고 안으로 들어간다.

kibbutz ⓝ 키부츠(a type of farm in Israel where many people live and work together)

Push

- **push ahead with** ⓥ 밀고 나아가다, 추진하다(in a determined way)

Now the entire peace process is in disarray. Will a bilateral cease-fire that was put in place two months ago hold? Will FARC push ahead with plans to disarm its 6,000 fighters?

이제 전체 평화 과정이 혼란에 빠졌다. 두 달 전에 시행된 양자간 휴전이 지속될까? FARC는 6,000명의 전사들을 무장 해제할 계획을 계속 추진할까?

> FARC(Revolutionary Armed Forces of Colombia) : 콜롬비아 공산당 주도의 무장 혁명단체

- **push around** ⓥ 거칠게 다루다(treat someone roughly or inconsiderately)

A solar panel propped up in the court-yard ran a ceiling fan that seemed to do little more than push the hot air around.

(지구 온난화) 마당에 세워진 태양광 패널은 천장 선풍기를 작동시켰는데, 그 선풍기는 더운 공기를 밀어내는 것 이상의 역할을 하는 것처럼 보이지 않았다.

- **push aside** ⓥ 옆으로 밀어내다, 잊다.

But for Hamas, the attack stemmed from a growing sense that the Palestinian cause was being pushed aside, and that only drastic action could revive it.

하지만 하마스에게 이 공격은 팔레스타인 대의가 점점 더 소외되고 있다는 느낌이 커지고 있었고, 이를 되살릴 수 있는 방법은 극단적인 행동뿐이라는 인식에서 비롯되었다.

> cause ⓝ 대의(an aim, belief, or organization that a group of people support or fight for)

- **push back** ⓥ

① 연기하다(postpone)

Any online petition needs to be reviewed within 90 days of meeting its 100,000-signature goal, but the committee can request to extend this period. This means the Justice Party bill can, in theory, be pushed back again and again.

90일 이내 10만의 동의가 있는 어떤 온라인 청원은 검토될 수 있으나(청원으로 성립한다는 의미) 위원회는 이 기간을 연장할 수 있다. 이 말은 정의당이 제출한 법률안(차별금지법)이 이론상 연기될 수 있다는 의미이다.

② 반발하다.

Before, whenever US security agencies sought to limit technology transfer to China, business groups pushed back.

과거에는 미국의 안보 관련 기관에서 중국으로의 기술이전을 제한하려 할 때마다, 업체에서는 반발했다.

- ⓓ **pushback** ⓝ 반발(a negative or unfavorable reaction or response)

We got some pushback on the new pricing.

새로운 가격 정책에 대해 일부 반발이 있었다.

- **push back against** ⓥ 반대하다.

  Although some athletes pushed back against the rigors of Beijing's approach, the Winter Games demonstrated China's capability to keep Omicron at bay — something no other nation has done effectively.
  (베이징 동계올림픽와 코로나) 몇몇 선수들은 중국 접근의 엄격함에 반대했지만, 동계올림픽에서 오미크론이 접근하지 못하도록 하는 중국의 능력이 입증되었다. 이는 어느 나라도 효과적으로 해내지 못한 것이다.

- **push for** ⓥ 요구하다.

  France, Italy and Germany push for new sanctions against Hamas.
  프랑스, 이탈리아 그리고 독일은 하마스에 대한 새로운 제재를 요구한다.

- **push A into B** ⓥ A를 B로 끌어들인다.

  Jack says deteriorating cross-strait relations are what pushed him into the political fray.
  Jack은 악화되는 양안(중국과 대만) 관계가 자신을 정치적 소용돌이에 끌어들인 이유라고 말한다.

- **push off** ⓥ 쫓아내다.

  The future of those who have been pushed off their lands is highly uncertain.
  그 땅에서 쫓겨난 사람들의 미래는 매우 불확실하다.

- **push on** ⓥ 계속하다(continue doing an activity)

  The state continues to help lead the push on smart-gun adoption.
  그 주는 스마트 총기 도입을 적극적으로 추진하는 데 계속해서 앞장서고 있다.

  'push' 명사로 쓰임.

- **push out** ⓥ 떠나게 하다(make someone leave a job)

  Raising ticket prices is also tricky because it could push out average fans.
  입장료를 올리는 것은 보통의 팬들을 (야구장을) 떠나게 하기에 이 또한 까다로운 문제다.

  tricky ⓐ 까다로운

- **push through** ⓥ : 결국 해내다(get a plan, law etc officially accepted, especially quickly)

  The State Department is pushing through a government sale to Israel of 13,000 rounds of tank ammunition, bypassing a congressional review process that is generally required for arms sales to foreign nations.
  미국 국무부는 외국에 무기를 팔 때 일반적으로 요구되는 의회의 검증절차를 우회하고, 1만 3천발 분 탱크 탄약의 이스라엘 판매를 재빨리 밀어붙이고 있다.

- **push A to B** ⓥ A를 B로 밀고 가다.

  Experts say this approaching tide of humanity will push Africa to the fore of the most pressing concerns of our age, like climate change, the energy transition and migration.

전문가들은 다가오는 인류의 물결(인구증가)이 아프리카를 기후변화, 에너지 전환, 이주와 같은 우리 시대의 가장 시급한 문제들의 최전선으로 밀어넣을 것이라고 말한다.

- **push-up** ⓝ 푸쉬업(팔굽혀펴기)   press-up(동의어, 영국)

Norwegian wrestler Jack did push-ups with his baby on his back.
(코로나로 인한 올림픽 준비) 노르웨이의 레슬링 선수 Jack은 아기를 등에 올려놓고 팔굽혀펴기를 했다.

Put

- **put away**

① 이기다(defeat your opponent in a sports competition)

So she immediately put the Venus win behind her and pulled off two more victories, including a three-set comeback thriller on Centre Court against Hercog, who had two match points but couldn't put the teen away.

그녀는 바로 Venus와의 승리를 뒤로하고(승리 이후에 그 성취에 오래 머무르지 않고 바로 다음 도전과 경기에 집중) 두 번의 추가 승리를 달성했는데, 그 중 하나는 센터 코트에서 Hercog와의 3세트 역전 스릴러 경기였다. Hercog는 매치 포인트 2점을 가졌지만, 그 젊은 선수를 꺾지 못했다.

② 치우다, 정리하다.

The season could prompt a cleanup of the house, preparing the garden, or putting away the heavy parkas.
계절의 변화는 집 청소, 정원 가꾸기 또는 무거운 파카 점퍼를 정리하는 일을 유발할 수 있다.

- **put aside** ⓥ 무시하다, 제쳐두다.

The talks saw Japan and South Korea put aside their historical animosities to forge a defense pact with the United States aimed at deterring Chinese and North Korean aggression.
(한미일 정상회담) 회담을 통해 일본과 한국은 역사적인 반목을 뒤로하고 중국과 북한의 공격을 억제하기 위해 미국과 방위 협정을 체결했다.

- **put A at B** ⓥ (숫자나 양) 대충 A를 B로 추측하다.

Campaigners put annual fatalities at 10,000.
(과로사 방지) 활동가들은 매년 (과로사로) 일만 명의 사람이 죽는다고 추측했다.

- **put A behind** ⓥ A를 뒤로하다, 잊어버리고 새로 전진하다.

So she immediately put the Venus win behind her and pulled off two more victories, including a three-set comeback thriller on Centre Court against Hercog, who had two match points but couldn't put the teen away.

그녀는 바로 Venus와의 승리를 뒤로하고(승리 이후에 그 성취에 오래 머무르지 않고 바로 다음 도전과 경기에 집중) 두 번의 추가 승리를 달성했는데, 그 중 하나는 센터 코트에서 Hercog와의 3세트 역전 스릴러 경기였다. Hercog는 매치 포인트 2점을 가졌지만, 그 젊은 선수를 꺾지 못했다.

- **put down** ⓥ

  ① 적다(write down, jot down)

  ② (동물들) 안락사시키다

  I helped persuade them to have their skinny, cancer-ravaged dog put down.

  나는 깡마르고, 암으로 엉망이 된 그들의 개를 안락사키라고 설득했다.

  put-down ⓝ
  'have+목적어+과거분사'의 형식

- **put forth** ⓥ 제시하다(suggest an idea, explanation)

  Arguments were put forth for changing some of the rules of the game.

  게임의 일부 규칙을 변경하기 위한 주장이 제시되었다.

  put forward(동의어)

- **put forward** ⓥ 제안하다(propose)

  The Pope clarified on Sept. 25 that he will have final say over the naming of new bishops put forward by the communist government.

  교황은 9월 25일에 공산 정부가 제안하는 새로운 주교 임명에 대해 최종 결정권을 가질 것이라고 명확히 했다.

  put forth(동의어)

- **put in** ⓥ

  ① (시간·노력을) 쏟다(들이다)

  Today nearly 1 in 4 companies in Japan say some employees put in as much as 80 hours of overtime a month.

  오늘날 일본에서는 거의 4분의 1에 달하는 회사의 일부 직원들이 한 달에 최대 80시간의 초과 근무를 하고 있다고 말한다.

  ② 말로 하다.

  So when the IAAF said in court that Jane was "biologically male," the description hurt her "more than I can put in words."

  그래서 IAAF(International Amateur Athletic Federation, 국제아마추어육상연맹)가 법정에서 Jane(성적으로는 여성이나 탁월한 기록을 세움)을 '생물학적으로 남성'이라고 말했을 때, 그 묘사는설명은 '말로 표현할 수 없을 만큼' 그녀에게 큰 상처를 주었다.

  ③ 연락하다

  The worreid tech giants' government handlers put in pre-emptive calls explaining what they were doing and asking if she wanted to meet. Arden let them flap in the wind for a few weeks, she says, while formulating a strategy.

  걱정하는(정치적, 법적, 또는 경제적 상황으로 인해 걱정하고 있다는 상태) 기술 대기업(구글, 애플, 페이스북 등)들의 정부 담당자들은 선제적으로 전화를 걸어 자신들이 무엇을 하고 있는지 설명하고 그녀(Arden)가 만나고 싶은지 물었다. Arden(뉴질랜드 총리)은 전략을 수립하는 동안 몇 주간 그들을 방치했다고 말한다.

  Let them flap in the wind : 그들을 방치하다.

  flap ⓝ (봉투·호주머니 위에 달린 것 같은 납작한) 덮개.
  flap ⓥ 펄럭거리다.

- **put off**

① 연기하다(postpone)

This isn't something they can put off.
이것(지구 온난화)은 그들(지구 온난화 지역의 주민)이 미룰 수 있는 일이 아니다.

② 실망시키다, 싫어하다.

Don't let the restaurant's decor put you off — the food is really good.
식당의 장식이 너를 실망시키지 않으시길. 음식은 정말 훌륭하다.

- **put on**

① 대중교통을 제공하다(provide a public transportation service)

Private King was then put on a plane and flown to a U.S. military facility in South Korea.
(북한으로 탈주한 미군 병사의 귀환) 이등병인 King은 비행기에 태워져, 한국의 미군기지로 갔다.

② 상연하다.

In October, they put on perhaps the biggest virtual ticketed show of all time, selling nearly a million tickets to the two-night event.
10월 그들(BTS)은 이틀 밤 행사에 거의 100만 티켓을 판매하면서, 사상 최대의 가상 유료 쇼를 상연했다.

③ 옷을 입다(don)   take off(반대말)

④ 속도를 내다.

Then he put on an extra spurt and, with a few inches to spare, slipped through a hole in the hedge and was seen no more.
그는 추가로 속도를 냈고, 몇 인치의 여유를 가지고 울타리의 구멍을 통해 미끄러져 나가서 더 이상 보이지 않았다.

- **put out ⓥ**

① 불(전깃불 포함)을 끄다(extinguish)

The morning after the vote, a shell-shocked Cameron was forced to announce his resignation, leaving the next government to put out the fires Brexit has started.
선거 다음 날 아침, 충격을 받은 Cameron(영국 총리)은 사임을 발표해야만 했는데, 다음 정부에게 브렉시트로 일어난 불을 끄도록 맡긴 채.

② 생산하다.

The company puts out 13 new machines every month.
회사는 한 달에 13개의 새로운 기계를 생산한다.

③ (몸의 부분이) 삐끗하다(injure a part of the body, especially a joint)

Don't put out your back trying to lift that.
그것을 들어 올리려다 허리를 삐끗하지 않도록 해라.

④ 기분 나쁘다(feel upset or offended)

She was so put out by the man's rudeness that she didn't know what to say.
그의 무례함에 기분이 상해 무슨 말을 해야 할지 몰랐다.

⑤ (성명서를) 발표하다.

It was late Friday evening when Mr. Austin's spokesman, Maj. Gen. Ryder, put out a statement to the news media that the secretary had been hospitalized.
금요일 밤늦은 시간에, Austin(미국 국방부장관)의 대변인인 Ryder는 국방부 장관이 입원 중이라고 언론에 발표했다.

⑥ (수술 전에 마취시켜) 의식을 잃게 하다.

- put together ⓥ (이것저것) 모아 만들다.

With a mere seven weeks left in the campaign, she put together enough voters and allies to form a government.
선거 캠페인이 끝나기까지 단 7주밖에 남지 않은 상황에서, 그녀는 정부를 구성하기에 충분한 유권자와 동맹자를 모으는 데 성공했다(충분한 정치적 지지를 모아 정부를 수립할 수 있었다)

- put up ⓥ

① (건물 등을) 세우다.

In addition, as part of the security operations in the area, dynamic checkpoints have been put up over different places.
추가로 그 지역에 대한 보안작전의 일부로 동적인 검문소가 다른 장소들에 세워졌다.

② (입후보를) 내세우다.

Twenty-five parties from across the political spectrum put up candidates for Parliament, but the first- and second-place finishers offered diametrically opposed positions on Ukraine.
정치 스펙트럼 전반에 걸친 스물다섯 개의 정당이 의회를 위해 후보를 내세웠지만, 1위와 2위를 차지한 정당은 우크라이나에 대한 극단적으로 상반된 입장을 제시했다.

diameter ⓝ (수학) 지름
diametrical ⓐ 정반대의

- put up with ⓥ 참다(accept an unpleasant situation or person without complaining)

We will not be putting up with what's happening in North Korea.
(미국 대통령의 말) 우리는 북한에서 일어나는 일(핵 개발)을 참지 않을 것이다.

Qualify

- **qualify for** ⓥ ~의 자격이 된다. *qualification* ⓝ

    The country's Supreme Court said same-sex couples qualify for dependent coverage under the national health insurance, a decision that could have wider ramifications.
    대한민국의 대법원은 동성 커플도 국민 건강 보험의 부양가족 혜택을 받을 자격이 있다고 밝혔는데, 이 결정은 더 넓은 범위의 영향을 미칠 수 있다.

Question

- **bring A into question** ⓥ A에 대해 의문을 던지다.

    Over the past few years, however, the rise of right-wing authoritarianism has brought India's democratic standing into question.
    그러나 지난 몇 년 동안 우익 권위주의의 부상으로 인도의 민주적 위상에 대한 의문이 제기되었다.

- **call A into question** ⓥ A에 대한 의문이 들다.

    With some borders left open, however, the effectiveness of differing approaches was called into question.
    (EU 회원국의 코로나 대처) 그러나 일부 국경이 개방된 상태에서는, 서로 다른 접근 방식의 효과가 의문시되었다.

- **out of the question** : 불가능한 (definitely not possible or not allowed)

    Sending a group of investigators to Africa is apparently out of the question ; they say it's too expensive.
    조사단을 아프리카로 보내는 것은 분명히 불가능하였다. 그들은 그렇게 하는 것은 너무 비싸다고 말한다.

- **without question** : 이의 없이 *without any doubt about whether it is correct or necessary*

    He is without question the paramount leader and one with a remarkably ambitious vision for China.
    그(중국의 시진핑)는 최고 지도자이고 중국을 위한 현저하게 야심 찬 예지력을 가진 사람이라는 점에서 누구도 의문을 제기하지 못한다.

Queue

- **queue up** ⓥ (기회를 잡기 위해) 줄 서다.

    The school is one of the best, and parents are queueing up to send their children there.
    그 학교는 최고 중 하나이며, 부모들은 자녀를 그곳에 보내기 위해 줄을 서고 있다.

Quote

- be quoted as ~ing ⓥ ~라고 말했다고 전해지다(인용되다)

"I will humbly accept the will of the people as reflected in the election result and will overhaul the way the government is run and do my best to stabilize the economy and the people's livelihood," Mr. Yoon was quoted as saying.

윤 대통령은 "선거 결과로 나타난 국민의 뜻을 겸허히 받아들이겠다. 정부 운영 방식을 전면 개편하고 경제와 국민의 생활을 안정시키기 위해 최선을 다하겠다'라고 말했다고 전해졌다.

외신으로 본
대한민국의
IDIOM 1

Rack

- **rack one's brain** ⓥ 기억(생각)하려고 애쓰다, (문제를) 풀려고 애쓰다.

  Sometimes the older ones among them racked their dim memories.

  가끔 그들 가운데 나이 많으신 사람들은 희미한 기억을 되살리려고 애썼다.

- **rack up** ⓥ (점수를) 획득하다.

  No one "went over the wall" (as in, violated curfew) more than Midshipman Jack. No one racked up more demerits. No one dated more women.

  (사관학교 생도 시절) Midshipman Jack만큼 벽을 넘어간 사람은 없었다(즉, 통행금지 시간을 위반한 사람은 없었다). 누구보다 많은 벌점을 받았다. 누구보다 많은 여성과 데이트 했다.

rack
ⓝ 선반대
ⓥ 괴롭히다.

midshipman ⓝ
해군 장교 후보생

Radar

- **on one's radar**(screen) : 고려하다(you have noticed it and are giving it some attention)

  For most of history, in fact, sharks simply weren't on most people's radars as something to fear.

  사실상 역사의 대부분 동안, 상어가 무서움의 대상은 아니었다.

- **under the radar** : 알지 못한 상태에서(not getting attention, unnoticed)

  The fundamentalists retreated from battle, dismissed by the rest of society, but they flourished under the radar of the press, planting churches from California to Virginia.

  근본주의자들(창조론자들)은 (진화론자들에게) 패배하고, 사회에서 무시당했지만, 캘리포니아에서 버지니아에 이르기까지 교회를 심어놓으면서 언론이 알지 못한 상태에서 번창했다.

Rag

- **from rags to riches** : 가난뱅이에서 큰 부자로

  The business leader and philanthropist's life story is literally one of going from rags to riches.

  산업계 리더이자 박애주의자의 인생 이야기는 문자 그대로 가난뱅이에서 거부가 된 이야기이다.

rag ⓝ (걸레·행주 등으로 쓰는) 해진 천(누더기)

Rage

- **(all) the rage** : 인기다(be very popular or fashionable)

  Long hair for men was all the rage in the 70s.

  남자들의 롱헤어(long hair)는 1970년대 인기였다.

Rail

- **rail at(against)** ⓥ 비난하다.

President Biden's administration has taken a notably more ambivalent approach toward North Korea than his predecessor Donald Trump, who alternately railed at and courted its leader, Kim Jong-un.

바이든 대통령의 행정부는 그의 전임자인 도널드 트럼프가 김정은 북한 지도자를 번갈아 비난하고 구애했던 것과 달리, 북한에 대해 현저하게 더 애매한 접근 방식을 취하고 있다.

Rain

- **rain down** ⓥ (대량으로) 쏟아붓다.

Mr. Trump threatened to rain down "fire and fury" and "totally destroy" North Korea in the aftermath of its nuclear and long-range ballistic missile tests.

트럼프 대통령은 북한의 핵과 장거리 탄도미사일 실험 이후에 "화염과 분노"를 쏟아붓고 북한을 "완전히 파괴"하겠다고 위협했다.

Rainbow

- **cross the rainbow bridge** ⓥ (반려동물이) 죽다.

rainbow ⓝ 무지개

One family had visited their dog's ashes seven times since the white Maltese "crossed the rainbow bridge," or died, in 2022, according to the notes they left.

한 가족은 2022년에 그들의 흰색 말티즈가 '무지개 다리를 건넌', 즉 사망한 이후로 그 개의 유골을 일곱 번이나 방문했다고 그들이 남긴 메모에 적혀 있었다.

Rake

- **rake in** ⓥ 많은 돈을 벌다.

rake ⓝ 갈퀴

The film raked in $162 million at the box office during its opening weekend.

box office : 영화나 공연이 얼마나 많은 수익을 올렸는지를 나타내는 지표로 사용

이 영화는 개봉 주말에 1억 6,200만 달러의 흥행 수익을 올렸다.

- **rake over** ⓥ 과거를 들추다.

As he contemplates his next two books, on artificial intelligence (AI) and the nature of alliances, he remains more interested in looking forward than raking over the past.

인공지능과 연맹의 성격에 대한 그(키신저 박사)의 다음 두 책을 생각하면서, 과거를 들추기보다는 미래에 관한 그의 관심을 나타냈다.

Rally

- **rally against** ⓥ 반대를 표시하다.

  When people in Gwangju rallied against martial law, he sent in tanks and paratroopers.
  광주에서 사람들이 계엄령에 반대하여 집회를 열었을 때, 그(전두환)는 탱크와 공수부대를 보냈다.

- **rally around** ⓥ (어려운 상황의 사람을 돕기 위해) 몰려들다.

  If Kim were killed, would the regime come apart or rally around the family.
  김정은이 피살된다면 그 정권은 산산이 분해될까 아니면 그 가족 주위로 몰려들까?

rally ⓝ (어떤 생각·정당을 지지하기 위한 대규모) 집회

Ramp

- **ramp up** ⓥ 증가하다.

  North Korea ramps up rhetoric ahead of U.S. nuclear submarine visit.
  북한은 미국의 핵잠수함 방문에 앞서 레토릭을 증가한다.

rhetoric ⓝ 과장 (language that is used to persuade or influence people, especially language that sounds impressive but is not actually sincere or useful)

Rank

- **break ranks** ⓥ (자기가 속한 공동체나 단체가 결정한 것을) 반대한다.

  His medical colleagues advised him not to break ranks by talking about the hospital's problems to the newspapers.
  그의 의료 동료들은 병원의 문제를 언론에 언급함으로써 동료들과 의견이 갈리는 행동을 하지 말라고 조언했다.

Ransom

- **hold A for ransom** ⓥ (인질로) 잡고 몸값을 요구하다.

  Pipelines and dams in Myanmar, ports in West Africa and hydroelectricity plants and copper mines in Afghanistan could all be held ransom to strife.
  미얀마의 파이프라인과 댐, 서아프리카의 항구, 아프가니스탄의 수력발전소와 구리 광산은 모두 분쟁으로 인한 몸값 대상이 될 수 있다.

pipeline ⓝ 석유·가스 등의 장거리 수송을 위하여 지하에 매설하는 관로

Rap

- **rap someone on (over) the knuckles** ⓥ 비난하다.

  The boss rapped me on the knuckles for missing the meeting.
  상사가 회의에 참석하지 않았다고 나를 야단쳤다(손가락 관절 부분을 때렸다)

Raring

- **raring to go(do)** : 열정적인(very eager to start an activity)

They woke up early and were raring to go.
그들은 일찍 일어나서 (열정적으로) 일을 하려고 하였다.

raring ⓐ 열정적인 (full of enthusiasm or eagerness)

Rat

- **smell a rat** ⓥ (이상하다는) 낌새를 차리다.

After noting several discrepancies in his client's story, the attorney began to smell a rat.
고객의 이야기에 몇몇 불일치점을 알고선, 변호사는 수상하다는 낌새를 차렸다.

- **rat on someone** ⓥ 밀고하다(inform on someone)

He refused to rat on his buddies.
그는 동료들을 밀고하는 것을 거부했다.

- **rat on something** ⓥ 약속을 어기다(break an agreement or promise)

He accused the government of ratting on an earlier pledge.
그는 정부가 처음의 약속을 어겼다고 비난했다.

- **rat out** ⓥ 배신하다.

He ratted out a pair of colleagues so he could stay out of jail.
그가 두 동료를 배신하고서야 감옥에서 나올 수 있었다.

Ratchet

- **ratchet up** ⓥ 단계적으로 증가하다.

But throughout October, Russian forces have been ratcheting up their attacks on Ukrainian positions in the region, taking back several villages, although Ukraine still occupies about 250 square miles.
그러나 10월 내내 러시아군은 이 지역에서 우크라이나 진지를 공격하는 수위를 점점 높였으며, 몇몇 마을을 탈환했지만 우크라이나는 여전히 약 250제곱마일을 점령하고 있다.

Rattle

- **rattle off** ⓥ 술술 말하다.

Explaining what was once their close-knit community, the men rattled off the names of their neighbors, and the loss each one of them just incurred.
한때 (숟가락이 몇 개 있는지 알 수 있을 정도로) 긴밀히 연결된 공동체 사회였음을 설명하면서 사람(남성)들은 이웃의 이름과 그 이웃들이 각각 겪은 상실을 줄줄 말하였다.

reel off(동의어)
close-knit : 긴밀히 연결된, 굳게 맺어진

Read

- **read out** ⓥ 소리 내어 읽다.

The agreement was read out to her and her mother once, and they were never given a copy, she said.
합의문은 그녀와 엄마 앞에서 한번 읽히고, 결코 합의문을 받지 못했다고 그녀는 말했다.

- **readout** ⓝ 요약된 문서(a document that summarizes the content of a meeting)

Mr. Wang said the United States should cooperate with Beijing instead of "hyping" the "China threat theory," according to an official Chinese readout.
중국의 정부 문서에 따르면, 미국은 중국이 위협한다는 이론을 퍼뜨리는 대신에 중국과 협력해야 한다고 왕(중국 외교부 장관)이 말했다.

Real

- **a real thing** : 그 자체(it is the thing or event itself, rather than an imitation or copy)

The quiet after a storm is a real thing.
폭풍이 지나간 후의 고요함은 현실, 그 자체이다.

- **get real** : 정신차려(used to tell someone that they are being very silly or unreasonable)

The core was, We've had a sick kid, we've had a kid who's died, so let's get real about what's important here, You've got to find a path in life that yor're really happy with.
핵심은 아픈 아이가 있고, 죽은 아이가 있다는 점이다. 그래서 무엇이 중요한지에 대해 정신을 차리고 너가 인생에서 진정으로 행복한 길을 찾아야 한다는 점이다.

Reckon

- **reckon with** ⓥ (어떤 어려운 상황이나 문제를 인식하고) 대처하다.

The hundreds of thousands of Palestinians living in the West Bank — which includes a number of Palestinian cities interlaced with Israeli settlements — have long had to reckon with an Israeli occupation that largely dictates their lives.
West Bank — 이스라엘 정착촌과 얽혀있는 여러 팔레스타인 도시들을 포함하고 있는데 — 의 수십만 명의 팔레스타인 사람들은 자신들의 삶을 규정짓는 이스라엘 점령을 오랫동안 직면해 왔다.

Reel

- **reel from** ⓥ 비틀거리다.

The country has been reeling from famine since 2001.
그 나라는 2001년 이후 기근으로 비틀거리고 있다.

- reel off ⓥ 술술 말하다. 　　　　　　　　　　　　rattle off(동의어)

  Jack's able to reel off the names of all the U.S. presidents, in historical order and without pausing.
  Jack은 모든 미국 대통령을 역사적인 순서대로 쉬지 않고 술술 말할 수 있다.

Rein

- pass the reins to ⓥ (말의 고삐를) 넘겨주다.　　　pass the baton to(참고)

  　　　　　　　　　　　　　　　　　　　　　　valedictory ⓝ 고별 연설

  President Biden used his valedictory address at the Democratic National Convention on Monday to deliver a lengthy defense of his own record aimed at cementing a 50-year legacy of public service, even as he passed the reins to Vice President Kamala Harris as the new face of the party he led until just weeks ago.
  월요일 민주당 전당대회에서의 고별 연설에서, 바이든 대통령은 자신의 50년 공공봉사의 유산을 확립하기 위해 자신의 기록을 길게 방어하는 내용을 전달했다. 이는 그가 몇 주 전까지 이끌었던 당의 새로운 얼굴로 카말라 해리스 부통령에게 권한을 넘기면서 이루어졌다.

- rein in ⓥ 고삐를 죄다, 억제하다(check)

  Hong Kong's latest attempt to rein in protests backfires.
  (홍콩의 민주화 시위 관련) 데모를 억제하기 위한 홍콩 당국의 최근 시도는 실패한다.

Relegate

- relegate A to B ⓥ A를 B로 격하시키다, 강등시키다.　　relegation ⓝ

  Tourism had eaten up all of the public space and relegated us locals to a role of extras on a movie set.
  (관광객이 붐비는 바르셀로나) 관광이 모든 공공 공간을 차지하면서 우리 지역 주민들을 영화 세트의 단역으로 전락시켰다.

Remain

- it remains to be seen : ~인지의 여부는 지켜봐야 한다.

  But how the North Koreans will fare on the battlefield remains to be seen, the experts say.
  (우크라이나 전쟁) "하지만 북한군이 전장에서 어떻게 성과를 낼지는 아직 두고 볼 일이다"라고 전문가들은 말한다.

Remission

- **in remission** : (병에서) 회복 중이다.

Now six years cancer-free and in complete remission, Bellock and her now-husband Tom are hoping to start a family.

지금 6년째 암은 사라지고 완전히 회복 중인 Jane과 지금의 남편 Tom은 가정을 꾸리는 것을 희망한다.

Remit

- **remit A to B** ⓥ (법률적·행정적) A를 B로 보내다.

The court remitted the matter to the agency for reconsideration.

법원이 그 문제의 재고를 위해 기관에 되돌려 보냈다.

remittance ⓝ 송금

remit ⓝ 소관 업무
(an area of responsibility or authority)

Renege

- **renege on** ⓥ 약속을 어기다.

Even if a deal is reached, the regime has reneged on previous commitments to denuclearize.

거래(합의)가 이루어지더라도, 그 정권(북한)은 비핵화라는 과거의 약속을 어겨왔다.

Rent

- **rent out** ⓥ 임대하다.

Under the progressive mayor Jack, Barcelona announced in January a plan that would effectively ban homeowners from renting out individual rooms to tourist on platforms like Airbnb.

진보적인 시장 Jack의 지도 아래, (스페인) 바르셀로나는 1월에 Airbnb와 같은 플랫폼에서 관광객들에게 개별 방을 임대하는 것을 사실상 금지하는 계획을 발표했다.

Report

- **report to** ⓥ (직장 등에서) ~의 지시를 받다

Workers in Samsung's chip division were expected to make up the majority of those who will not report to work on Friday for a planned one-day strike.

삼성의 반도체 부서 근로자들이 금요일에 예정된 하루 파업에 참여하여 출근하지 않을 것으로 예상되는 대다수를 차지할 것이다.

be responsible to someone at work and be managed by them

Repose

- **in repose** : 온화한 상태의 (a state of calm or comfortable rest)

His face in repose is serious and thoughtful.

편안한 상태의 표정은 진지하고 생각이 깊었다.

Request

- **on request** : 요구(요청)하는 대로

  The guards would escort them to the bathroom on request, and allowed them to sleep.
  경호원(인질범)들은 (인질들이) 요구하면 화장실로 안내했고, 잠자기를 허용했다.

Rescue

- **come(ride) to the rescue** ⓥ 구하다(save)

  Strangers in Indiana have come to the rescue of a Marine veteran who has been living out of his car since a 2020 fire destroyed his home.
  인디애나의 낯선 사람들이 2020년 화재로 집이 파괴된 이후 차에서 생활해 온 한 퇴역 해병을 구해주었다.

- **rescue A from B** ⓥ A를 B에서 구하다.

  Crews rescue people from boats at risk of capsizing and pull them from the water.
  승무원들은 전복 위험에 있는 배에서 사람을 구하고 물에 빠진 사람을 건진다.

Resemblance

- **bear a resemblance to** ⓥ ~와 닮다, ~와 비슷하다.   resemble ⓥ

  From a distance, these curved concrete surfaces bear a resemblance to ramps at a skate park.
  멀리서 보면 이 곡선형 콘크리트 표면들이 스케이트장의 램프와 비슷해 보인다.

Reserve

- **reserve (one's) judgment (on something)** ⓥ 결정을 미루다.

  In consequence I'm inclined to reserve all judgments.
  그 결과로, 저는 모든 판단을 유보하고자 한다.

Resign

- **be resigned to** ⓥ (숙명으로) 받아들이다, 체념하다.   resign yourself to (doing) something(변형)

  By the time Jack returned to Jecheon, South Korea, after four decades away to become the mayor, his hometown felt resigned to its decline.
  (지방 소멸) Jack이 40년의 타향살이를 마치고 고향 제천으로 돌아와 시장이 되었을 때, 그의 고향은 이미 쇠퇴에 순응한 듯했다.

Resonate

- **resonate with** ⓥ (어떤 기운·느낌으로) 가득하다.

   This is a statement of future tolerance and resonates with core American principles.
   이것은 미래에 대한 관용의 선언이며, 핵심적인 미국의 원칙들과 공감대를 이룬다.

   resonation ⓝ

Resort

- **a last resort** ⓝ 마지막 수단

   Broad-based economic sanctions are blunt tools that should be used only as a last resort.
   광범위한 경제 제재는 최후의 수단으로만 사용되어야 하는 둔한 도구이다.

- **a food of last resort** ⓝ 최후 수단으로서의 먹거리

   Among colonial settlers, pumpkin was a food of last resort.
   (미국) 식민지 시대에 정착한 사람들 사이에는 호박이 최후의 먹거리였다.

- **resort to** ⓥ ~에 의지하다(depend on)

   Some in Tibet resort to extreme measures to protest their treatment.
   티벳의 일부 사람들은 (중국의) 그들의 취급을 항의하기 위해 극단적인 조치에 의지한다.

Rest

- **at rest** : 휴식 상태에서

   Your BMR measures the minimum amount of energy your body needs to function at rest.
   기초 대사율(BMR)은 당신의 몸이 휴식 상태에서 기능하기 위해 필요한 최소한의 에너지를 측정한 것이다.

   BMR : 기초대사율(basal metabolic rate)

- **lay someone to rest** ⓥ 영면에 들게 하다(bury someone after they have died)

   On Dec. 7, his remains will be accompanied by an honor guard detail and laid to rest beside his mother.
   12월 7일, 그의 유해를 운반할 의장대와 같이 돌아와 그의 엄마 옆에 안장되었다.

   detail ⓝ
   (특별한 임무를 맡은) 부대

- **rest in peace** ⓥ 편히 잠드소서(죽은 사람의 명복을 빌 때)(RIP)

   May this elderly man who was aligned with the direction of his time rest in peace!
   (중국 총리의 사망) 시대 방향과 같이 했던 어르신이여 편히 잠드소서.

- **rest on(upon)** ⓥ ~에 달려있다.

   The Dodgers hopes rest on the rookie arm of Jack.
   다저스팀의 희망은 신인 Jack의 팔에 달려있다.

Retrospect

- in retrospect : 뒤돌아보면

In retrospect, I wish that I had thought about alternative courses of action.
돌이켜 생각해보면, 대안적인 행동 방안에 대해 생각했더라면 희망해본다.

Rev

- rev up ⓥ 활성화하다(become more active)

When speaker after speaker revved up the crowd with pro-American, anti-communist chants, the crowd shouted, "Hooray for President Yoon Suk Yeol!"
연사마다 친미, 반공주의 구호로 군중을 고무시킬 때, 군중들은 '윤석열 대통령 만세!'라고 외쳤다.

rev ⓝ (엔진이나 바퀴의) 회전속도

Revel

- revel in ⓥ 즐기다(enjoy something very much)

Unlike past first ladies, who typically remained in the shadow of their husband, she has reveled in media attention and even publicly pushed Mr. Yoon's government to ban the breeding and butchering of dogs for human consumption.
과거의 영부인들이 대체로 남편의 그늘에 머무르는 것과 달리, 그녀(김건희 여사)는 미디어의 주목을 즐기고 심지어 윤석열 정부에 공개적으로 보신탕을 금지할 것을 촉구하였다.

revelry ⓝ 흥청대며 놀기

Revert

- revert to ⓥ 되돌아가다.

What they're doing now is just an attempt to revert to the situation we had in the past.
그들이 지금 하는 일은 과거의 상황으로 돌아가려는 시도이다.

Revolt

- in revolt against : 반항하여, 반란을 일으켜

Voters in the US and Europe, meanwhile, have been in revolt against the Establishment.
그 사이 미국과 유럽의 유권자들은 기득권에 반항적이었다.

Revolve

- **revolve around** ⓥ 중심으로 돌아가다.

  Chalottesville is a quiet town with friendly people, good schools, lots of churches, parks and a bustling growing community that more or less revolved around one of the country's great public universities.
  Chalottesville는 친절한 사람들, 좋은 학교, 많은 교회, 공원이 있으며, 국내에서 가장 우수한 공립 대학교 중 하나(버지니아 대학)를 중심으로 더욱 발전하고 있는 활기찬 커뮤니티가 있는 조용한 도시이다.

Rid

- **be rid of** ⓥ ~에서 벗어나다.

  The clerical part of his job was tedious, and he was glad to be rid of it.
  그의 일 중 사무직 작업은 따분했고, 그는 그것에서 벗어날 수 있어서 기뻤다.

  clerical ⓐ
  ① 사무직(clerk)의
  ② 성직자(clergy)의

- **get rid of** ⓥ 제거하다(eliminate)

  Who is going to govern — who is going to govern Gaza if they do get rid of Hamas, even if that's possible?
  가능하다 하더라도 하마스를 제거한다면 누가 가자지구를 통치할 것인가?

Riddle

- **be riddled with** ⓥ (나쁜 것이) 가득하다, 투성이다.

  We didn't know that every industry on earth was riddled with sexual violence.
  지구상의 모든 사업장에서 성폭력이 가득하다는 것을 우리는 몰랐다.

  riddled ⓝ 수수께끼

Ride

- **ride on** ⓥ 의존하다, 기대다.

  The families the mayor's aspirations are riding on began moving into a former college dormitory last year.
  (지방 소멸을 막기 위한 고려인 이주) 시장이 희망을 걸고 있는 가족(고려인)들은 작년부터 과거 대학 기숙사로 사용되던 곳으로 이사하기 시작했다.

Right

- **in one's own right** : 혼자 힘으로

  He has emphasized his family lineage by dressing like his grandfather, but has also appeared to distance himself from his forebears in an effort to move out of their long shadows and show that he is a worthy leader in his own right.

그(김정은)는 할아버지처럼 옷을 입음으로써 가문의 계승을 강조했지만, 동시에 조상들의 긴 그림자에서 벗어나는 노력으로 조상들과 거리를 두고 자신의 힘으로 가치있는 지도자임을 보여주는 것처럼 보인다.

- **it serves someone right** : 응당한 앙갚음 하다.

"I hear his wife is divorcing him." "It serves him right after the way he's treated her."

"내가 듣기로 그의 아내가 이혼하려고 한 대." "그가 그녀를 대한 방식을 생각하면, 그에게는 마땅한 일이야."

Ring

- **ring a bell** ⓥ 들어본 적이 있다, 익숙하다(sound familiar)

The name rang a bell but I couldn't remember where I had heard it before.

그 이름이 귀에는 익숙하나, 어디에서 들었는지는 기억할 수 없었다.

- **ring out** ⓥ 크게 울리다(loud and clear)

But the Brazilian team easily breached the Reds' defense and, groans rang out when opposition winger Jack completed his hat trick to end the game 3-1.

하지만 브라질 팀은 레즈(한국)의 수비를 쉽게 뚫고, 상대 윙어 Jack이 해트트릭을 완성하여 경기를 3-1로 끝냈을 때 한숨 소리가 터져 나왔다.

winger ⓝ (축구) 좌우 날개에 있는 선수

- **ring true** ⓥ 진실처럼 들린다.

Jack, one of the last century's most renowned Catalan philosophers, said, "Catalan thought will always grow anew and survive those who would foolishly bury it." It still rings true today.

(자치 기운이 강한 스페인의 카탈란) 지난 세기 가장 유명한 카탈란 철학자 중 한 명인 Jack은 '카탈란 사상은 언제나 새롭게 성장하고 그것을 어리석게 묻어버리려는 이들보다 살아남는다'고 말했다. 이 말은 오늘날에도 여전히 진실로 울린다.

- **ring with** ⓥ 가득 채우다(filled or permeated wit a particular quality)

Everything in the store rings with symbolism.

가게의 모든 것들이 상징하는 것들로 가득했다.

Rip

- **rip apart** ⓥ 산산조각을 내다.

She quickly ripped apart her father's democracy and amended India's constitution to give herself enormous powers.

그녀(인디라 간디. 네루의 딸)는 아버지의 민주주의를 갈기갈기 찢어서 인도의 헌법을 자신에게 막대한 권한을 주도록 고쳤다.

- **rip off** ⓥ 뜯어내다.

  The Biden Administration decided to rip the bandage off, but unfortunately it ripped off a tourniquet, and we are watching the hemorrhaging of American honor and the death of the hopes and dreams of many Afghans — particularly many girls and women.

  tourniquet ⓝ 지혈대

  (아프간 사태) 바이든 행정부는 반창고를 떼어내기로 결정했지만, 불행히도 지혈대를 떼어내 버렸고, 우리는 미국의 명예가 피를 흘리는 것과 많은 아프간인들, 특히 많은 여성과 소녀들의 희망과 꿈이 죽어가는 것을 지켜보고 있다.

- **rip up** ⓥ 갈기갈기 찢다(tear something into pieces)

  After all, the denuclearization deal signed by Clinton in 2000 was effectively ripped up soon after, when Bush included North Korea in his "axis of evil."

  결국, Clinton이 2000년에 서명한 비핵화 협정은 Bush가 북한을 그의 '악의 축'에 포함시킨 직후 사실상 파기되었다.

Ripple

- **ripple through** ⓥ (물결이 퍼지듯) 확산되다.

  The news sent excitement rippling through the office.

  ripple ⓝ 잔물결, 파문

  그 소식은 사무실 전체에 흥분의 파동을 일으켰다.

Rise

- **give rise to** ⓥ ~이 생기게 하다.

  Scarcity predictably gives rise to hoarding, denying other people their share of finite goods.

  hoarding ⓝ 사재기

  부족하면 한정된 물건의 다른 사람의 몫을 부정하는 사재기를 낳을 수 있음은 예상할 수 있다.

- **on the rise** : 증가하는

  Her public profile within the secretive regime has been on the rise : she attended the 2018 Winter Olympics in PyeongChang and was also spotted with her brother at the failed summit with US President Trump in February 2019.

  비밀스러운 정부(북한)에서 그녀(김여정)의 공적인 프로필이 상승하고 있다 : 그녀는 2018년 평창 동계 올림픽에 참석했으며, 2019년 2월 미국 대통령 트럼프와의 실패한 정상회담에서 그녀의 오빠(김정은)와 함께 있는 모습도 포착되었다.

Rob

- rob A of B ⓥ A에게서 B를 빼앗다. *robbery ⓝ 강도(burglary)*

  Pyongyang's fall would rob Beijing of a buffer against a US-allied united Korea.
  북한이 무너지면 중국으로서 미국과 동맹한 대한민국을 막을 완충지대를 잃는 것이다.

- rob Peter to pay Paul ⓥ Peter에게서 돈을 빌려 Paul에게 진 빚을 갚다.

  To free up room for intensive care, some hospitals are converting cafeterias and educating rooms into wards for less acute patients, and began neighboring hospitals. sometimes even across state lines, to take overflow patients. "We are robbing Peter to pay Paul."
  (코로나) 집중치료를 위한 여유 공간을 확보하기 위해, 일부 병원은 구내식당과 교실을 다소 덜 시급한 환자를 위해 병동으로 전환하고 병원들끼리 연계를 시작했고, 심지어 때로는 넘치는 환자를 받기 위해 주(state)의 경계를 넘나들고 있다. "아랫돌 빼서 윗돌 괴고 윗돌 빼서 아랫돌 괴는 것이다."

Rocket

- rocket to ⓥ 갑자기 치솟다.

  A child actor with a decade-long-resume when Fox's 90210 debuted in 1990, she rocketed to fame as the teen soap rose in the ratings.
  1990년에 폭스의 '90210'이 처음 방영될 때 이미 10년간의 경력을 가진 어린 배우는 청소년 드라마의 인기가 높아지면서 일약 스타에 올랐다.

  Fox : 미국의 주요 방송 네트워크
  soap(soap opera) : 감정적이고 드라마틱한 텔레비전 시리즈

Roll

- roll back ⓥ 걷어내다, 후퇴하다(push back) ② (영향력이나 힘을) 줄이다. *rollback*

  All of his recent predecessors have tried and failed to roll back the North's nuclear program.
  세 분의 그의 최근 전임자(이명박, 박근혜, 문재인)들은 북한의 핵 프로그램의 영향력을 줄이려고 했으나 실패했다.

- roll on ⓥ (시간이나 사건이 빨리) 흘러가다.

  But she found new ways to use her gifts as the years rolled on, cultivating an air of frosty charisma that audiences loved.
  하지만 그녀(배우)는 세월이 흐르면서 자신의 재능을 새롭게 활용하는 방법을 찾았고, 관객들이 사랑하는 냉철한 카리스마를 발전시켰다.

- roll out ⓥ 출시하다(make a new product available for people to buy or use)

  Her government is rolling out the world's toughest equal-pay legislation.
  그녀의 정부는 세계에서 가장 엄격한 (남녀) 동등 임금 법안을 시행 중이다.

ⓓ **rollout** ⓝ (신상품) 출시

The bumpy vaccination rollout and economic scar tissue of the pandemic will stoke anti-incumbent anger and public unrest in many countries.
원활하지 못한 백신 출시와 팬데믹의 경제적 상처는 많은 나라에서 현직자에 대한 분노와 공공의 불안을 촉발시킬 것이다.

• **roll up**

① (차량) 이동하다, 접근하다.

② 도착하다(arrive somewhere, especially late or when you were not expected)

Jones is not like the other Ph.D candidates rolling up to New York University this year. First, she got out of prison only two days before school started. Second, folks at Harvard are still arguing over whether they should have admitted her. And third, when she was a teenager, she killed 4-year-old son.
Jones는 올해 뉴욕 대학교에 입학하는 다른 박사과정 지원자들과는 다르다. 첫째, 그녀는 학교가 시작하기 불과 이틀 전에 감옥에서 출소했고 둘째, 하버드에서는 그녀를 입학시켜야 했는지 여전히 논쟁 중이며 그리고 셋째, 그녀가 십 대였을 때, 4살의 아들을 살해했다.

③ (군사) 적의 측면으로 다가가다.

Light and medium tanks got ashore, rolled up to fire high explosive charges point-blank into the snipers' slots of enemy forts.
가볍고 중간 크기의 탱크가 해안선에 상륙했고, 적 요새의 저격병 슬롯에 고성능 폭약을 쏘기 위해 측면으로 다가갔다.

point-blank(adv) : 아주 가까이에서

Run

• **run after** ⓥ 쫓아가다(chase someone or something)

He ran after her, calling her name.
그는 그녀의 이름을 부르며 그녀를 쫓아갔다.

• **run against** ⓥ

① 경쟁하다, 출마하여 맞붙다.

"Guys, the Dems should nominate someone else — before it's too late," Andrew Yang, who ran against Mr. Biden for the Democratic nomination in 2020, wrote on social media before the debate had ended, adding a hashtag #swapJoeout.
(트럼프와의 TV 토론 후) "얘들아, 민주당은 너무 늦기 전에 다른 사람을 지명해야 해," 2020년 민주당 경선에서 바이든 후보와 경쟁했던 앤드류 양이 토론이 끝나기 전에 소셜미디어에 글을 올리며 해시태그 #swapJoeout을 덧붙였다.

② ~에 불리하다.

Public opinion is currently running against the banking industry.
현재 여론이 은행 산업에 불리하다.

- **run around** ⓥ 여기저기로 돌아다니다.

  He recognizes that people always are running around, it seems, with their hair on fire.
  그는 사람들이 항상 머리에 불난 것처럼 여기저기 돌아다니는 것처럼 보인다는 것을 인식한다(바쁘고 혼란스런 상태)

- **run down**

  ① 흘러내리다.

  In the lactation room, beads of sweat run down the forehead of a lactation specialist who squeezes drops of breast milk out of nipples — not always gently — to help with production.
  (산후조리원) 수유실에서, 수유 전문가의 이마에 땀방울이 흐르고 있으며, 그녀는 젖 생산을 돕기 위해 젖꼭지에서 모유 방울을 짜내고 있다 — 항상 부드럽게 짜내는 것은 아니다.

  lactate ⓥ 젖이 나오다, 젖이 분비하다.

  ② (자동차로) 다치게 한다.

  The boy was run down by joyriders.
  폭주족의 난폭한 운전으로 그 소녀는 다쳤다.

  joyride ⓝ 즐기기 위한 폭주 (a fast car ride taken for pleasure)

  ③ 규모를 축소시키다(reduce in size, numbers or resources)

  He has criticized the government for running down the Armed Forces.
  그는 공군의 규모를 줄인다고 정부를 비난했다.

  ⓓ **run-down** : 황폐한(in very bad condition)

  The island was better known for all the rusty 1950s-vintage cars still prowling Havana's rundown streets.
  그 섬(쿠바)은 아직도 하바나(쿠바의 수도)의 황폐한 거리를 어슬렁거리는 녹슨 1950년대 빈티지 자동차들로 더 유명했다.

- **run for** ⓥ 출마하다.

  In 2020, a parliamentarian in Jack's district stood down, and Jack saw an opportunity to amplify his call for social change by running for the seat.
  2020년에 Jack의 지역구 의원이 사임했고, Jack은 그 자리에 출마함으로써 사회 변화를 위한 자신의 목소리를 확대하는 기회를 보았다.

- **run into** ⓥ

  ① 우연히 만나다(meet by chance)

  We don't want moms to run into trouble at home, that's our approach.
  (산후조리원 주인의 말) 산모가 집에서 부닥치는 문제를 피하고자, 그것이 우리의 접근법이다.

  ② 충돌하다(collide with)

  I ran smack into this argument on Morning Joe, where I often appear.
  내가 종종 등장하는(글을 쓰는) Morning Joe에서 이 논쟁과 정통하게 부딪혔다.

  smack(adv) : 강하게

- run off ⓥ

① 훔쳐서 달아나다.

The wolf is in the habit of seizing what he wants and running off with it without paying.
(이솝 이야기) 늑대는 원하는 것을 잡아서 값을 지불하지 않고 달아나는 습관이 있다.

② (액체) 흘러내리다.

Water runs off into the gutter as the Las Vegas Valley Water District issues fines and citations for water waste.
라스베가스 벨리 수자원구역이 물 낭비에 대해 벌금과 벌칙을 부과하는 동안 물이 배수구로 흘러간다.

cf runoff ⓝ   play off (운동경기)

① 결승투표

Many experts and voters had predicted a Macron-Le Pen matchup in next year's presidential second-round runoff.
많은 전문가들과 유권자들은 내년의 대통령선거는 2차 투표에서 Macron과 Le Pen이 맞붙을 것을 예상했다.

② 지표수(rain or other liquid that flows off the land into rivers)

The drought is no fluke — human-caused climate change is a significant part of the problem, with higher temperatures causing more runoff from rain and snow to evaporate before it reaches the Colorado River.
가뭄은 우연한 일이 아니며 인간이 초래한 기후 변화가 문제의 상당 부분을 차지하고 있으며, 기온 상승으로 인해 비와 눈에서 발생하는 지표수가 콜로라도강에 도달하기 전에 증발하는 경우가 더 많다.

- run on

① ~의 이름으로 출마하다.

There were glimpses of these qualities when Khan rose to become Prime Minister : running on an antigraft ticket, he fused a disparate band of students and workers, Islamic hard-liners, and the nation's powerful military to derail the Sharif political juggernaut.

'Khan'과 'Sharif'는 정적 관계

juggernaut ⓝ 통제할 수 없는 비대한 힘(조직)

(파키스탄) Khan이 반부패 공약을 내걸고 출마하여 총리로 올라섰을 때 이러한 자질들이 엿보였다. 그는 학생들, 노동자들, 이슬람 강경파들, 그리고 국가의 강력한 군부를 결속시켜 Sharif 정치 거대 세력을 좌초시켰다.

② 오랫동안 이야기하다(talk or narrate at length)

We were just running on about how neither of us has aged a bit after all these years
우리는 이렇게 많은 시간이 흘렀는데도 우리 둘 다 조금도 늙지 않았다고 계속 이야기하고 있었다.

- run out ⓥ 다 떨어지다(use all of something and not have any more left)

South Korea elects a new President in March, and since Moon is ineligible to serve more than one term, he knows that time is running out to heal his riven homeland.

한국은 3월에 새 대통령을 선출하며, 문재인 대통령은 한 번의 임기만 가능하기 때문에, 분열된 고국을 치유할 시간이 얼마 남지 않았다는 것을 알고 있다.

ⓓ run out of time ⓥ 시간이 다 되어 가다.

Tackle the climate crisis before we run out of time.

늦기 전에 기후위기를 다루라.

- run over

① 차에 치이다.

Last month, two Palestinian men stole cars and ran over Israelis in a suburb of Tel Aviv.

지난달, 텔아비브 교외에서 두 팔레스타인 사람이 차를 훔쳐 이스라엘 사람을 치었다.

② 예정된 시간을 초과하다((Exceed an expected limit)(overrun)

The meeting ran over.

그 회의는 회의시간을 넘겼다.

- run through ⓥ

① 흐르다.

There's a strong sense of awe running through the whole book.

책 전체에 경외감이 강하게 흐르고 있다.

② 재빨리 훑어보다.

We ran through the list, but none of the machines seemed any good.

우리는 목록을 빠르게 검토했지만, 어떤 기계도 좋아 보이지 않았다.

UVWXYZ ABCDEFGHIJ
CDEFGHIJKLMNOPQRST
HIJKLMNOPQRSTUVWXYZ AB

HIJKLMNOPQR**S**TUVWXYZABCDEFG

외신으로 본
대한민국의
IDIOM 1

Saddle

- **saddle A with B** ⓥ A에게 B(부담, 빚 등)를 지우다.

  As fans, we saddle her with four years's worth of built-up expectations.
  팬으로서 우리는 그녀(올림픽 유망주)에게 4년간 쌓인 기대를 짊어지게 한다.

saddle ⓝ (말, 자전거 등 탈 것들의) 안장

Sail

- **sail into** ⓥ 갑자기 상황에 처하다(in an abrupt and nonchalant manner)

  Yet this mood reminds me of the aftermath of Sept. 11 in the United States, when we sailed into trouble.
  그러나 (하마스의 이스라엘 공격 당시) 분위기는 우리가 곤경에 처하면서 미국에서의 9.11 테러의 여파를 떠올리게 한다.

Save

- **save the day** ⓥ 궁지를 벗어나게 하다(make a bad situation end successfully)

  A local businessman saved the day by donating £30,000 to the school.
  한 지역의 사업가가 학교에 3만 달러를 기부하여 궁지를 벗어나게 했다.

save one's skin(동의어)

Savor

- **savor of** ⓥ ~의 기미가 있다.

  His recent comments savor of hypocrisy.
  그의 최근의 논평에는 위선의 냄새가 풍겼다.

savor ⓝ (음식의) 맛

Saying

- **it goes without saying** : 너무나 자명하다(obvious or self-evident)

  Don't smoke, and don't drink too much either. This goes without saying, but smoking cigarettes raises your risk for all kinds of deadly diseases.
  흡연하지 말고, 술 역시 많이 마시지 마라. 이것은 너무나 자명한 사실이다. 담배는 모든 치명적인 질병의 위험을 증가시킨다.

Scale

- **on a scale**(on a scale of) : ~와 같은 규모로

  There will be a choice between accepting steep economic decline as the age pyramid rapidly inverts, or trying to welcome immigrants on a scale far beyond the numbers that are already destabilizing Western Europe.
  (대한민국 인구 축소) 나이 피라미드가 급격히 뒤집히면 가파른 경제 후퇴를 받아들이거나 이미 서유럽을 불안정하게 만드는 숫자보다 훨씬 많은 규모로 이민자를 환영하고자 하는, 두 개 중의 하나의 선택만이 있을 뿐이다.

- **scale down(back)** ⓥ (크기·규모를) 축소하다.

  Washington Urges Israel to Scale Back Ground War in Gaza by Year's End.

  (기사 제목) 미국은 이스라엘로 하여금 연말까지 지상전을 축소하라고 촉구한다.

  scale-down ⓝ

- **scale up** ⓥ (크기·규모를) 확대하다.

  In November, world leaders will gather for COP26, the UN climate conference, where they are due to scale up their emissions targets.

  11월에는 세계의 지도자들이 (온실가스) 배출 목표를 증가시킬 COP 26, 즉 유엔 기후 회의에 모일 것이다.

  scale-up ⓝ

  COP26 : (2021년 11월 10일) 26차 유엔기후변화협약 당사국 (conference of parties) 총회

Scoop

- **scoop up** ⓥ

  ① 모두 사다(they buy it quickly so that soon there is none left)

  ② 신속하게 들어 올리다, 데려가다.

  Jane, who died at 96 on Oct. 11, had been working steadily since a friend scooped her up from her job at a Hollywood department store and brought the teenager to the MGM lot to see about some movies they were making.

  10월 11일에 96세의 나이로 세상을 떠난 Jane은, 한 친구가 할리우드 백화점에서 일하던 그녀를 데리고 MGM(Metro-Goldwyn-Mayer's Inc) 영화사로 가서 제작 중인 영화들에 대해 알아보게 한 이후로 꾸준히 일을 해왔다.

Scramble

- **scramble to root** ⓥ 힘든 일을 하려 하다(try to do something difficult very quickly)

  Meanwhile, authorities are scrambling to address the aging demography, encouraging employment at all ages and boosting low fertility rates.

  한편, (대한민국) 당국은 모든 연령대에서의 고용을 장려하고 저출산율을 높이기 위한 조치를 취하는 등, 고령 인구 문제에 대처하기 위해 안간힘을 쓰고 있다.

Scrape

- **scrape together** ⓥ (어렵게) 긁어모으다.

  By early 2016, he and his wife had scraped together enough money to pay a smuggler to get the family to Greece.

  2016년 초쯤, 그와 그의 부인은 가족을 그리스로 데려다줄 밀수업자에게 줄 돈을 긁어모았다.

Scratch

- **scratch one's head** ⓥ 골치 아파하다.

  In my time in the region, I went from scratching my head to pulling my hair out.

  (한국에 근무한 미군 장성) 그 지역에서 보낸 시간 동안, 저는 처음에는 고민하다가 결국은 극도의 스트레스를 느껴 머리카락을 뽑을 정도로 좌절했다.

- **scratch the surface of** ⓥ (전체의) 아주 작은 부분만 다루다.

  I think we have only scratched the surface of this problem.

  우리가 이 문제의 일부만을 건드렸다고 생각한다.

Screw

- **turn the screw on** ⓥ 옥죄다.

  Trump is currently pressuring China, responsible for 90% of North Korean trade, to turn the screws on Pyongyang and take steps against Chinese businesses and banks doing deals with North Korea.

  트럼프는 북한 무역의 90%을 책임지고 있는 중국에게 북한을 더 옥죄라고 압력을 가하고 있고, 북한과 거래하는 기업체와 은행들에게 조치를 취하고 있다.

- **screw up** ⓥ 엉망으로 만들다.　　　　　　　　　　　　mess up(동의어)

  In a social media post, he compared Mr. Biden to Marcus Aurelius, the Roman emperor who "screwed up his succession by passing the baton to his feckless son Commodus, whose disastrous rule started Rome's decline."

  (바이든과 트럼프의 TV토론 직후) 소셜 미디어 게시물에서 그는 바이든 대통령을 로마 황제 마르쿠스 아우렐리우스에 비유했다. 마르쿠스 아우렐리우스는 '무능한 아들 코모두스에게 바통을 넘겨 계승을 망치면서 로마의 쇠퇴를 시작하게 만든' 인물이다.

Script

- **flip the script** ⓥ 반전하다, 판세를 뒤집다.　　　　　　script ⓝ 대본

  These photographs flip the script on stereotypes of what it means to be British.

  이 사진들은 영국인이라는 것의 의미에 대한 고정관념을 뒤집는다.

Scrounge

- **scrounge for** ⓥ 구걸하다.

  As ice melt, polar bears scrounge for food.

  얼음이 녹으면서 북극곰들이 먹이를 찾아 헤맨다(혹은 먹이를 구걸한다)

Seal

- **seal a deal**(bargain, pact) ⓥ 최종 합의하다   *make an agreement more formal or definite*

In 2020 both countries sealed the deal by releasing prisoners — five by Iran and seven by the US.
2020년 이란은 5명, 미국은 7명을 석방하면서 두 나라는 최종 합의를 보았다.

See

- **see off** ⓥ 전송하다(go to an airport, train station etc to say goodbye to someone)

When I left home, he saw me off at the door until it was closed behind me.
(반려견) 내가 집을 떠날 때, 그는 내가 문을 닫고 나갈 때까지 문 앞에서 나를 배웅해 주었다.

Seethe

- **seethe with** ⓥ 격한 감정으로 부글부글 끓다(suffer violent internal excitement)

The rest of the class positively seethed with indignation when Jack won the award.
Jack이 상을 받았을 때, 나머지 반 친구들은 분명히 분노로 들끓었다.

Sell

- **an easy sell** : (무언가를 설득하거나 받아들이게 하기) 쉬운 상황(혹은 쉽게 팔리는 물건)

Given Kim Jong Nam's pure "Baekdu bloodline" — named after the extinctive volcano considered the mythical birthplace of the Korean people — installing him as a puppet would seem an easy sell to North Korea's elite.   *puppeteer ⓝ 인형(puppet)을 부리는(조종하는) 사람*

(김정남 망명정부) 백두혈통이라 불리는 김정남(김정남의 이복형으로 암살당함)의 순수한 혈통을 고려할 때 —백두는 한국인의 신화적인 발상지로 여겨지는 사화산인 백두산의 이름을 따서 명명되었는데 — 그를 꼭두각시로 설치하는 것이 북한 엘리트층에게는 쉽게 받아들여질 것이다.

- **sell off** ⓥ 싸게 팔아치우다.

She slashed the size of the British state, deregulated the economy, sold off dozens of state-owned industries and cut taxes with the proceeds.
그녀(대처 수상)는 영국 국가의 크기를 대폭 줄이고, 경제를 규제 완화하며, 수십 개의 국영 기업을 매각하고, 그 수익으로 세금을 인하했다.

- **sell out** ⓥ 매진되다.   *sellout ⓝ*

The popular rail journeys sell out every year — and last year, tickets were snapped up in minutes.
인기 있는 기차 여행은 매년 매진되며 — 작년에는 표가 몇 분 만에 모두 팔렸다.

Semblance

- **a(some) semblance of something : 외관상의**

  Finding a semblance of normalcy became harder for Jack and his brother after their parents divorced.

  부모님이 이혼한 후, Jack과 그의 형제들은 아무렇지도 않은 외관을 찾는 것이 힘들었다.

Send

- **send for ⓥ 보내달라고 하다(request the coming or delivery of; summon)**

  If her temperature goes up, send for the doctor.

  체온이 상승하면 의사를 보내달라고 하세요.

- **send in ⓥ (문제를 해결하기 위해) 보내다.**

  President Putin could send in troops and annex the occupied Donbas, though his current demand is for major NATO security concessions and a promise of no further eastward expansion.

  현재 그(푸틴)의 요구는 주요 NATO 안보 양보와 더 이상의 동쪽 확장이 없을 것이라는 약속이지만, 푸틴 대통령은 군대를 보내 점령된 돈바스 지역을 병합할 수 있다.

- **send off ⓥ**

  ① 우편으로 발송하다.

  He sent off copies to various people for them to read and make comments.

  그는 다양한 사람들에게 복사본을 보내 그들이 읽고 의견을 낼 수 있도록 했다.

  ② (운동경기에서) 퇴장시키다.

  The player was sent off for arguing with a linesman.

  그 선수는 라인맨과 논쟁한 이유로 퇴장당했다.

- **send out ⓥ (신호를) 보내다, 방송하다.**

  Is it even possible to classify athletes as men and women when the human body sometimes sends out more complicated signals.

  (여성 체육인이면서 남성 호르몬이 분비되어 월등한 경기력을 보인 경우) 때때로 신체가 보다 복잡한 신호를 보낼 때, 남자 선수와 여자 선수를 구별하는 것이 가능할까?

Sense

- **in every sense of the word : 어느 의미로도**

  My experience during childbirth was a nightmare in every sense of the word, or something like a horror film.

  나의 출산경험은 어느 의미로도 공포영화와도 같은 악몽이었다.

Serve

- **serve as** ⓥ ~의 역할을 하다.

  Kakao's suite of apps serves as crucial infrastructure in South Korea, covering banking, payments, ride-hailing, maps and games.
  카카오의 앱 스위트는 은행, 결제, 차량 호출, 지도 및 게임을 포괄하면서 한국에서 중요한 인프라 역할을 한다.

  suite ⓝ 관련된 소프트웨어나 애플리케이션들을 하나의 그룹으로 묶은 것.

- **serve out** ⓥ 근무 기간을 다 채우다.

  Aging today, of course, is different than it was in the 1950s, and Eisenhower did decide to run again, serving out a second term leading an administration that historians credit as formidable.
  (아이젠하워 대통령의 64세 당시의 일기에서 자신이 나이가 많다고 고백함) 물론 오늘날 늙어감이 1950년대와는 다르고 그는 다시 입후보하기로 결정하고, 역사가들이 대단하다고 호평하는 정부를 이끌면서 두 번째 임기를 다 채웠다.

- **serve up** ⓥ 음식을 제공하다(give food to someone as part of a meal)

  They fear election would serve up a weak leadership that could be easily overthrown.
  (비유적 표현) 그들은 선거가 쉽게 전복될 수 있는 약한 리더십에 빌미가 될 것을 우려한다.

Service

- **in the service of** : (누구의) 편의를 위해서

  A coronavirus quarantine is not easy. It amounts to two weeks of house arrest for a disease you may not have. Your fortnight of confinement is done entirely in the service of others, protecting them from possible infection.
  코로나 격리는 쉬운 게 아니다. 걸리지도 않았을 코로나로 집에서 나오지 못하는 2주일간의 격리다. 당신의 이 주간 격리는 타인의 감염을 예방하기 위해 순전히 타인의 편의를 위해 행해진다.

  house arrest ⓝ 가택 연금

- **out of service** : 작동하지 않은

  On Sunday, it declared that the hospital, where it said more than 14,000 displaced people had also been sheltering, was "out of service and no longer operational."
  일요일, 그것(국제적십자사)은 14,000명의 집을 잃은 사람들이 피신한 그 병원이 병원진료를 하지 않아 작동하지 않는다고 말했다.

Set

- **set about** ⓥ (힘든 일을) 시작하다, 착수하다.

In a blow to the Tibetan exile community, China has set about bringing the leadership of Tibetan Buddhism into the party fold.
티베트 망명 커뮤니티에 대한 타격으로, 중국은 티베트 불교의 지도부를 (중국) 공산당의 영역으로 편입시키는 작업을 시작했다.

fold ⓝ (같은 사상·신념을 가진) 집단(단체)

- set apart ⓥ 구별하다, 눈에 띄게 하다.

The street-fighter spirit and self-made life in a patriarchal culture set her apart.
가부장 문화에서 거리 투사의 정신과 자수성가의 삶은 그녀를 눈에 띄게 한다.

street-fighter spirit : 어려운 상황에서도 굴하지 않고 싸우는 강인한 정신

- set aside ⓥ 챙겨두다.

From his first presidential summit with Mr. Obama in 2013, Mr. Xi had shown himself to be a "much more assertive and confident leader" than his predecessor, Hu Jintao, setting aside his talking points to press his views.
2013년 시진핑은 오바마와의 첫 정상회담부터 그의 견해를 강조하기 위해 의제를 별도로 챙겨두면서 전임자인 후진타오보다 더 적극적이고 자신에 찬 모습을 보여주었다.

- set back ⓥ 후퇴시키다. 역행하다.

All of this has set back efforts to forge a China-E.U. investment treaty that would boost growth on both sides.
이러한 모든 것들이 양쪽의 성장을 북돋우는 중국과 EU의 투자협약을 구축하려는 노력을 후퇴시킨다.

ⓓ setback ⓝ 차질(a problem that prevents progress)

In times like these, setbacks and obstacles are inevitable.
이와 같은 시대에는 차질과 장애물은 불가피하다.

- set in ⓥ (안 좋은 것이) 시작하다.

But in Ukraine, as winter sets in and the war enters its second year, time will prove decisive.
그러나 우크라이나에서는 겨울(추우니까 안 좋은 것임)이 시작되고, 전쟁은 이년 째 접어들면서 시간이 결정적임을 증명할 것이다.

- set off

① (어디로) 출발하다(start to go somewhere)

Each weekday, many of the factory's workers set off on foot before dawn from nearby villages to arrive at the factory gate on time.
매주 평일마다, 공장의 많은 근로자들이 새벽 전에 인근 마을에서 도보로 출발하여 제 시간에 공장 문에 도착한다.

② 폭발하다, 폭발하게 하다(make a bomb explode, or cause an explosion)

Accumulate enough, set it off and there is no other outcome but boom!
충분히 모으고, 터뜨리면 결과는 폭발뿐이다!

임계질량(핵분열 물질이 연쇄 반응을 할 수 있는 최소의 질량)에 관한 내용

③ (사건을) 유발하다(make something start happening)
In 1776, America set off to unleash human potential by combining market economics, the rule of law and equality of opportunity.
1776년, 미국은 시장 경제, 법의 지배 그리고 기회의 균등을 결합하여 인간의 잠재력을 유발시켰다.

- **set out** ⓥ 시작하다.

They are setting out in boats that are designed to sink.
그들은 침몰하도록 설계된 배로 출발하고 있다.

outset ⓝ 시작, 출발
(beginning, start)

- **set out on a journey**(drive, voyage, trek) ⓥ 여행을 출발하다.

Nobody is clear why the herd set out on this unprecedented trek.
그 무리(야생 코끼리)가 과거에는 없었던 트레킹을 출발하는 이유를 아무도 몰랐다.

- **set out to** ⓥ ~할 계획이다.

Distressed by the changes I observed in my family, I set out over the next few years to visit more than 50 boarding preschools across northern and eastern Tibet, areas that China calls the Qinghai, Sichuan and Gansu provinces.
(중국의 소수 민족 정책) 가족에서 관찰된 변화에 괴로워하며, 나는 앞으로 몇 년 동안 중국이 칭하이, 쓰촨, 간쑤성이라고 부르는 티베트 북부와 동부 지역에 있는 50개 이상의 기숙 유치원을 방문할 계획이다.

Settle

- **settle down** ⓥ 정착하다.

Young adults have expressed ambivalence about marrying and settling down, and they worry about the future as the economy slumps and unemployment soars. China is also among the most expensive countries in the world to raise a child.
젊은 성인들은 결혼하고 정착하는 것에 대해 모호한 태도를 보이고 있으며, 경제가 침체되고 실업률이 급등함에 따라 미래를 걱정하고 있다. 중국은 또한 자녀를 키우기에 세계에서 가장 비용이 많이 드는 국가 중 하나다.

- **settle for** ⓥ (불만스럽지만) 받아들이다.

American wrestler Jack settles for silver after loss in gold medal final.
미국의 레슬러 Jack이 금메달 결승에서 패배한 후 은메달을 획득한다.

- **settle in** ⓥ (새로운 장소나 환경) 자리 잡다.

A long recognized diplomatic truism is settling in for President Trump : North Korea is the land of lousy options.
북한은 나쁜 선택지의 나라라는 오랫동안 인정받아온 외교적 진리가 트럼프 대통령에게 자리 잡고 있다.

settle into(동의어)

truism ⓝ 당연한 소리, 뻔한 소리
louse ⓝ lice(이)의 복수형
lousy ⓐ 아주 안좋은

- settle on ⓥ 결정하다(decide or agree on something)

Once the five settle on a candidate that none of them want to block, they present their selection's name to the 193-member General Assembly for a ratification that is a fait accompli.

(유엔의 안전보장 이사회 5개 상임이사국) 누구도 반대하지 않는 (사무총장) 후보를 합의하면 그들은 선발된 이름을 193개국 총회에 재가를 위해 제출하는데, 이는 기정사실로 받아들여진다.

fait accompli : (불어) 기정사실

Shadow

- cast a shadow ⓥ 그림자를 드리우다(less enjoyable, attractive, or impressive)

The location of the global gathering, barely 50 miles from the heavily armed demilitarized zone that marks the border with North Korea, guaranteed that the rogue state and the nuclear ambitions of its unpredictable leader would cast a fraught shadow over the action.

북한과 경계 짓는, 중무장된 비군사화 지역에서 불과 50마일밖에 떨어지지 않는 곳에서 세계적인 모임(평창 동계 올림픽)이 열린다는 것에 악당의 나라이면서 예측 불가능한 지도자의 핵무기 야심은 불편한 그림자를 드리웠다.

- in the shadow of : ~의 영향 아래(부정적인 맥락)

In Israel, Hanukkah begins in the shadow of two months of war.

이스라엘에서는 Hanukkah(유대교 축제)가 두 달간의 전쟁의 영향 때문에 주목받지 못한 채 시작한다.

Shake

- shake down ⓥ (협박해서 돈을) 강탈하다.

Jane, 31, says she fled because of death threats by gang members trying to shake down the family grocery store.

31살의 Jane은 갱의 조직원들이 가족이 경영하는 식료품 가게를 살해위협으로 강탈하려 하기에 도망쳤다.

shakedown ⓝ

- shake off ⓥ (병·문제) 벗어나다(get rid of an illness, problem etc)

The school was a hotbed of radical, sometimes violent ideas competing to reform Cuba's corrupt and chaotic society, which had only shaken off US overseership of the island a decade earlier.

학교는 쿠바의 부패하고 혼란스러운 사회를 개혁하기 위해 경쟁하는 급진적이고 때로는 폭력적인 아이디어의 온상이었으며, 쿠바는 불과 10년 전에 미국의 감독에서 벗어났다.

- shake out ⓥ

① 결과적으로 어떻게 되다(prove to be in the end)

If the merger is approved, how would that shake out in Arizona?

합병이 승인된다면, 그것이 애리조나에서 어떻게 진행될까요?

② (특히 먼지 등을) 털다.

The best way to clean this doormat is to brush it or shake out any dirt and debris.

이 현관 매트를 청소하는 가장 좋은 방법은 브러시로 닦거나 흔들어 모든 먼지와 잔해를 제거하는 것이다.

③ (기업) 구조 조정하다.

As the airline industry shakes out all but the very fittest, catering companies could face serious troubles.

항공 산업이 가장 강한 회사들을 제외하고 모든 것을 정리함에 따라, 케이터링 회사들은 심각한 문제에 직면할 수 있다.

- **shake up** ⓥ 좋은 방향으로 변화시키다.

He knows he needs to shake up Saudi culture by, for example, allowing women to drive so they can contribute to the workforce in greater numbers.

예를 들어, 여성들의 운전을 허용함으로써 더 많은 여성이 노동력에 기여할 수 있도록 사우디 문화를 변화시켜야 한다는 것을 그는 알고 있다.

ⓓ **shake-up** ⓝ 개혁

It's the biggest shake-up to the Asia-Pacific security architecture in decades.

그것은 수십 년 만에 아시아 태평양 안보 구조에 가장 큰 개혁이다.

shakeout ⓝ

catering company : 음식 서비스를 제공하는 회사

Shamble

- **in a shambles** ⓥ 난장판이 되다(mess)

While many parts of Northern California escaped major damage, some coastal areas were swamped by high surf and flooding that left beaches in shambles.

북부 캘리포니아의 많은 지역이 큰 피해를 피했지만, 일부 해안 지역은 높은 파도와 홍수로 인해 해변이 폐허가 되었다.

Shape

- **in good(bad) shape** : 건강·컨디션이 좋다(좋지 않다)

Mr. Putin finds himself in much better shape than a year earlier, when he skipped the ritual amid setbacks in Ukraine.

푸틴 러시아 대통령은 기자 회견을 건너뛰고 우크라이나에서는 후퇴를 겪었던 작년보다는 컨디션이 훨씬 좋은 자신을 알게 된다.

• take shape ⓥ 확실히 전개되다(develop into a clear and definite form)

But in Seoul, where Zweden officially began a five-year term as the Seoul Philharmonic Orchestra's music director this month, a new chapter is taking shape.
하지만, Zweden이 이번 달 서울 필하모닉 오케스트라의 음악 감독으로 5년 임기를 공식적으로 시작한 서울에서는 새로운 장이 펼쳐지고 있다(변화가 일어남을 암시)

Shatter

• in shatters : 산산이 부서져

Ms. Jane's reputation was in shatters, and she was nearly in tears.
Jane의 명성이 산산조각 났고, 그녀는 거의 눈물을 흘릴 뻔했다.

Shave

• shave off ⓥ

① (수염을) 면도하다.

② (금액이나 숫자를) 깎다, 삭감하다.

And in late December, the business was told to restructure to adhere to new antimonopoly rules, shaving billions off its valuation.
그리고 12월 말에, 그 기업은 새로운 반독점 규정을 준수하기 위해 구조조정을 하라는 지시를 받았으며, 그 결과 기업 가치가 수십억 달러가 깎였다.

Shell

• shell out ⓥ 많은 돈을 지불하다.

Yet their expertise earns them wages that, while high by local standards, are only a fraction of what most of their clients shell out for their expeditions.
(에베레스트 Sherpa에 관한 내용) 그러나 그들의 전문성 덕분에 지역 기준으로는 높은 임금을 받지만, 대부분의 고객(등반가)들이 그들의 탐험을 위해 지출하는 금액의 일부에 불과하다.

Shift

• shift away from ⓥ 벗어나다, 변하다.

Mr. Kim has shifted away from pursuing better relations with the United States and South Korea and closer to President Vladimir Putin of Russia and may be preparing for war.
김정은은 미국과 남한과의 관계 개선을 추구하는 것에서 벗어나 러시아의 푸틴 대통령과 더 가까워지고 있으며, 전쟁을 준비하고 있을지도 모른다.

Shirt

- **lose one's shirt** ⓥ (도박이나 투자로) 돈을 잃다.

  Many investors lost their shirts when the market crashed.
  시장이 붕괴되었을 때, 많은 투자자들은 돈을 잃었다.

Shiver

- **send shivers down your spine** ⓥ 등골이 오싹하게 하다.

  Just the thought of it sends shivers down my spine.
  단지 그것을 생각만 하여도 등골이 오싹한다.

Shoe

- **step into(fill) one's shoes** ⓥ (누군가의 역할이나 위치를) 이어받다.

  If somebody can step into his shoes at some point, the riches are beyond imagination.
  만약 누군가가 언젠가 그(푸틴)의 자리를 이어받을 수 있다면, 그 부는 상상을 초월할 것이다.

Shoot

- **shoot from the hip** ⓥ 즉흥적으로 행동하거나 말하다.

  It was exactly the kind of shoot-from-the-hip move they hate in the pin-striped confines of the State Department.
  (한미연합훈련 중단에 대한 트럼프 결정) 그것은 바로 그들이 국무부의 줄무늬 정장을 입은 경직된 분위기 속에서 싫어하는 즉흥적인 행동이었다.

- **shoot oneself in the foot(leg)** ⓥ 자신의 발등을 찍다(cause you a lot of trouble)

  With every bullet fired and every arrest, the regime is shooting itself in the leg.
  (이란 히잡 사건으로 데모대가 연일 계속해서 거리로 쏟아져 나오는 상태에서) 발사된 매 총알과 모든 체포로, 정권은 스스로 다리에 총을 쏘고 있는 것이다.

Shop

- **shop around** ⓥ 이곳저곳을 비교하다.

  Now Pakistan must shop around for new benefactors — chiefly Saudi Arabia, Russia, and China.
  지금 파키스탄은 새로운 후원자, 주로 사우디, 러시아 그리고 중국을 비교해야 한다.

---

pin-striped ⓐ 옷, 특히 정장에 있는 아주 가느다란 세로 줄무늬를 가리킴(보통 엄격하고 공식적인 분위기를 연상시키는 데 사용됨)

Shore

- **shore up** ⓥ 떠받치다, 강화하다.

Through July and August, he traversed the continent at a frenzied pace, seeking to assure his allies and shore up his business interests.
7, 8월 내내, 그(푸틴에 반기를 든 프리고진)는 미친 속도로 우군을 확보하고, 사업이익을 강화하기 위해 대륙을 쏘다녔다.

Shot

- **call the shots** ⓥ 명령하다, 지배하다(give orders and make decisions)

North Korea believes it had to take action to remind everyone that it is Kim Jong Un calling the shots.
북한은 모두에게 김정은이 상황을 통제하고 있다는 것을 상기시키기 위해 행동을 취해야 한다고 믿고 있다.

- **like a shot** : (주저하지 않고) 총알같이

Her young sister Jane would be up like a shot, bounding down the stairs to the bomb shelter.
그녀의 어린 여동생 Jane은 마치 총알처럼 일어나서 계단을 뛰어내려 폭탄 대피소로 향할 것이다.

Shoulder

shoulder ⓝ 어깨

- **give a cold shoulder to** ⓥ 쌀쌀맞게 대하다.

But Kim recently gave the cold shoulder to a high level envoy from Beijing.
그러나 김정은은 중국에서 온 고위 사절을 쌀쌀맞게 대했다.

- **look over one's shoulder** ⓥ 염려하다, 불안해하다.

Nonetheless, the invasion of Ukraine has South Korea once again looking over its shoulder.
그럼에도 우크라이나 침공은 다시 한번 대한민국을 불안하게 했다.

- **rub shoulders with** ⓥ (고위층과) 교류하며 지내다.

As a party member who rubbed shoulders with China's top leaders, Ma even assumed an unofficial ambassadorial role.
중국 최고 지도자들과 교류하는 당원으로서, Ma(알리바바의 창업자)는 비공식적인 대사 역할을 맡았다.

- **shoulder to shoulder** : 어깨를 맞대다(physically close together)

Las Vegas casinos are shoulder to shoulder with gamblers, and people in states across the country are again dining in restaurants, going to the

gym, throwing parties — generally acting as though the pandemic is a distant memory.
라스베이거스 카지노에는 도박꾼들이 어깨를 맞대고(사람들이 많고), 전국적으로 다시 식당에서 식사하고, 헬스장에 가고, 파티를 연다. 일반적으로 코로나는 먼 기억처럼 처신한다.

- **shoulder the responsibility**(duty, cost, burden) ⓥ (책임, 의무, 비용, 짐) 짊어지다.
I invite President Xi to jointly shoulder with us the responsibility of maintaining peace and stability, building regional prosperity, and advancing world peace.
저(대만 대통령)는 시진핑 주석에게 평화와 안정을 유지하고, 지역 번영을 구축하며, 세계 평화를 증진시키는 책임을 함께 지자고 초대한다.

Shove

- **shove aside** ⓥ 물러나게 하다.
In neighboring Egypt, Jack was shoved aside in 2011 in favor of elections that briefly brought to power the Muslim Brotherhood's Jane in 2012.
인접한 이집트에서는 2011년에 Jack이 밀려나고 2012년에는 이집트 무슬림 형제단의 Jane이 잠시 권력을 잡게 된 선거가 이루어졌다.

- **shove off** ⓥ 꺼져라(used to tell someone angrily to go away)
Shove off and leave me alone!
꺼져, 나 혼자 있도록 내버려 주세요.

Show

- **have something to show for it** ⓥ 성과가 약간 있다
I worked for two weeks, and $50 was all I had to show for it.
나는 2주 동안 일했지만, 그 결과로 얻은 것은 겨우 50달러뿐이었다.

노력, 시간, 자원에 대해 얻은 결과나 이득이 있을 때

- **have little to show for it** ⓥ 성과가 없다
An estimated 9 million carats of high-quality diamonds have been extracted from the small West African nation since rich alluvial deposits were first found by British colonialists in the 1930s, but the country has little to show for it.
1930년대 영국 식민지 개척자들이 처음으로 풍부한 충적층을 발견한 이후, 작은 서아프리카 국가에서 약 900만 캐럿의 고품질 다이아몬드가 채굴되었지만, 그 나라는 이에 대한 혜택을 거의 누리지 못하고 있다.

노력, 투자에도 결과나 이득이 적을 때

- **show off** ⓥ 과시하다.
It has an "abnormally large" missile launch deck for its size, as if the North wanted to show off its nuclear force.

마치 북한이 핵 무력을 과시하기를 원하는 것처럼 그것(잠수함)은 크기에 비해 비정상적으로 큰 미사일 발사 갑판을 가지고 있다.

- show up ⓥ 나타나다, 등장하다.

The paramedics showed up to wheel her out of our house on a stretcher.
준의료기관 종사자(119 구급대)들이 들것에 실어 그녀를 실어나르려고 나타났다.

wheel ⓥ (바퀴 달린 것을) 밀다.

Shrug

- shrug off ⓥ 대수롭지 않게 여기다

In his comments on the possible deployment of North Korean troops, Mr. Putin shrugged off the prospect that it would constitute an escalation, saying the real escalation was U.S. meddling in Ukraine since 2013.
북한 군대 파병 가능성에 대한 발언에서 푸틴 대통령은 그것이 갈등을 고조시킬 가능성을 대수롭지 않게 여기면서, 진정한 갈등 고조는 2013년부터 미국이 우크라이나에 개입한 것이라고 말했다.

treat something as unimportant and not worry about it

Shuck

- shuck off ⓥ

① (착용한 것을) 벗다.

The kids ran in and shucked their muddy boots and jackets off, leaving them strewn across my clean floors.
아이들은 (집안으로) 달려가서 흙 묻은 부츠와 재킷을 벗어 나의 깨끗한 방에 널브러지게 했다.

② 없애다, 제거하다(chuck off)

I promised myself I would shuck smoking off for good this year.
올해는 영원히 금연하기로 스스로 약속했다.

shuck ⓝ (견과류·조개류 등의) 껍데기

Shudder

- shudder at the thought of ⓥ ~을 생각하면 몸서리친다.

He shuddered at the thought of the conflict ahead.
그는 앞으로 다가올 갈등을 생각하며 몸서리쳤다.

to shudder to think of(동의어)

shudder ⓥ (공포·추위 등으로) 몸을 떨다, 전율하다.

Shut

- shut off ⓥ : (가스·수돗물 등을) 차단하다.

One of the clearest examples of climate-related inflation came in the wake of a winter storm in Texas in February 2021 that shut off power for days for some in the state.
기후와 관련된 인플레이션의 분명한 예들 중의 하나가 2021년 2월 텍사스주의 일부 지역에서 며칠 동안 전기가 끊기는 겨울 폭풍의 여파로 왔다.

Shy

- **shy (away) from** ⓥ 피하다.

  He has backed a yes vote but has shied away from taking a major role in the campaign.
  그는 찬성표를 지지했으나 그 캠페인에서 주요한 역할을 맡는 것은 피했다.

- **shy of** : 부족한

  However, things took a turn when he was arrested on drug-trafficking charges in 2000, just three days shy of his 21st birthday.
  그러나 그가 마약밀매 혐의로 2000년 21번째 생일 3일 전 체포되었을 때 상황은 반전되었다.

Side

- **on one's side** : (누구의) 편인

  Dealing with North Korea is a team sport, and the US needs China on its side.
  북한을 다루는 것은 team sport이다. 그래서 미국은 중국이 자신의 편이길 원한다.

- **on the side** : 부업으로(in addition to the main portion) 반드시 경제적 의미는 아님

  He made a career playing for provincial orchestras, while on the side he wrote startling avant-garde novels, mostly unpublished.
  그는 지방 오케스트라에서 연주하며 경력을 쌓았고, 한편으로는 대부분 미발표된 놀라운 아방가르드 소설들을 썼다.

- **side by side** : 나란히

  More than a dozen refrigerated shipping containers stand side by side.
  열 개 이상의 냉장 운송 컨테이너가 나란히 서 있다.

- **take one's side** ⓥ (누구의) 편들다.

  After Hamas attacked Israel, some U.S. Palestinians said that American politicians and news outlets ignored underlying causes and took Israel's side.
  하마스가 이스라엘을 공격한 후, 일부 미국에 사는 팔레스타인 사람들은 미국의 정치인과 언론매체들은 (팔레스타인들의 행하는) 저변의 대의를 무시하고 이스라엘을 편든다고 말했다.

  cause ⓝ 대의(something that a group or people support or fight for)

Sideline

- **sit on the sidelines** ⓥ 좌시하다(not taking part in an activity)

  Jack knew that to build trust, companies need a purpose beyond profit. He knew business could not sit on the sidelines in the march for equality.
  Jack은 신뢰를 쌓기 위해서는 회사가 이익을 넘어선 목적이 있어야 한다는 것을 알았다. 회사는 평등을 위한 행진에서 좌시하지 말아야 한다는 것을 알았다.

Sift

- **sift through** ⓥ (많은 양의 정보에서) 중요하거나 유용한 정보를 찾다.

  With the improved technique, scientists can sift through a library of tens of millions of antibodies in a few days.

  개선된 기술로 과학자들은 며칠 내로 유용한 정보를 찾기 위해 수천만 개의 항체를 가진 수집품을 검색할 수 있다.

  > library ⓝ 수집품 (a collection resembling or suggesting a library)
  > antibody ⓝ 항체

Sight

- **no end in sight** : 끝이 안 보인다.

  After his visit to Washington, Time followed the President and his team back to Kyiv, hoping to understand how they would react to the signals they had received, especially the insistent calls for Zelensky to fight corruption inside his own government, and the fading enthusiasm for a war with no end in sight.

  그(젤렌스키)가 워싱턴을 방문한 후, 타임지(언론사)는 대통령과 그의 팀을 따라 Kyiv로 돌아갔다. 그들이 받은 신호 — 특히 젤렌스키에게 자신의 정부 내 부패와 싸우라는 끈질긴 요구 — 와 끝이 보이지 않는 전쟁에 대한 희미해지는 열정에 그들이 어떻게 반응할지 이해하기를 바라면서.

- **lose sight of** ⓥ 더 이상 못 보다, 시력을 잃다.

  But we shouldn't lose sight of the UN's value in an increasingly volatile and violent world or of achievements that don't make front-page news.

  그러나 우리는 점점 불안하거나 폭력적인 세상에서 유엔의 가치를 혹은 신문의 전면을 장식하지 않았던 성취를 간과해서는 안 된다.

Sinew

- **strain every sinew to root** ⓥ 온갖 노력을 다하다.

  She was the daughter of the nation's first Prime Minister, Nehru, the constitutional democrat who strained every sinew after independence from Britain to establish liberal democracy.

  그녀는 인도의 초대 총리인 네루의 딸이었으며, 네루는 영국으로부터 독립한 후 자유 민주주의를 세우기 위해 온 힘을 다했던 헌법적 민주주의자였다.

  > sinew ⓝ (근육과 뼈를 잇는) 힘줄

Single

- **single out** ⓥ (많은 가운데 하나를) 선발하다(select)

  Mr. Yoon's crackdown intensified in September, when his office singled out an independent news organization for a report it published last year.

  정부가 독립언론기관이 작년에 보도한 기사를 꼭 꼬집었을 때, 윤석열 정권의 탄압이 9월 집중되었다.

Sink

- **sink in** ⓥ (완전한 의미를) 깨닫다.

  Let that sink in and know that the problem is only getting worse.
  그것을 잘 이해하고 문제가 점점 더 악화되고 있다는 사실을 알아두세요.

- **sink into** ⓥ 빠지다.

  Jane, 21, another Kabul University student, says her new scholarship has rescued her from sinking into despair.
  또 다른 카불 대학생 Jane은 새로운 장학금이 절망에 빠지려는 그녀를 구했다고 말한다.

- **sink to** ⓥ 내려가다, 가라앉다.

  The President's ratings sank to a record low earlier this year.
  올 초 대통령의 지지율이 사상 최초로 최저를 기록했다.

Siphon

- **siphon off** ⓥ 빨대로 빨아들이다, 다른 곳에서 유용하다.

  The grain was meant to just transit through Poland, but some of it was siphoned off for sale on the domestic market.
  (우크라이나·러시아 전쟁) 그 곡물은 폴란드를 단순히 통과하기 위한 것이었지만, 일부는 국내 시장에서 판매하기 위해 빼돌려졌다.

siphon ⓝ 사이펀

Sit

- **sit by** ⓥ 좌시하다

  I won't sit idly by while he ruins his life!
  그가 자신의 인생을 망치는 동안 나는 가만히 있지 않을 거야!

'sit idly by'처럼 'idly'과 같이 쓰는 경우가 많음

- **sit-in** ⓝ 연좌 농성

  She has organized protests and sit-ins as part of the uprising, led by women, that rocked Iran last year, written guest essays and organized weekly workshops for women inmates about their rights.
  (She : 감옥에 있는 노벨평화상 수상자) 그녀는 작년에 이란을 뒤흔든 여성들이 주도한 봉기의 일환으로 시위와 연좌 농성을 조직했으며, 게스트 에세이를 작성하고 여성 수감자들을 대상으로 그들의 권리에 관한 주간 워크숍을 조직했다.

- **sit in on** ⓥ 참가하다(주도적인 역할을 하지 않고, 주로 듣거나 관찰 목적의 참여)

  She often sat in on the daily National Security Council briefings held for the president and senior staff.
  그녀는 종종 대통령과 고참 보좌진을 위한 매일 개최되는 국가안전보장회의 브리핑에 참가했다.

- sit on

① (위원회 따위의) 일원이 되다.

She is an entrepreneur who was one of the first employees at Yahoo and now sits on the board of Stanford University.

그녀는 Yahoo의 초기 직원 중 한 명이었으며 현재는 스탠포드 대학교 이사회의 일원인 기업가이다.

② 뭉개다(delay dealing with something)

Seoul accused Tokyo of sitting on the approval of a Japanese firm's request to send a shipment of liquid hydrogen fluoride — critical in building semiconductors — to South Korea, fueling worries over tech supply chains.

대한민국 정부는 반도체 건설에 중요한 액화 불화수소를 한국에 보내려는 한 기업체의 요구를 허가하지 않고 뭉개고 있는 일본 정부를 비난했는데, (허가하지 않고 뭉개는 것은) 기술공급망에 대한 우려를 자아낸다.

- sit out ⓥ 가담하지 않다.

Hamas had sat out recent clashes between Israel and other militants, and the group's political leaders were a thousand miles away in Qatar, negotiating to get more aid and jobs for residents of the impoverished territory.

하마스는 이스라엘과 다른 군사집단들과의 최근 충돌을 방관했고 하마스의 정치적 지도자들은 천 마일 떨어진 카타르에서 빈곤한 지역(가자지구)의 사람들을 위해 더 많은 도움과 일자리 창출을 위해 협상 중이었다.

Sitting

- in one sitting : 한 자리에서

If you consume more protein in one sitting, your body will either use it as energy, store it as fat or excrete it.

한 자리에서 더 많은 단백질을 소비하면, 몸은 그것을 에너지로 사용하고 지방으로 저장하거나 혹은 배설한다.

excrete ⓥ 배설하다.
excretion ⓝ

Skate

- be (skating) on thin ice ⓥ: 모험하다(you are likely to upset someone or cause trouble)

We all knew he graduated at just about the absolute bottom of his class of 899, and we loved how he skated on the edge of expulsion.

우리(사관학교 동기들)는 그가 899명의 동기들 가운데 맨 꼴찌로 졸업했다는 것을 알고 있고, 어떻게 퇴학당하지 않고 모험했는지를 사랑하고 있다.

Skin

- **get under one's skin** ⓥ 화나게 하다, 짜증나게 하다(irritate or upset someone)

  What really gets under my skin is people who push straight to the front of the line.

  정말 화가 나는 건 줄을 서 있지 않고 바로 앞으로 끼어드는 사람들이야.

Skinful

- **have a skinful** ⓥ 술을 많이 마시다, 고주망태가 되다.

  Do you remember last night at the bar at all? You really had a skinful!

  어젯밤 바에서의 일 기억나? 정말 많이 마셨어!

Slack

- **cut(give) someone some slack** ⓥ 덜 몰아붙이다(in a less harsh or critical way)

  The press is willing to cut the President some slack because they like him.

  언론은 대통령을 좋아하기 때문에 그를 덜 몰아붙이고 있다.

Slam

- **slam into** ⓥ '쾅'하고 충돌하다.

  The car mounted the sidewalk, slamming into a lamppost.

  그 차가 가로등을 쾅하고 충돌하면서 인도로 뛰어들었다.

Slap

- **slap in the face** ⓝ (고의적인) 모욕

  As Kim Jong Nam was under Beijing's protection, the assassination is "a slap in the face for China."

  김정남(김정은 이복형)이 중국의 보호 아래 있었기에 그를 저격(Kuala Lumpur 국제공항에서의 피살)하는 것은 중국 입장에서는 모욕이다.

Slate

- **be slated to root**(for noun) ⓥ ~으로 예정되어 있다.

  American citizens are not expected to be among Wednesday's evacuees, other than those working for certain aid groups, but they are slated to follow in batches later in the week.

  미국 시민들은 특정 구호 단체에서 일하는 사람들을 제외하고는 수요일 대피자들에 포함되지 않을 예정이지만, 주 후반에 여러 그룹으로 나누어 대피할 계획이다.

batch ⓝ (일괄적으로 처리되는) 집단

Slave

- slave away ⓥ 뼈가 빠지게 일하다(work very hard with little time to rest)

I've been slaving away at this report for the last three days. I'm just ready for it to be finished!

지난 3일 동안 리포트 작성하느라 뼈 빠지게 일했다. 이제 겨우 마무리할 준비가 되어있다.

Slim

- slim down ⓥ 날씬해지다.

The company is tapping an opportunity to profit by focusing on Americans' desire to slim down.

(제약) 회사는 미국인들의 체중 감량 욕구에 집중하여 수익을 창출할 기회를 노리고 있다.

Slip

- slip away ⓥ 조용히 사라지다(leave a place without being noticed)

Hamas leaders say they waged their Oct. 7 attack on Israel because they believed the Palestinian cause was slipping away, and that only violence could revive it.

하마스 지도자들은 말하기를, 10월 7일 이스라엘을 공격한 것은 팔레스타인 운동이 사라지고 있다고, 그래서 오직 폭력만이 그 운동을 되살릴 수 있다고 믿었다.

- slip into ⓥ 점차 빠져들다(gradually experience an unpleasant or difficult situation)

But South Korea is distinctive in that it slipped into below-replacement territory in the 1980s.

그러나 대한민국은 1980년대부터 대체율 이하의 나라로 빠져들었기에 그것(인구감소)에 있어 뚜렷한 나라다.

- let A slip ⓥ (비밀을) 누설하다.

She out-talked the prince and even stopped him short when he was about to let slip who introduced them.

그녀(해리 왕자의 약혼녀)는 (영국의 해리) 왕자보다 말을 더 많이 했고 왕자가 그들을 소개한 사람이 누구인지 말하려던 순간에 그를 막았다.

- slip on ⓥ (옷이나 신발을 편하게 혹은 쉽게) 착용하다(걸치다)

It's just a crazy old thing, I just slip it on sometimes when I don't care what I look like.

그냥 미친 옛날 것인데, 내 모습이 어때 보이는지 상관없을 때 가끔 입어요.

crazy old thing : 옷이 유행을 따르지 않거나 조금 낡았음을 암시

- slip through ⓥ 통과하다, 지나가다.

One of them, Jack, slipped through a North Korean fence while its high-voltage electricity was turned off.

(탈북민 이야기) 그들 중의 한 사람인 Jack은 고압 전류가 꺼졌을 때, 북한의 펜스를 빠져 나갔다.

Slug

- slug(slog) it out ⓥ 한편이 이길 때까지 끝까지 승부를 보다.

slug ⓝ 민달팽이

But in South Korea, it has triggered a particularly raucous political debate, with the government of President Yoon Suk Yeol and its enemies slugging it out through banners, YouTube videos, news conferences and protests.

그러나 대한민국에서는 그것(후쿠시마 오염수)은 현수막, 유튜브, 기자 회견 그리고 데모를 통해 윤석열 정부와 그 반대진영이 끝까지 승부를 보겠다고 특히 시끄러운 정치적 토론을 유발했다.

Smack

- smack of ⓥ ~의 기미가 있다.

An op-ed in the state-run China Daily warned that "the moves by the US in the South China Sea smack of its arrogance as the world's sole superpower."

op-ed ⓝ (신문의 사설 반대 쪽 페이지인) 기명 논평 페이지

국영신문인 China Daily의 기명 논평은 남중국해에서의 미국의 움직임이 세계 유일 최강국의 거만함의 기미가 보인다고 경고했다.

Smooth

- smooth out

① (옷이나 종이의) 주름을 펴다.

② 고르게 하다(make something happen in an even regular way)

Because people can borrow and save to smooth out life cycle changes in income, their standard of living in any year depends more on lifetime income than on that year's income.

사람들이 소득의 생애 주기 변화를 완화하기 위해 대출하고 저축할 수 있기에, 어느 해의 생활 수준은 그 해의 소득보다는 평생 소득에 더 많이 의존합니다.

Snap

- snap to attention ⓥ (특히 군인들이) 잽싸게 차려 자세를 취하다.

When his father entered the room, he snapped to attention and, along with his elder brother, gave the old man a crisp salute.

그의 아버지가 방에 들어왔을 때, 그는 형과 같이 잽싸게 차려자세를 취하고 깍듯이 아버지께 인사를 했다.

- **snap to demand** ⓥ 신속히 요구에 응답하다.

Xi lived in a cave in a rural village in Yan'an, shoveling dung and snapping to the demands of his peasant foreman.

시진핑은 (거름으로) 소똥을 삽질하고, 농부 현장 감독의 요구에 신속히 응답하면서 중국 옌안의 농촌 마을에 있는 동굴에서 살았다.

shovel ⓥ 삽으로 일하다, 삽질하다.
dung ⓝ 똥(solid waste from animals, especially cows)

- **snap up** ⓥ 덥석 사다

Those with any disposable income snapped up goods in anticipation of a possible currency devaluation.

어느 정도 여유 자금이 있는 사람들은 화폐 가치 하락을 예상하고 물건들을 덥석 샀다.

buy up(동의어)

buy something immediately, especially because it is very cheap

Snatch

- **snatch at** ⓥ 낚아채다.

He snatched at the money I held out to him before I could change my mind.

제가 마음을 바꾸기 전에 저에게 내밀었던 돈을 그가 낚아챘다.

snatch ⓝ (역도) 인상

Sneak

- **sneak in** ⓥ 서서히 같이하다

Ditch the car! If you have a short commute, leave traffic behind and sneak in exercise with person-powered transport. Think bikes, scooters and your own two feet.

(운동하려면) 차를 타지마! 짧은 통근 거리라면 교통수단은 제쳐두고 사람의 동력으로 운동하도록 서서히 같이해라. (그리고) 자전거, 스쿠터 그리고 너의 두 발을 생각해.

해설이나 대사 등이 진행되고 있는 사이에 음악이나 효과음을 서서히 삽입시켜서 점점 확대해가는 오디오 연출 용어

Snuff

- **snuff out** ⓥ 끝내다, 파괴하다.

The lack of fuel has also largely snuffed out Gaza's cellular networks this week, cutting off most of the enclave's more than two million residents from the outside world.

연료의 부족으로 이번 주 가자지구의 셀룰러 통신망을 파괴했는데, (그 통신망은) 외부 세계와 enclave(한 국가나 도시 내 소수민족 거주지)의 2백만이 넘는 주민과 단절하는 것이다.

본래는 '촛불을 끄다'

Sock

- **sock something in** ⓥ (안개, 눈 따위로) 앞을 볼 수 없어 교통이 멈추다.

The airport was socked in all morning and air traffic was at a standstill.

공항은 아침 내내 안개에 휩싸여 있었고, 항공 교통은 완전히 멈춰 섰다.

Sort

- **sort out** ⓥ 선별하다, 분류하다.

    The reasons for the violence against the Rohingya have long been hard to sort out, with a mix of religious, ethnic and economic roots.
    Rohingya (종족)에 대한 폭력은 종교적, 민족적, 경제적인 뿌리가 있기에 그 원인을 선별하는 것은 어렵다.

- **sort through** ⓥ 자세히 살피다.   *pore over(동의어)*

    Analysts were still sorting through the text of the agreement to understand how far it would extend, either in terms of Mr. Putin's war in Ukraine or any future conflict on the Korean Peninsula.
    분석가들은 이 협정(북한과 러시아의 동맹)이 푸틴 대통령의 우크라이나 전쟁이나 한반도에서의 향후 갈등에 어느 정도까지 영향을 미칠지를 이해하기 위해 여전히 협정 문서를 검토하고 있었다.

Space

- **in the space of** : (시간) ~동안에   *in a span of(동의어)*

    In the space of a few minutes, the time it takes to move them across the room, they are decapitated, dehooved, skinned and sliced in half.
    그들(도축된 소)이 방을 가로질러 옮기는 몇 분 안에, 목이 잘리고, (소 발굽이) 제거되고, 살갗이 벗겨지고 반으로 잘렸다.

Spade

- **call a spade a spade** ⓥ 단도직입적으로 말하다.   *spade ⓝ*
    ① 삽
    ② (카드) 스페이드

    Why don't you just call a spade a spade and say that he is a liar?
    그가 단도직입적으로 거짓말쟁이라고 말하는 것이 어때?

- **in spades** : 대단하게 (to an unusually great degree)

    Beauty, intelligence, wealth — my mother had all of them in spades.
    미, 총명함, 부 — 엄마는 남들은 하나를 가지기도 힘든데 그들 모두를 가지셨다.

Span

- **in a span of** : ~하는 동안(시간)   *in the space of(동의어)*

    But just before classes were to begin in September, an additional 400 teachers submitted their resignations in a span of less than two weeks, stunning education officials and school administrators.
    그러나 9월에 수업이 시작되기 직전, 2주도 채 되지 않는 기간 동안 추가로 400명의 교사가 사직서를 제출하여 교육 당국과 학교 관리자들을 깜짝 놀라게 했다.

Sphere

- **someone's sphere of influence** : ~의 영향 아래

China welcomes Italy into its sphere of influence, unnerving the EU and US.

중국은 자신들의 영향 아래 들어오는 이탈리아를 환영하는 데, 이는 EU와 미국을 신경쓰게 만든 다.

Spill

- **spill into** ⓥ 확장되다, 퍼지다.

Once the war started, it was easy to see it spilling into the spring planting season and severely affecting the ability of farmers to sow their crops.

전쟁이 시작되자, (전쟁이) 봄 파종 시즌으로 넘어가 농부들이 작물을 파종할 수 있는 능력에 심각한 영향을 미치리라는 것은 쉽게 볼 수 있었다.

- **spill out** ⓥ 털어놓다.

Anger has spilled out this week on social media, with people denouncing what they see as the government's brutality.

이번 주에 사람들은 정부의 잔혹함으로 보이는 것을 비난하면서 소셜 미디어에서 분노가 터져 나왔다.

- **spill over** ⓥ 영향을 미치다.

As Israel readies its troops for a ground invasion of Gaza, escalating clashes on its border with Lebanon and violence in the Israeli-occupied West Bank intensified fears the conflict could spill over.

이스라엘은 가자지구에서의 지상전을 준비하면서 레바논 국경지대의 증가하는 충돌과 이스라엘이 점령한 West Bank의 폭력은 가자지구에서의 분쟁이 영향을 미칠 수 있는 무서움을 심화시켰다.

spillover ⓝ 여파

- **spill over into** ⓥ ~으로 넘쳐 나다, ~으로 영향을 미치다.

He noted that street fighting might well spill over into an uprising in the West Bank and a war on the Lebanon border as well.

그는 시가전이 West Bank에서의 봉기와 레바논 국경지대의 전쟁으로 넘쳐 나올 수도 있다는 사실을 주목했다.

Spin

- **spin around** ⓥ 휙 돌다(revolve quickly and repeatedly around one's own axis)

They both laughed a little more, and I shifted my bag from one shoulder to the other and spun around and left.

그들 둘은 좀 더 웃었고, 나는 가방을 다른 어깨로 옮기고 휙 돌아서 떠났다.

- **spin off** ⓥ 기업을 분할하다.

  LG announced in November 2020 that it was going to spin off five affiliate businesses into a new holding company with Bon-joon as the chairman.

  LG는 5개 계열사를 구본준을 대표이사로 하는 신설 지주회사로 분할한다고 2020년 11월 발표했다.

  spin-off ⓝ

- **spin out** (ⓥ) (바퀴가) 미끄러지다, 헛돌다 (to make a rotational skid in an automobile)

  I was riding my motorcycle this morning and the tires were spinning out. I barely made it here.

  (폭설 상황) 오늘 아침에 오토바이를 타고 오는데 바퀴가 헛돌았다. 간신히 여기까지 왔다.

Spiral

- **send something into a downward spiral** ⓥ 급락하게 만들다.

  Bon-moo's brain surgery in April 2017 went smoothly but after a second operation in December, he suffered a seizure that left him unable to speak, sending his health into a downward spiral.

  (LG) 구본무 회장의 2017년 4월 뇌 수술은 순조로웠지만 12월 두 번째 수술 이후 말을 할 수 없는 마비가 와 그의 건강은 급전직하로 떨어졌다.

  spiral ⓝ 나선, 나선형

- **spiral into** ⓥ 나선형으로 움직이다, 점점 끌려가다.

  The incidents underscored the heightened risks to the United States that the conflict in the Gaza Strip could spiral into a wider war in the Middle East.

  그 사건들은 가자지구의 충돌이 중동에서의 광범위한 전쟁으로 전개될 수 있다는 미국으로서는 고취된 위험을 강조했다.

Splash

- **make a splash** ⓥ 주목을 받다 (do something that gets a lot of public attention)

  Sun Group's founders made a fortune selling instant noodles in Ukraine before returning to Vietnam in 2007 to make a splash in tourism on Ba Na Hills in Danang, starting with a 3.6-mile cable car to the top.

  Sun 그룹 창립자들은 우크라이나에서 즉석 우동으로 많은 돈을 벌고 정상까지 3.6마일 케이블카로 시작한 베트남 다낭의 Ba Na Hills에서의 관광으로 주목을 받은 베트남으로 2007년 돌아갔다.

- **splash out** ⓥ 돈을 펑펑 쓰다.

  More extravagant penthouses and residences are also available for those who really want to splash out.

  더욱 화려한 펜트하우스와 거주지 또한 정말로 돈을 아낌없이 쓰고 싶은 사람들을 위해 마련되어 있다.

Split

- **split the difference** ⓥ 타협하다(arrive at a compromise)

  Yet when the president at last spoke on Oct. 10, he tried to split the difference.

  그러나 대통령이 마침내 10월 10일에 연설했을 때, 그는 절충안을 제시하려고 했다.

- **split on** ⓥ ~에 관하여 갈라지게 하다.

  Last year, the Supreme Court appeared closely split on the issue.

  작년에 대법원은 그 문제에 대해 팽팽하게 갈린 듯 보였다.

- **split up**

  ① 갈라서다, 이혼하다.

  Jack's parents split up when he was four.

  Jack의 부모님은 그가 네 살 때 헤어지셨다.

  ② 분리하다.

  Please don't split up when we get to the museum.

  우리가 박물관에 도착하면 흩어지지 말아 주세요.

Splurge

- **splurge on** ⓥ ~에 돈을 물 쓰듯 쓴다.

  Now, dogs are family members that get splurged on.

  (우리나라 반려견 문화) 이제 개는 가족 구성원으로 여겨져, 그들에게 돈을 아낌없이 쓴다.

'sp~'은 물과 관련한 접두사

Spoil

- **be spoiling for** ⓥ 갈망하다(be very eager)

  Elsewhere in the capital, responding to his call, thousands of his followers were spoiling for a brawl.

  수도의 다른 지역에서는 그의 부름에 응답하여 수천 명의 그의 추종자들이 싸움을 벌일 준비가 되어있었다.

Spot

- **on the spot** : 즉석에서(on the fly)

  But he calculated that it was worth the risk, and without consulting anyone further, he told Kim on the spot and he'd do it.

  그러나 트럼프는 위험하다고 생각하고 더이상 누구에게 자문을 구하지 않고 즉석에서 (한미연합훈련을) 안 하겠다고 김정은에게 말했다.

Spotlight

shine a spotlight on ⓥ 이목을 집중시키다.

The Winter Olympics in PyongChang in February shone a spotlight on the role that international sports competitions can play in defusing tensions between nations.

2월의 평창 동계올림픽은 나라 사이의 긴장을 완화하는데 국제 스포츠 경기의 역할에 이목을 집중시켰다.

Spring

- **spring on** ⓥ (상대방이 준비할 틈도 없이) 갑자기 달려들다.

Whenever any of the other animals entered to inquire after his health, he sprang upon them and devoured them.

(이솝우화) 다른 동물들이 그의 건강을 물어보러 들어올 때마다, 그는 그들에게 뛰어들어 그들을 잡아먹었다.

- **spring a surprise** ⓥ (예상치 못한 소식이나 사건으로) 놀라게 하다.

Jane started the meet by spring a surprise victory in the girls 4x800 relay.

Jane은 여자 4x800 릴레이에서 예상치 못한 승리를 거두며 대회를 시작했다.

- **spring up** ⓥ 갑자기 생기다(나타나다)

On Nov.4, police dismantled a tent camp that sprung up along the freeway in northern Paris, evicting about 3,000 people.

11월 4일, 경찰은 약 3천 명을 추방하면서 파리 북쪽 고속도로를 따라 생겨났던 텐트촌을 철거했다.

Square

- **go back to square one** ⓥ 처음으로 돌아가다.

In tearing up their Estonian residency papers, the refugees gave up free housing, generous welfare benefits, language lessons, schooling, job training and a fast track to citizenship — all that to go back to square one in Germany.

(아프리카 난민들의 목표는 독일인데 에스토니아로 감에 대한 반발) 난민들이 에스토니아 거주 서류를 찢음으로써, 그들은 무료 주택, 넉넉한 복지 혜택, 언어 교육, 학교 교육, 직업 훈련, 그리고 신속한 시민권 취득 등의 혜택을 포기하고, 독일에서 다시 처음부터 시작하기로 결정했다.

Squeak

- squeak through ⓥ 간신히 성공하다.

  His controversial bill, which caused dissent across the country, just squeaked through by 219 votes in favour to 212 against.

  전국적으로 이견을 불러일으킨 그의 논란이 많은 법안은 찬성 219표 대 반대 212표로 간신히 통과되었다.

  > 'against' 앞에 'votes'가 생략됨

Squeeze

- squeeze in ⓥ 짬을 내다, 시간을 내다.

  The eight-month stay squeezed in with his son's family in Beirut has been so stressful that his wife has been admitted to a hospital for anxiety.

  그의 아들의 가족과 함께 베이루트에서 보낸 8개월의 체류는 너무나 스트레스를 주어 그의 아내가 불안으로 병원에 입원하게 되었다.

Squirrel

squirrel away ⓥ (나중에 쓰려고) 저장하다, 감추다.

Jack squirrel away cash in all sorts of weird places.

Jack은 온갖 이상한 장소에 돈을 숨겨 둔다.

> squirrel ⓝ 다람쥐

Stake

- at stake ⓥ 위태로운, 성패가 달린

  Russia will act forcefully only where Putin believes his country's interests and national prestige are at stake.

  러시아는 푸틴이 자국의 이익과 국가적 위상이 위협받는다고 믿는 곳에서만 강력하게 행동할 것이다.

  ⓒ put something at stake ⓥ 위태롭게 하다.

  Mr. Jack said peace on the Korean Peninsula was a top priority for China, and the increasing militarization of the region put one of "China's vital interests at stake."

  Jack은 한반도의 평화가 중국의 최우선 과제이며, 이 지역의 증가하는 군사화가 중국의 중요한 이익 중 하나를 위태롭게 한다고 말했다.

- high stakes : 실패하면 아주 위험한

  Climbing is a dangerous sport and the stakes are high.

  등반은 위험한 스포츠이며 위험도가 높습니다.

  > you risk losing a lot or it will be dangerous if you fail

- stake out ⓥ

  ① (경찰관을) 잠복근무시키다.

② 자신의 영역을 확보하다.

Migrant songbirds have arrived and are staking out territories for nesting and hunting insects for their babies.
철새인 노래하는 새들이 도착해 둥지를 틀고 새끼들을 위해 곤충을 사냥할 영역을 확보하고 있다.

- stake a claim to ⓥ (자신의 몫이나 권리를) 주장하다.

They staked their claim to the land.
그들은 그 땅에 대한 자신들의 권리를 주장했다.

- stake A on ⓥ ~에 걸다.

Jack is staking his reputation on the success of the project.
Jack은 그 프로젝트의 성공에 자신의 명성을 걸고 있다.

Stamp

- stamp out ⓥ 밟아 뭉개다, 근절하다.

South Korea has won plaudits abroad for stamping out an initial COVID-19 outbreak in February and keeping case numbers low without imposing harsh lockdowns.
한국은 2월에 초기 COVID-19 발병을 진압하고, 엄격한 봉쇄 조치 없이도 확진자 수를 낮게 유지한 것에 대해 해외에서 칭찬을 받았다.

Stand

- stand at ⓥ ~을 나타내다.

Youth unemployment stands at a record high of 9.4%.
젊은 층의 실업률이 사상 최고인 9.4%를 기록한다.

- stand behind ⓥ 지지하다(support)

I'm standing behind a Black woman to be president of the United States.
나는 미국의 대통령이 될 흑인 여성(해리스 부통령)을 지지하고 있다.

- stand by ⓥ

① 방관하다.

The exodus of the Rohingya resumes as Suu Kyi stands by.
Rohingya(미얀마의 피압박 소수 민족)의 탈출이 Suu Kyi(미얀마 민주화 상징적 인물)의 방관 속에서 재개한다.

② 지지하다, 약속을 지키다.

The Afghan women who managed to get out are the lucky ones, but they feel betrayed by a world that promised to stand by them.
탈출에 성공한 아프간 여성들은 운이 좋은 편이지만, 그들을 지지하겠다고 약속했던 세계에 대해 배신당했다고 느낀다.

- **stand down** ⓥ 물러나다, 사임하다(resign)

In 2017, a parliamentarian in Jack's district stood down, and Jack saw an opportunity to amplify his call for social change by running for the seat.
2017년에 Jack의 지역구에서 한 의회 의원이 사임했고, Jack은 그 자리에 출마함으로써 사회 변화를 위한 자신의 목소리를 더 크게 퍼뜨릴 기회를 보았다.

- **stand for**

① 상징하다, 나타내다(represent a word or idea, especially as a short form)

But the band — whose name stands for Beyond the Scene — is also breaking new ground.
그러나 그 밴드(BTS) — Beyond the Scene을 상징하는 — 는 새로운 영역을 개척하고 있다.

② 지지하다(support a particular set of ideas, values, or principles)

I don't stand for a lot of things the current office stands for.
현재의 자리가 상징하는 많은 것들을 나는 지지하지 않는다.

③ (공직 선거에) 출마하다.

Lee is representing the same Democratic Party as Moon, who is constitutionally ineligible to stand for a second term.
이재명은 헌법상 연임이 불가능한 문재인 대통령과 같이 민주당을 대표한다.

- **stand off** ⓥ 멀리 떨어져 있다(stay at a distance from something)

ⓓ **standoff** ⓝ 소원(疏遠), 교착상태(deadlock)

But the border has since been sealed tight, with the military standoff between North and South Korea reaching ominous new heights in recent years.
하지만 그(휴전협정) 이후로 휴전선은 철저히 봉쇄되었고, 최근 몇 년 동안 북한과 남한 사이의 군사 대치는 불길한 새로운 지경(높이)에 이르렀다.

- **stand out** ⓥ 눈에 뜨이다.

Her gender and youth (she's 39) were always going to make her stand out in a field dominated mainly by old gray men.
여성이라는 그녀의 성과 39세라는 젊음은 나이 많은 사람들이 장악한 분야에서 항상 그녀를 눈에 띄게 할 것이었다.

ⓓ **standout** ⓝ 현저함

This list recognizes 350 hospitals across 28 countries for their standout work in implementing new medical technologies.
이 목록은 28개국에 걸쳐 350개의 병원이 새로운 의료 기술을 도입하는 데 있어 두드러진 성과를 낸 병원들을 인정하고 있다.

get behind(동의어)

- **stand to do A** ⓥ ~할 가능성이 있다.

If more Americans follow that credo, they stand to gain significant health benefits, including longer lives.

더 많은 미국인이 그런 신조를 따른다면, 장수를 포함하여 중요한 건강 혜택을 얻을 가능성이 있다.

- **stand up against** ⓥ 저항하다.

  Particularly during the Trump years, I really came to the recognition that I needed to speak out. He's a bully, and it's really important for us to stand up against bullies.

  트럼프 시절에 특히, 나는 목소리를 내야 한다는 것을 깨달았다. 그는 괴롭히는 사람이며, 우리가 괴롭히는 사람들에게 맞서야 한다는 것이 정말 중요하다.

  bully ⓝ 괴롭히는 사람

- **stand up for** ⓥ 지지하다, 옹호하다(support)

  Girls around the world are standing up for their rights — and the lives they want.

  전 세계의 소녀들은 자신들의 권리와 자신들이 원하는 삶을 주장하고 나섰다.

- **stand up to** ⓥ 맞서다(refuse to accept unfair treatment from a person or organization)

  If they fail to stand up to Beijing now, then eventually all of us, in every country around the world, could risk becoming the harried dissidents and fugitives of the Chinese Communist Party's inhumane rule.

  harried ⓐ 괴롭힘을 당하는

  (홍콩 민주화 시위) 만약 그들이 지금 베이징에 맞서지 못한다면, 결국 전 세계 모든 나라의 우리 모두는 중국 공산당의 비인간적인 통치로 인해 괴롭힘을 당하는 반체제 인사와 도망자가 될 위험에 처하게 될 것이다.

- **stand with** ⓥ 일치하다, 지지하다.

  Like Biden, I stand 100 percent with Israel against Hamas, because Israel is an ally that shares many values with America, while Hamas and Iran are opposed to what America stands for.

  하마스와 이란은 미국이 상징하는 것을 반대하기 때문에 이스라엘은 많은 가치를 미국과 공유하는 동맹이기에 바이든과 마찬가지로 나는 하마스를 반대하는 이스라엘을 100%로 지지한다.

Standstill

- **bring something to a standstill** ⓥ ~를 정지시키다.

  Strikes in June brought trains in Paris to a standstill and left mounds of garbage uncollected.

  6월의 파업으로 파리의 기차 운행이 중단되었고 쓰레기가 수거되지 않은 채 쌓였다.

Stave

- **stave off** ⓥ 비키다, 피하다.

  To stave off war with the North, Lee wants to continue with the "sunshine

policy" resurrected by Moon, who over the course of 18 months navigated an astonishing process of engagement.
북한과의 전쟁을 피하기 위해서는 18개월 동안 놀랄만한 포용정책을 항해한 문재인 대통령이 살려놓은 햇볕 정책을 계속하기를 이재명은 원한다.

Stay

- **stay ahead in** ⓥ ~에서 앞서다.   get ahead(동의어)

  This requires staying ahead in the military domain as well as in semiconductors and other key technologies.
  이는 반도체와 기타 주요 기술 외에 군사 분야에서도 앞서 나가는 것을 요구한다.

- **stay away from** ⓥ 거리를 두다.

  Beijing has very carefully stayed away from the optics of a China-Russia-North Korea axis.
  베이징은 중국-러시아-북한의 축이라는 인상을 주는 것에 매우 신중하게 거리를 두고 있다.

  optics ⓝ
  ① 광학(the scientific study of light and the way we see)
  ② 외부에 보이는 모습

- **stay in** ⓥ (건물 밖으로) 나가지 않다('커밍아웃'의 반대 의미로 사용)

  In conservative South Korea, few L.G.B.T.Q. entertainers have ever come out. The young members of QI.X don't see the point of staying in.
  보수적인 한국에서는 몇 안 되는 LGBTQ 연예인만이 커밍아웃을 해왔다. QI.X(동성애자 밴드)의 젊은 멤버들은 커밍하지 않는 이점을 알지 못한다.

- **stay on** ⓥ 계속해서 남아 있다.

  When Nixon resigned, he stayed on under President Gerald R. Ford.
  Nixon이 사임했을 때, 그(Kissinger 국무장관)는 다음 대통령인 Ford 밑에서도 계속해서 머물렀다.

- **stay out** ⓥ

  ① (집에) 들어가지 않다, 외출하다.

  She plans to get her learner's permit after the Open but has no plans to start staying out late, since tennis wears her out enough.
  그녀(테니스 스타)는 오픈 대회가 끝난 후에는 운전 연습 허가증을 따기로 계획하고 있지만, 테니스로 이미 충분히 지쳐서 늦게까지 외출할 계획은 없다.

  ② 관여하지 않다.

  Others are waiting to see how things shake out — or plan to stay out entirely to avoid the drama.
  다른 사람들은 상황이 어떻게 전개되는지 지켜보거나, 드라마를 피하기 위해 아예 관여하지 않으려 한다.

- **stay put** ⓥ (있던 자리에) 그대로 있다.

  Some birds in milder climates in the Southeast and on the West Coast stay put and choose not to migrate farther South.

남동부와 서해안의 온화한 기후의 일부 새들은 그대로 머물러 더 남쪽으로 이동하지 않기로 한다.

- **stay with** ⓥ (기억에 남아) 향후 영향을 미치다.

Terrorist groups use rape as a way to destroy women because they know that this can stay with women.
테러단체들은 강간이 여성들에게 오래 영향을 미칠 수 있음을 알기 때문에 여성들을 파괴하는 수단으로 사용한다.

Strike

- **strike down** ⓥ 폐지하다(annul, nullify)

Voters in both states struck down those measures at the ballot box.
두 주의 유권자들은 투표로 그 조치들을 부결시켰다.

- **strike it rich** ⓥ 갑자기 부자가 되다.

As a former digger himself, he has seen too many friends strike it rich, only to blow their cash and end up in penury a few years later.
(다이아몬드 광산) 그는 전직 광부로서 많은 친구들이 다이아몬드를 발견해 부자가 되었지만 돈을 낭비하고 결국에는 몇 년 뒤 궁핍하게 사는 것을 보았다.

penury ⓝ 극빈(the state of being very poor)

- **strike on(upon)** ⓥ 발견하다, 찾아내다.

Through trial and error, it struck upon the idea of critical mass.
시행착오를 통해, 그것(조직 내 성추행)은 임계질량의 개념을 발견했다(조직에서 여성의 숫자가 일정 수에 도달하면 성추행은 없어진다는 의미).

critical mass ⓝ 임계질량 (the amount of a substance that is necessary for a nuclear chain reaction to start)

- **strike out** ⓥ ① 비난하다, 공격하다 ② 성공하지 못하게 하다.

In the past, Christian groups, a powerful force in Korean politics, have successfully lobbied politicians to either strike out or water down such protections.
(동성애) 과거에, 한국 정치에서 강력한 힘을 가진 기독교 단체들이 이러한 (동성애) 보호 조치들을 폐기하거나 약화시키도록 정치인들을 성공적으로 로비했다.

- **strike out on your own** ⓥ 독자적으로 살아가다.

Even if Kishida desires to strike out on his own, some of Abe's views have become cornerstones of the LDP.
(아베 사후) 기시다(총리)가 독자적으로 생존한다 하더라도, 아베의 일부 정책들은 자민당(LDP, liberal democratic party) 내에서 초석이 되었다.

doing something or living independently

UVWXYZ ABCDEFGHIJ
CDEFGHIJKLMNOPQRSTU
HIJKLMNOPQRSTUVWXYZ AB

IJKLMNOPQRST

외신으로 본
대한민국의
IDIOM 1

UVWXYZABCDEFGH

Table

- **bring A to the table** ⓥ 논의의 장으로 가져오다.

  Several years of engagement and confidence-building would likely be needed just to bring Pyongyang's nuclear program to the table, as well as significant concessions by Seoul, such as suspending the annual joint naval exercises with the US.

  북한의 핵 프로그램을 논의의 장으로 가져오기 위해서는 대한민국과 미국이 행하는 매년 해상 훈련을 연기하는 것과 같은 중요한 양보는 물론이고 몇 년에 걸친 포용정책과 신뢰 구축이 필요할 것이다.

- **off the table** : 고려하지 않는, 논외의

  Postponement to 2022 is also off the table.

  (코로나로 도쿄올림픽을) 2022년으로 연기하는 것은 물론 고려하지 않고 있다.

- **on the table** : 테이블에 있는, 고려하고 있는

  Experts say that it's telling that Kim has put denuclearization on the table for the first time and pledged a moratorium on weapons tests.

  전문가들은 김정은이 처음으로 비핵화를 테이블 위에 올렸고, 무기 시험에 대한 중단을 약속한 것이 의미심장하다고 말한다.

  > telling ⓐ 효과적인, 강력한 (producing a strong or important effect)

- **turn the table** ⓥ (전세가) 역전되다.

  The tables were turned in the second half, when South Korea scored from the penalty spot.

  후반전에서는 대한민국이 페널티 지점에서 득점하면서 전세가 역전되었다.

- **under the table** : 비밀리에(in a covert manner)

  Payments were made under the table to local officials.

  지방 관리들에게 비밀리에 돈을 주었다.

Tack

- **tack on A** ⓥ 덧붙이다.

  I've planned to be there for six weeks, including two spent in Australia's strict hotel quarantine. Even after tacking a few weeks on the end, I could hear the clock ticking.

  (코로나로) 호주의 엄격한 호텔 검역에서 소비된 이틀을 포함하여 총 여섯 주 동안 그곳에 있을 계획이었다. 끝에 몇 주를 더 추가한 후에도, 시간이 흐르는 소리를 들을 수 있었다(계획과 시간이 제한되어 있다)

  > tack ⓝ 압정

Tailor

- **tailor A to B** ⓥ A를 B에 맞추다.

But in the short run, American officials have grown more strident in reminding the Israelis that even if Hamas terrorists are deliberately intermingling with civilians, operations must be tailored to avoid nonmilitary casualties.

그러나 단기적으로, 미국 관리들은 하마스 테러리스트들이 의도적으로 민간인과 섞여 있다 할지라도, 비군사적(민간인) 피해를 피하기 위해 작전을 맞춤형으로 조정해야 한다고 이스라엘에 더 강하게 상기시키고 있다.

tailor ⓝ (남성복) 재단사

Take

- **be taken aback** ⓥ 놀라다(be very surprised about something)

I was very taken aback, but my teammates were very supportive so I was able to overcome it.

나는 매우 놀랐지만, 팀원들이 매우 지지해주어서 그것을 극복할 수 있었다.

- **take after** ⓥ (누구를) 닮다(resemble)

Jane seemingly takes after Bill, particularly because of her outgoing personality.

Jane는 특히 외향적인 성격 때문에 Bill을 닮은 것 같다.

- **take along** ⓥ

① 데리고 가다.

In the days after his record-breaking summits, Jack had not originally wanted to take his brother along for all 14 peaks.

기록을 세운 (에베레스트) 등정을 마친 후 며칠 동안, Jack은 처음에는 14개의 봉우리를 모두 오르는 데 형제를 동행시키고 싶지 않았다.

② (물건을) 챙기다.

You are well advised to take along a heavy sweater and a windbreaker or jacket.

두꺼운 스웨터와 바람막이 또는 재킷을 챙겨 가는 것이 좋다.

get along ⓥ 사이좋게 지내다.

- **take apart** ⓥ 분해하다(disassemble)

He took apart and reassembled a projector and camera to see how they functioned.

그는 프로젝터와 카메라를 분해하고 다시 조립하여 그것들이 어떻게 작동하는지 알아보았다.

- **take away** ⓥ (미래에) 활용하다(remember something for possible use in the future)

But what interests me are the lessons we could and should take away.

(아프간 전쟁) 나를 흥미롭게 하는 것은 우리가 얻을 수 있고, 얻어야만 할 교훈이다.

ⓓ **takeaway** ⓝ 교훈, 배울 점.

None of them offers a uniform nationwide virus-fighting blueprint, being more the size of a US city or state. But there are crucial takeaways.
(코로나 관련) 미국의 도시나 주 정도의 크기인 그들(홍콩, 대만, 싱가포르) 중 누구도 통일된 전국적인 바이러스 대응 청사진을 제공하지 않았으나 중요한 교훈이 있다(코로나 이전, 사스와 같은 유행병의 경험이 있어 잘 대처했다는 의미).

● **take down** ⓥ

① 적다(write down information)

A 61-year-old woman named Jane takes down the kids' ages and shoe sizes and solicits bedding, housewares, clothing, school supplies and appliances from her friends.
61세의 여성인 Jane은 아이들의 나이와 신발 크기를 기록하고 친구들에게 침구류, 주방용품, 의류, 학용품, 가전제품 등을 요청한다.

② 끌어내리다.

When they reached 25% of Hollywood producers, they took down Weinstein and his casting couch culture.
(미투 사건) 그들(여성들)이 할리우드 프로듀서의 25%에 도달했을 때, 그들은 (성범죄를 오랫동안 저지른) Weinstein과 그의 캐스팅 카우치 문화를 무너뜨렸다.

casting couch : 제작자, 감독 등이 배우에게 역할이나 진급을 제공하는 대가로 성적인 서비스를 요구하는 관행을 지칭하는 용어

③ 이기다, 패배시키다.

France's only loss so far came to Australia. It took down Belgium 81-75 in the semis.
프랑스의 유일한 패배는 호주에게 당한 것이다. 프랑스는 준결승에서 벨기에를 81-75로 꺾었다.

④ 비판하다.

ⓓ **take down one's drink** ⓥ 한 모금에 들이켜다.

He took down his drink as if it were a drop in the bottom of a glass.
그는 자신의 음료를 마치 잔 바닥의 한 방울처럼 마셨다.

ⓓ **takedown** ⓝ 비판, 비난.

Takedowns of accused bullies remain popular, despite concerns about accountability and credibility, given that in many cases the accusations are anonymous.
많은 경우에 비난이 익명으로 이루어진다는 점을 고려할 때, 책임성과 신뢰성에 대한 우려에도 불구하고, (학교폭력) 가해자로 지목된 사람들을 폭로하는 일은 여전히 인기가 있다.

● **take in**

① (옷을) 줄이다.

let out(반대말)

② 이해하다(understand and remember new facts and information)

Obama urges Americans to take in the 'whole truth' of the war.
오바마 전 대통령은 미국인들에게 그 전쟁(이스라엘과 하마스)의 모든 진실을 이해하라고 촉구한다.

③ 받아들이다(let one stay in your house)

Strangers took in refugees ; restaurateurs fed the hungry ; doctors flew in to help the wounded.

(우크라이나 전쟁) 낯선 사람들이 난민들을 받아들였고, 식당 주인들은 배고픈 사람들에게 음식을 제공했으며, 의사들은 부상자들을 돕기 위해 날아왔다.

④ 숨을 들이쉬다.

Take a nice, nice deep breath in, and keep your hands on your anchors, please.

깊고, 깊은 숨을 한 번 들이쉬세요, 그리고 손은 닻(고정된 물체)에 계속 대고 있어 주세요.

> anchor ⓝ (요가·명상)
> 특정 신체 부위나 호흡 등을 집중의 대상으로 삼아 마음을 고정시킬 때

⑤ 인정하다(receive into the mind or perceive)

The last sight this team gave American audiences was Jack, distraught and crying, as he took in the loss.

이 팀이 미국 관객에게 보여준 마지막 모습은 패배를 받아들이면서 괴로워하고 울고 있는 Jack이었다.

⑥ 포함하다(encompass within its limits)

What the ILO calls "the new slavery" takes in 25 million people in debt bondage and 15 million in forced marriage.

국제노동기구(ILO)가 "새로운 노예제"라고 부르는 것은 빚의 노예로서 2500만 명과 강제 결혼으로 인해 1500만 명이 포함된다.

⑦ 방문하다, 방문일정에 넣다(to include in an itinerary)

ⓓ be taken in ⓥ 속임수에 넘어가다(fall for)

Don't be taken in by products claiming to help you lose weight in a week.

일주일 안에 체중 감량을 돕는다고 주장하는 제품에 속지 마세요.

• take off

① (비행기가) 이륙하다.

A Ukraine International Airlines passenger jet bound for Kyiv crashed shortly after taking off from Tehran, killing all 176 on board.

Kyiv(우크라이나 수도)로 향하던 우크라이나 국제항공 여객기가 테헤란을 이륙한 직후 추락해 탑승자 176명 전원이 사망했다.

② 급히 달아나다(depart hastily)

She's one of those who will throw a ball at you in the middle of the aisle at Walmart, and take off running.

그녀는 월마트의 복도 한가운데에서 당신에게 공을 던지고 바로 달리기 시작할 사람 중 한 명이다.

③ 증가하다(begin a leap or spring)

But heading into the year, its local rival, SK Hynix, claimed the top spot in the market for the next-generation, high-bandwidth memory chips just as demand for them took off.

그러나 연초에 그것(삼성전자)의 국내 경쟁사인 SK 하이닉스는 차세대 고대역폭 메모리 칩에 대한 수요가 급증하던 시점에 이 시장에서 1위 자리를 차지했다고 밝혔다.

④ 휴가 가다.

He took only two days off in the month before his death.

그는 사망 전 달에 단 이틀만 휴가를 냈다.

⑤ 시작하다.

Last fall, Seo watched as the #MeToo movement took off in Hollywood and spread across industries in the US, Canada and parts of Europe.

(미투를 촉발시킨 서지현 검사) 작년 가을, 서 검사는 할리우드에서 시작된 #MeToo 운동이 미국, 캐나다, 그리고 유럽 일부 지역에 걸쳐 확산되는 것을 지켜보았다.

⑥ 제거하다(remove), (몸에 걸친 것을) 벗다(doff)   put on(반대말)

Jane says she asked that her dorm and room number be taken off Tigerbook, a directory that listed students' addresses on campus.

Jane은 학생들의 교내 주소를 목록으로 보여주는 디렉터리인 Tigerbook에서 자신의 기숙사와 방 번호를 삭제해 달라고 요청했다고 말한다.

⑦ (운동 경기에서 선수를) 교체하다.

Spain had long since taken off their potent duo of Jack and Tom, the latter La Liga's joint top goal creator last season.   goal creator ⓝ 어시스트 (assist)를 통해 득점 기회를 만들어내는 선수

스페인은 이미 오래 전에 강력한 듀오인 Jack과 Tom을 교체했는데, 톰은 지난 시즌 La Liga(스페인 프로축구리그)에서 공동 최다 도움을 기록한 선수였다.

⑧ 유행하다.

But it wasn't until the mid-'60s that tights took off — paired with a miniskirt, in the fashion of models like Twiggy.   Twiggy ⓝ 'twig(가느다란 나뭇가지)'에서 유래했으며, 그녀(Lesley Lawson)의 마른 체형을 반영한 별명

타이즈가 본격적으로 유행을 탄 것은 1960년대 중반이었으며, 트위기 같은 모델들이 미니스커트와 함께 입으면서 패션 트렌드로 자리 잡았다.

● take on ⓥ

① (특정한 모습을) 띠다(a particular quality or appearance)

Their first release, "No More Dream", took on the ways Korean kids feel stymied by social expectations.

(BTS의) 첫 번째 발매곡 "No More Dream"은 한국 아이들이 사회적 기대에 억눌려 느끼는 방식을 다루고 있다.

② 떠맡다, 책임지다(be responsible for something)

Families survived only because married women took upon themselves the dual roles of breadwinner and homemaker.

(북한 고난의 행군 시절) 가정이 생존할 수 있었던 것은 기혼 여성들이 가장과 가정주부라는 두 가지 역할을 스스로 맡았기 때문이었다.

③ 태우다, 싣다(if a plane or ship takes on people or things, they come onto it)

Soon the plywood floor that had been nailed to the bottom of the raft took on water and started to buckle.

곧 뗏목 바닥에 못으로 박혀 있던 합판 바닥이 물을 머금기 시작하며 가라앉기 시작했다.

④ (특히 강자와) 대결하다.

Italy, seeking its first women's volleyball gold medal, takes on the reigning winners in the U.S.
(파리 올림픽) 첫 여자 배구 금메달을 노리는 이탈리아는 현 챔피언인 미국과 맞붙는다.

> 배구는 팀 스포츠이기 때문에, 팀 전체를 지칭할 때 'winners'라는 복수형 사용

- **take out**

① 죽이다, 파괴하다(kill someone or destroy something)

However, the rub with preemption is that for the limited purpose of taking out the country's nuclear program, it isn't likely to work.
(북한 핵) 그러나 선제공격의 문제점은 북한 핵 프로그램을 제거하는 제한된 목적으로는 효과가 있을 가능성이 낮다.

> rub ⓝ 문제점(the central problem or difficulty in a situation)

② 공식적인 서비스를 받다(obtain an official document or service)

In 2020, my father took out a loan to buy the land next door.
2020년에 아버지는 옆집 땅을 사기 위해 대출을 받으셨다.

③ (음식을) 테이크 아웃하다.

> takeout ⓝ 테이크 아웃

- **take over** ⓥ 인수하다, 장악하다(take control of something)

Constitutionally, the Prime Minister takes over from a departing President.
(탄핵 당시) 헌법에 따르면 총리가 떠나가는 대통령에게서 (권력을) 인수한다.

> takeover ⓝ

- **take to** ⓥ 사용하다, 의지하다(enter, go into or move toward)

Some Italians took to social media to express their disappointment.
(엑스포 유치에 실패한) 이탈리아의 일부 국민은 그들의 실망을 표출하기 위해 소셜미디어를 활용했다.

- **take together** ⓥ 합쳐서 생각하다.

China said that 9.02 million babies were born in 2023, down from 9.56 million in 2022 and the seventh year in a row that the number has fallen. Taken together with the number of people who died during the year — 11.1 million — China has more older people than anywhere else in the world, an amount that is rising rapidly.
중국은 2023년에 902만 명의 아기가 태어났다고 발표했는데, 이는 2022년의 956만 명에서 감소한 수치이며, 연속적으로 7년 동안 출생률이 감소한 것이다. 2023년 동안 사망한 사람의 수 — 1,110만 명 — 와 함께 고려하면, 중국은 세계 어느 나라보다도 많은 노인 인구를 가지고 있으며, 이 수는 빠르게 증가하고 있다.

- **take up**

① 집어들다(pick up)

Just imagine how many Ukrainian farmers have taken up arms and are fighting somewhere in the nation right now.
많은 우크라이나 농부들이 무기를 집어들고 지금 당장 그들의 나라 어디에선가 싸운다고 상상해봐.

② 받아들이다(become interested in a new activity and to spend time doing it)

President Trump offered to mediate what he called the "raging dispute" on May 27, but so far, that offer hasn't been taken up.
트럼프 대통령은 5월 27일 걷잡을 수 없는 논쟁(중국과 인도 국경 분쟁)을 중재하겠다고 제안했지만 지금까지 그 제안은 받아들여지지 않았다.

③ (평소 하지 않던 취미나 사업, 공부에) 입문하다.

In his statement, Mr. Bush, who took up painting after leaving the White House, included an image of a Kissinger portrait that he had done.
Bush(미국의 전직 대통령)의 성명서(키신저의 죽음을 애도하는 성명서)에는 백악관을 떠난 뒤 그림을 그리기 시작한 부시는 전에 그렸던 키신저의 그림을 포함시켰다.

④ (공간을) 차지하다.

Nearly two-thirds of its land is taken up by farming.
그 나라의 거의 3분의 2에 농업이 차지한다.

Talk

- **talk back** ⓥ 대꾸하다

  A human child may talk back and rebel, but dogs follow you like you are the center of the universe.
  아이는 반항하고 말대꾸할 수 있지만, 개들은 당신을 우주의 중심인 것처럼 따른다.

  answer someone in authority such as a teacher or parent in a rude or impolite way

- **talk the talk** ⓥ (행동을 보이지 않고) 말만 번드레하게 하다.

  G7 countries talked the talk with a big package of aid and debt relief.
  G7 국가는 큰 도움의 보따리와 부채 면제라는 말만 번드레하게 했다.

  walk the walk(참고)

- **talk A out of B** ⓥ A를 설득해서 B를 못하게 하다.

  He talked her out of quitting school.
  그는 그녀가 학교를 그만두지 않도록 설득했다.

- **talk through** ⓥ 이해시키다.

  I remember just asking people if they could sit. And we had silence for a moment, and then I just tried to talk it through.
  그들이 앉을 수 있냐고 물었던 것이 기억난다. 그리고 우리는 잠깐 침묵을 가진 후 이해시키려고 노력했다.

- **talk up** ⓥ 우호적으로 토론하다(discuss favorably)

  When the EU is not in crisis mode, its leaders like to talk up its grand ideas, preaching to their 446 million citizens the narrative of diverse nations bound by a common set of values in a unique project bringing peace and prosperity to all.
  EU가 위기 상황이 아닐 때, 그 지도자들은 4억 4천6백만(EU 인구)에게 다양한 국가들이 공통된 가치로 묶여 모두에게 평화와 번영을 가져오는 독특한 프로젝트라는 이야기를 설교하면서 대규모의 이상을 우호적으로 토론하다.

Talking

- do the talking ⓥ 메시지를 전달한다(convey the message)

Japanese baseball players are taught to keep a low profile and let their performances do the talking.
일본야구 선수들은 겸손과 실력으로 말하라고 배운다.

Tamp

- tamp down ⓥ 억누르다.

But that has done little to tamp down misgivings in South Korea about the American nuclear umbrella, which also covers Japan.
그러나 그것(미국의 동북아 정책)은 일본도 지켜주는 미국의 핵우산에 대한 한국 내의 의구심을 잠재움에 별로 도움이 되지 않았다.

Tamper

- tamper with ⓥ (함부로 만져서) 고장 내다.

He noticed that the instruments had been tampered with.
그는 기기들이 (누군가가) 허락없이 만져 고장 났음을 알아차렸다.

Tandem

- in tandem with : 나란히

From the 1950s on, that number rose in tandem with human population growth.
1950년대부터 계속, (상어의) 개체수가 인구 증가와 나란히 늘어났다.

Tangle

- tangle with ⓥ ~와 싸우다(become involved in a conflict or fight with)

But Beijing — already tangling with Washington over the South China Sea — sees the deployment of THAAD on the Korean Peninsula as a direct threat.
중국 — 이미 남중국해에 대해 미국과 싸우고 있는 — 은 사드 배치를 한반도에 배치하는 것은 직접적인 위협으로 간주한다.

Tank

- tank up

① (차에) 기름을 가득 채우다(put petrol in your car so that the tank is full)

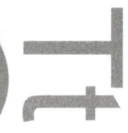

② 술을 많이 마시다(drink heavily; become drunk)
I think he'd tanked up a good deal at luncheon.
저는 그가 점심 식사 때 상당히 많이 술을 마셨다고 생각한다.

Tantamount

- tantamount to : ~와 마찬가지의, ~에 상당하는

Many felt failure to comply was tantamount to breaking the law.
많은 사람들은 준수하지 않는 것이 법을 어기는 것과 마찬가지라고 느꼈다.

Tap

- on tap : 준비된(수도꼭지만 틀면 되는)

They had a group of volunteers on tap to make sure the conference went smoothly.
그들은 회의가 원활하게 진행되도록 돕기 위해 대기 중인 자원봉사자 그룹을 두었다.

tap ⓝ 수도꼭지(faucet, spigot)

- tap into ⓥ 이용하다, 활용하다.

Kakao ultimately acquired a major stake in SM Entertainment, in a move intended to help it expand abroad by establishing a foothold in K-pop and tapping into the South Korean culture wave.
카카오는 K-pop에 발을 들여 놓고 한국 문화의 물결을 활용하여 카카오가 해외로 확장하고자 하는 의도로 SM 엔터테인먼트의 주요 지분을 최종적으로 인수했다.

- tap out ⓥ (자원이나 능력이) 고갈되다.

The old system that was already aging tapped out after power outages from Hurricane Ian in 2022.
이미 노화되어 있던 구 시스템은 2022년 허리케인 Ian로 인한 정전 후 고장났다.

Taper

- taper off ⓥ 점점 줄어들다.

Some river valley fog will occur Wednesday night as rain tapers off.
수요일 밤에 비가 그치면서 일부 강의 계곡지대에 안개가 생길 것이다.

Tear

- tear apart ⓥ 갈가리 찢어버리다(into a lot of small pieces)(rip apart)

Hamas wanted to tear us apart; we are tearing it apart.
하마스는 우리(이스라엘)를, 우리는 하마스를 갈가리 찢어버리려고 한다.

- **tear down** ⓥ 해체하다.

  Park Ji-yeon, the K-pop producer who started QI.X, says it is "tearing down the heteronormative walls of society."
  QI, X(동성애자로 구성된 band)을 출범시킨 K-pop 프로듀서인 박지연은 이성애를 규범으로 단정하는 사회의 벽을 허물고 있다고 말한다.

  heteronormative ⓐ 이성애를 규범으로 단정하는

- **tear off** ⓥ 찢어내다, 찢다.

  She was known for tearing off her veil in public.
  그녀(이슬람권 정치인)는 많은 사람이 보는 앞에서 베일을 찢은 것으로 유명하다.

- **tear up**

  ① 종이나 옷을 찢다(tear a piece of paper or cloth into small pieces)
  She tore up his letter and threw it away.
  그녀는 그의 편지를 갈기갈기 찢어서 버렸다.

  ② 파괴하다(to remove something from the ground by pulling or pushing it violently)
  They admitted that some protesters had been bitten by police dogs and suffered other injuries as they tried to tear up perimeter fencing.
  그들은 일부 시위대가 주변 울타리를 뜯으려고 시도하다 경찰견에 물리고 다른 부상을 입었다고 인정했다.

  ③ 눈물을 흘리다(produce tears)
  "My dad's still not totally comfortable with my sexual identity," Jane said. "But at the time, I was in a state of intense emotion, and I teared up when he told me."
  (동성애 관련 내용) 아버지는 여전히 제 성 정체성에 완전히 편안해하지 않지만, 그 당시 저는 매우 감정이 북받쳐서 아버지가 말씀(동성애를 이해하려는 아버지의 노력)하셨을 때 눈물이 났다.

Tease

- **tease out** ⓥ 알아내려고 애쓰다.

  Climate change may also be playing a role, but the exact mechanisms are hard to tease out at the moment.
  기후 변화도 한 역할을 할 수 있지만, 정확한 메커니즘을 지금 밝히기는 어렵다.

  'tease out'의 목적어는 'the exact mechanisms'

Tee

- **tee off** ⓥ ① (골프) 공을 치다. ② 시작한다.

  The annual contest tees off in Los Angeles for the first time in 75 years.
  75년 만에 처음으로 연례 대회가 로스앤젤레스에서 시작된다.

- **tee A up** ⓥ ① (골프) 공을 (tee)에 올려놓다. ② 준비하다.

  Mr. Biden appeared on defense much of the time and either did not use lines teed up for him by his campaign's predebate advertising or mumbled them in passing in such a way that they barely regist
  바이든 대통령은 대부분의 시간 동안 수세에 몰린 모습이었으며, 캠페인의 사전 토론 광고에서 준비된 발언을 사용하지 않거나 지나가듯 중얼거려 거의 주목받지 못했다.

Tell

- **tell on**

  ① 고자질하다 (tell A in authority about the bad behavior or actions of)

  Please don't tell on me — my parents will kill me if they find out!
  나를 고자질 하지마, 부모님이 알게 되면 나를 그만두지는 않으실거야.

  ② 분명하게 나타나다 (to have a noticeable effect on)

  The stress began to tell on her face.
  스트레스가 얼굴에 나타나기 시작했다.

Telling

- **there is no telling ~** : 무슨 일이 일어날지 알 수 없다.

  There was no telling what I would find when I arrived in Seoul.
  내가 서울에 도착했을 때, 어떤 일이 일어날지 알 수 없었다.

Terms

- **come to terms with** ⓥ 합의하다 (accept an unpleasant or sad situation)

  But efforts to come to terms with the brutalities from one of the bloodiest wars in modern history have triggered intense emotions in both the United States and South Korea.
  (베트남 전쟁에서 한국군의 가혹 행위) 근대사에 있어 가장 피비린내 나는 전쟁의 하나에서 일어난 잔인성과 합의하려는 노력은 미국과 대한민국 모두에 강렬한 감정을 불러일으켰다.

- **in terms of** : ~한 면에서는

  While South Korea's traditional influence is constrained by limits in terms of territory and population, if you look at the "soft power" side, the possibilities are endless.
  대한민국의 전통적 영향력은 영토와 인구 측면에서 제한을 받지만, "소프트 파워" 측면을 살펴보면 가능성은 무한하다.

- **on one's own terms** : 자기만의 방법으로

  in accordance with one's wishes, in one's own way

Ohtani, though, is beating the Americans on their own terms. He can hit a home run 500 feet and throw a ball 100 miles per hours, and he's bigger and stronger than most Americans.

오타니(미국에서 활약하는 일본인 야구 선수)는 자기만의 방법으로 미국인들을 이기고 있다. 그는 500피트의 홈런을 칠 수 있고, 시속 100마일의 공을 던질 수 있고, 대부분의 미국인보다 더 크고 더 힘이 세다.

Throw

- **throw away** ⓥ 버리다.

Around the world, most of the 1.4 billion tons of food thrown away each year goes to landfills.

세계적으로, 매년 버려지는 14억 톤의 음식 대부분이 쓰레기 매립지로 간다.

- **throw A into B** ⓥ A를 B에 던지다, 적극적으로 시작하다.

Despite the high Internet costs in Afghanistan, — and patchy connectivity and frequent electricity blackouts — she says she is determined to throw herself into studying to keep herself emotionally stable.

patchy ⓐ 군데군데, 드문

아프가니스탄에서의 높은 인터넷 비용, 그리고 간헐적인 연결과 자주 일어나는 정전에도 불구하고, 그녀는 정서적으로 안정을 유지하기 위해 공부에 몰두하겠다는 결심을 했다고 말한다.

- **throw in** ⓥ ~을 덤으로 주다.

We paid $2,000 for the boat, with the trailer and spares thrown in.

우리는 보트를 트레일러와 예비 부품을 포함하여 2,000달러에 구입했다.

- **throw off** ⓥ ① (옷을) 벗다 ② 없애다(rid oneself of something)

Pyongyang wants the hawkish Bolton thrown off the US negotiation team.

북한은 미국의 협상팀 일원인 매파(강경파)인 Bolton이 없기를 바란다.

- **throw out** ⓥ (법에 위반되어) 무효화 하다.

We always talk about how North Koreans hedge and cheat, but they always talk about how we democracies throw out the deals made by the last guy.

우리는 항상 북한이 어떻게 울타리를 치고 속임수를 쓰는지에 대해 이야기하지만, 그들은 우리 민주주의 국가들이 전임자가 맺은 협정을 어떻게 파기하는지에 대해 항상 이야기한다.

- **throw up**

① 토하다(vomit, puke)

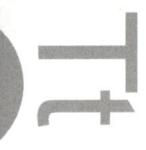

② 만들다(bring forth, produce)

Rivers were enclosed and overpasses thrown up to connect previously sequestered neighborhoods.
강이 가로막히고 고가도로가 세워져 이전에는 고립되었던 이웃 지역들이 연결되었다.

Thrust

- be thrust into ⓥ 거칠게 밀쳐지다(push something somewhere roughly)

Jack, who grew up in a prominent Jamaican family and has extensive trial experience, has been thrust into the limelight.
자메이카의 명망가 집안에서 자라고 광범위한 재판 경험을 가진 Jack(트럼프 재판 담당 판사)이 세상의 이목으로 밀어 넣어졌다.

- thrust A onto B ⓥ A를 B에게 떠안기다

The issue of age was thrust back onto the front burner with the special counsel report on Mr. Biden's handling of classified information that described the president as a "well-meaning, elderly man with a poor memory" who had "diminished faculties in advancing age."
바이든 대통령의 기밀정보 취급방식에 대한 특별 검사 보고서에서 대통령을 나이가 들면서 재능이 떨어지는 형편없는 기억력을 가진 악의는 없는 노인으로 평하면서 나이 문제가 다시 주목을 받았다.

> be forced to accept it even if you do not want it
> front burner : 우선
> (a position of priority)

- thrust A to B ⓥ A를 B로 밀다.

Trump's order has now thrust the battle over the migrant crisis to the center of France's presidential race.
트럼프의 명령(대통령 도널드 트럼프가 내린 특정한 정책이나 명령)은 이제 이민자 위기를 두고 벌어진 싸움을 프랑스 대통령 선거의 중심으로 밀어넣었다.

Thumb

- under the A's thumb : 강하게 A의 영향 아래에 있다.

Meanwhile, Tibet remains firmly under the thumb of Beijing.
그 사이, 티벳은 중국의 영향 아래 확고히 있다.

Tick

- tick A off ⓥ 화나게 하다.

It's a simple but effective way for those interested in better controlling their emotions to analyze how, when, and why they get ticked off.
(화를 다스리는 방법) 그것(keep an anger log)은 화가 어떻게 해서 나고, 어디서 나고, 왜 나는지를 분석하여 감정을 보다 잘 통제하는데 관심이 있는 사람들에게는 단순하지만 효과적인 방법이다.

- **tick all the right boxes** ⓥ 오른쪽 상자에 v 표시하다, 요건(조건)을 충족시키다.

  The novel coronavirus, of course, ticks both the contagion and scarcity boxes, which is one reason people are behaving badly.

  물론 이상야릇한 코로나는 전염성과 희소성을 충족시켜, 사람들이 나쁘게 행동하는 한 가지 이유이다.

- **what makes A tick** ⓥ A가 그렇게 행동을 하게 하다.

  Jack is sort of strange. I don't know what makes him tick. When you get to know people, you find out what makes them tick.

  Jack은 약간 이상해. 그가 왜 그런지 모르겠어. 네가 사람들을 알게 되면 그들이 왜 그런지 알게 돼.

- **tick up** ⓥ 상승하다.

  The number of people living in converted vehicles has grown in recent years, and ticked up during the COVID-19 pandemic.

  최근 몇 년 동안 개조된 차량에서 생활하는 사람들의 수가 증가했으며, COVID-19 팬데믹 동안에는 더욱 증가했다.

  uptick ⓝ 상승
  (an increase, rise, or upward trend)

Tie

- **cut a tie with** ⓥ 관계를 끊다.

  Several South Korean retailers have cut ties with the actor since the drug accusations became public.

  몇몇 대한민국의 영화배급사는 그 배우(유아인)의 마약 복용혐의로 기소되었음이 공개된 이후 그와 관계를 끊었다.

- **tie for first** ⓥ 공동으로 일등하다.

  China tied for first on a list of 24 countries for problematic cell-phone use by youth in a 2022 study.

  2022년 연구에서 중국이 청소년들의 문제적 휴대전화 사용으로 24개국 중 공동 1위를 차지했다.

- **tie off** ⓥ 매듭을 짓다(to fasten or hold (something) by tying a knot or bow at its end)

  It was satisfying to have tied off loose ends, but I still had one dangling string. The decision sat heavy before me : keep hiding or disclose my name.

  마무리되지 않은 일들을 정리한 것은 만족스러웠지만, 여전히 하나의 풀리지 않은 문제가 남아 있었다. 내(성폭력 피해자) 앞에 놓인 결정은 무거웠다 : 계속 숨어 지낼 것인가, 아니면 내 이름을 공개할 것인가.

  loose ends ⓝ 마무리되지 못한 부분(a fragment of unfinished business)

- **tie A to B** ⓥ A를 B에 연결시키다.

  South Korea's rapid rise from postwar poverty to a major developed economy in a couple of decades was closely tied to the rise of chaebol companies.

  be tied to(변형)

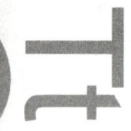

대한민국이 20여 년만에 전후의 가난에서 벗어나 주요 선진국으로 빠르게 일어선 것은 재벌 회사들의 성장과 긴밀히 연결되어 있다.

- tie up loose ends ⓥ 마무리하려고 필요한 일을 하다.

There were loose ends to tie up.
매듭을 짓기 위해서는 미진한 부분이 있다.

Tide

- turn the tide of ⓥ 흐름을 바꾸다.

That month, General Douglas MacArthur's U.N. forces surprised the North Koreans with a daring amphibious landing at Incheon, west of Seoul, turning the tide of the war.
그달, 맥아더 장군의 유엔군은 서울의 서쪽에 있는 인천에 과감한 상륙작전으로 전쟁의 흐름을 바꾸어놓으면서 북한을 놀라게 했다.

Tightrope

- walk(navigate) a tightrope ⓥ (어려운 상황에서) 조심스럽게 행동하다.

Across Europe's many tourism hot spots, authorities are walking a tightrope as the COVID-19 recovery gathers steam.
유럽의 많은 활기 넘치는 관광지에서는 코로나 회복이 힘을 얻으면서 당국이 조심스럽게 행동한다

Tinge

- be tinged with ⓥ 기미가 있다

The air is tinged with the smell of rotting flesh — whether from victims whose bodies have yet to be recovered or from livestock that were crushed under rubble, no one is quite sure.
(지진 상황) 공기는 썩어가는 시체 냄새의 기미가 있다 — 그것이 아직 수습되지 않은 희생자들의 시신에서 나는 것인지, 아니면 잔해 속에 깔린 가축들 때문인지는 아무도 확실히 알 수 없다.

showing a small amount of a colour, emotion or quality

Tip

- on the tip of one's tongue

① ~을 말하려고 혀끝에서 맴돌다(you really want to say it, but then you decide not to)

It was on the tip of my tongue to ask his name when Jack looked around and smiled.
Jack이 둘러보면서 웃을 때 그의 이름을 물어보려고 나의 혀끝에서 맴돌았다.

② 말이 혀끝에서 뱅뱅 돌 뿐 생각이 안 난다(you know it but cannot remember it)

- **the tip of the iceberg** : 빙산의 일각

  The news is shocking, but we may find out that the stories we've heard so far are just the tip of the iceberg.
  그 소식은 충격적이지만, 우리가 지금까지 들은 이야기들이 빙산의 일각에 불과하다는 것을 알게 될지도 모른다.

- **tip into** ⓥ ~으로 기울다.

  A U.N.-affiliated panel said the territory could tip into famine very soon.
  유엔 소속 전문가 집단은 그 영토(가자지구)가 곧 굶주림에 빠질 것이라고 말했다.

- **tip off** ⓥ (경찰에) 밀고하다.

  The robber was caught when someone tipped off the police.
  강도는 누군가가 경찰에 제보하면서 붙잡혔다.

Toilet

- **go down the toilet** ⓥ 실패하다(in a state of failure or ruination)

  My father's company is now going down the toilet because of the incompetent new CEO.
  아버지 회사가 무능력한 신임 CEO 때문에 곧 망할 것 같다.

toilet ⓝ 변기, 화장실

Toll

- **take a toll** ⓥ 큰 피해(타격)를 주다

  All that scrolling can take a toll : excessive social media use is linked with loneliness, depressive symptoms, poor self-esteem, and decreased life satisfaction.
  그 모든 스크롤링(평균 하루 2.5시간 social apps에 빠지는 것)이 대가를 요구할 수 있다 : 과도한 소셜 미디어 사용은 외로움, 우울 증상, 자존감 저하, 그리고 삶의 만족도 감소와 연관이 있다

toll ⓝ ① (사고) 사상자수
② 통행료 ③ 나쁜 영향

Tone

- **set the tone** (for) ⓥ ~한 분위기를 띠다.

  "Business culture in South Korea is a pyramid," said Mr. Kim of the Youth Community Union, with large companies at the top setting the tone for the country's business culture.
  청년 커뮤니티 유니온의 김 씨는 큰 회사들이 국가의 비즈니스 문화를 주도하는 '한국의 비즈니스 문화는 피라미드 구조이다'라고 말했다.

Tooth(teeth)

- **by the skin of one's teeth : 간신히(by a very narrow margin)**

  You managed to bring yesterday to a successful close — by the skin of your teeth — but are panicking something like that could happen again.
  어제를 간신히 성공적으로 마무리했지만, 그런 일이 다시 일어날까 봐 겁에 질려 있다.

- **cut your teeth (on A) ⓥ 첫 경험과 기초를 쌓다.**

  She is a rare female rising star of the ruling Chinese Communist Party(CCP), whose elevation to No. 2 in Fujian — where President Xi Jipping cut his leadership teeth and retains a power base — signals the possibility of further growth.
  그녀는 중국 공산당(CCP)의 드문 여성 유망주로, 시진핑 주석이 리더십을 키우고 권력 기반을 유지하는 푸젠에서 2인자로 승진함으로써 더욱 성장할 가능성을 시사한다.

- **fight tooth and nail ⓥ 이를 악물고 싸우다(필사적으로 싸우다)**

  Iranian women and girls are fighting tooth and nail to claim their freedom of choice and their right to live life as they please.
  (강제로 히잡을 쓰게 해서) 이란의 여성들과 소녀들은 선택의 자유와 즐겁게 살 권리를 주장하기 위해 필사적으로 싸우고 있다.

- **in the teeth of A : A를 무릅쓰고**

  In the teeth of the longest recession since the 1930s, the company continues to perform well.
  1930년대 이후 회사는 장기 침체를 무릅쓰고 계속해서 호황을 누렸다(운영을 잘 해왔다)

- **to the teeth : 완전히(completely)**

  Despite its name, the DMZ and its vicinity are armed to the teeth.
  비무장지대라는 이름에도 불구하고 비무장지대와 그 부근은 완전히 무장되어 있다.

Top

- **at the top of one's lungs : 목이 터져라, 큰 소리로**

  The fires and looting announced a different kind of presence : those who were once silenced are now heard, and they are shouting across our sordid history at the top of their lungs, "Something has happened here," and they are not going to take it anymore.
  (흑인폭동) 방화와 약탈은 다른 종류의 존재를 알렸다: 한때 침묵했던 이들이 이제 들리고 있으며(목소리를 내고 있으며), 그들은 목이 터져라 추악한 역사(흑인의 피해역사)를 외친다. "여기서 무언가 일어났다" 그리고 그들은 더 이상 그 상황을 참지 않을 것이다.

- come out on top ⓥ 이기다(win a competition, argument, election)

In one 2016 study Jack cites, a group of 30-year olds and 70-year-olds were asked which of the two age cohorts was likely to be happier. Both of them chose the 30-year-olds. But when those groups were asked about their own subjective happiness, the 70-year-olds came out on top.

Jackd이 인용한 2016년의 한 연구에서, 30세와 70세 집단에 어느 연령대가 더 행복할 것 같은지 물었을 때, 두 집단 모두 30세를 선택했다. 하지만, 그들 각자의 주관적인 행복에 대해 물어봤을 때, 70세 집단이 더 높은 점수를 받았다.

- on top of : ~외에

For instance, one oft-cited driver of the Korean birth dearth is a uniquely brutal culture of academic competition, piling "cram schools" on top of normal education.

예를 들어, 대한민국의 인구감소 주범으로 자주 인용되는 것이 독특한 야만적인 문화인 학업 경쟁인데, 이것은 (암기식) 입시 위주 교육을 정상적인 교육 외에(교육위에) 쌓는 것이다.

- over the top : 과장된, 지나친(too extreme and not suitable)

But they also called the government's response over the top.

그러나 그들은 (가짜뉴스에 대한) 정부의 대응이 지나치다고 했다.

- top out ⓥ 상승하던 것이 멈추다(보합세를 유지하다)

Xi also knows that Russia is a much less valuable commercial partner. In 2021, China's trade with Russia topped out at $147 billion.

시진핑 주석은 러시아가 별로 중요하지 않은 상업적 파트너인 것을 안다. 2021년 중국의 대러시아 무역은 천사백칠십억 달러에서 멈추었다.

Torch

- carry a(the) torch ⓥ

① 짝사랑하다.

torch ⓝ 횃불

Jack has been carrying a torch for Jane for years, but she seems not to notice.

Jack은 Jane을 수년간 사랑하였지만 Jane은 눈치를 채지 못하는 것 같다.

② 운동을 벌이다(crusade : 옳다고 믿는 바를 추구하다)

Since his death his daughter has carried the torch of his legacy.

아버지가 돌아가시고, 그 딸은 아버지의 유산을 위해 횃불을 들었다.

Touch

- **lose one's touch** ⓥ 기량이 떨어지다.

  As Duterte sets himself up to be either king or kingmaker, some observers believe he is losing his touch.

  (필리핀 대통령) 두테르테는 자신을 왕이나 킹메이커로 설정하면서, 그의 영향력은 잃어버릴 것이라고 일부 관측자들은 말한다.

- **lose touch** ⓥ 연락이 끊기다, 연락을 끊다.

  They were friends in college, but then they moved to different cities and lost touch.

  그들은 대학 시절 친구였지만, 다른 도시로 이사한 후로 연락이 끊겼다.

- **touch down** ⓥ 착륙하다(when an aircraft touches down, it lands on the ground)

  Hurricane Irma touches down.

  허리케인 Irma가 착륙한다.

- **touch off** ⓥ 촉발하다(catalyze)

  It was these national rivalries that eventually touched off the First World War.

  결국은 제1차 세계대전을 촉발한 것은 이러한 민족들끼리의 경쟁 때문이었다.

- **touch on** ⓥ 언급하다(mention a particular subject when talking or writing)

  H is work touched on themes of "love, art, death, mourning and friendship."

  그의 작품(2023년 노벨문학상 작품)은 사랑, 예술, 죽음, 슬픔 그리고 우정의 주제를 언급했다.

Towel

- **throw in the towel** ⓥ 포기하다.

  Three of the original five candidates for the Democratic presidential nomination have now thrown in the towel.

  민주당 대선 후보로 출마했던 다섯 명 중 세 명이 이제 기권했다.

  권투에서 수건을 던짐으로 기권을 나타냄

Toy

- **toy with** ⓥ (재미 삼아) 잠깐 생각해 보다

  Lara Trump also toyed with her own political prospects.

  라라 트럼프(트럼프 전 대통령의 며느리)도 자신의 정치적 전망을 가지고 고민했다.

  아이디어나 계획에 대해 심각하게 결정하지 않고, 가볍게 고려하거나 시험해봄

Trace

- **trace something back to** ⓥ 근원을 추적하다.

  Conglomerates that sprawl across the society trace their roots to the nation's rise into a world power and have been tightly controlled for generations.

  사회 전반에 걸쳐 확장된 대기업들은 그 뿌리를 국가가 세계 강국으로 부상한 시기로 거슬러 올라가며, 수세대에 걸쳐 엄격하게 통제되어 왔다.

Track

- **be on track** ⓥ 향해 나아가다.

  We are on track for a catastrophe that dwarfs the COVID-19 crisis.

  (지구 온난화 문제) 우리는 코로나가 왜소해 보이는 재난을 향해 가고 있다.

  dwarf ⓥ 왜소해 보이게 하다. dwarf ⓝ 난쟁이

- **off the beaten track** : (유명하지 않아서) 많은 사람이 찾지 않는

  I am always looking for trips that are off the beaten track and are simple, safe, and rewarding in the numbers and varieties of birds located.

  저는 항상 관광객이 잘 찾지 않고, 간단하고 안전하며, 살고 있는 새의 종류와 수가 풍부한 것으로 보상하는 곳으로의 여행을 찾는다(선호한다)

- **from the wrong side of the tracks** : 비천한 동네 출신의(a run-down or unfashionable neighborhood)

  I'd always said her parents would be horrified if she brought somebody from the wrong side of the tracks home, like me.

  나는 항상 그녀의 부모님이 나처럼 신분이 낮은 사람을 집에 데려오면 경악할 것이라고 말하곤 했다.

- **keep track of** ⓥ 기록하다, ~의 뒤를 밟다.

  Tibetan society is divided into a "grid system" of five to 10 households, each with a nominated representative responsible for political activities forced to keep track of individuals via an integrated electronic system.

  티베트 사회가 정치활동을 책임지는 지명된 대표가 있는 5에서 10가구로 이루어진 '그리드 시스템'으로 나뉘어 있으며, 이 대표들은 통합 전자 시스템을 통해 개인들을 추적해야만 한다.

  grid system : 도로, 건물, 기타 인프라가 수평선과 수직선을 따라 배열되도록 하는 체계적인 방법

- **lose track of** ⓥ 놓치다.

  I've lost track of how many times my relatives told me, "I just don't think of you as Korean."

  나(미국으로 입양된 한인)는 내 친척들이 "나는 너를 한국인으로 생각하지 않는다"라는 말을 얼마나 많이 했는지를 놓쳤다(실제로는 많이 했다는 뜻)

- **track down** ⓥ 추적하다, 찾아내다.
  The South Korean government vowed to track down all 5,500 people who visited establishments in the area.
  (코로나) 대한민국 정부는 그 지역의 시설들을 방문한 5,500명 모두의 동선을 추적하겠다고 약속했다.

Trade

- **trade in A for B** ⓥ B를 위해 A를 주다.   'trade A in for B'로도 씀
  Trump has traded in his reality show for policy decisions that could mean life or death for hundreds of thousands of people.
  트럼프 대통령이 수백만 명의 생사를 결정짓는 정책 결정(북한의 핵 문제)을 위해 자신의 리얼리티 쇼를 내주었다.

- **trade off** ⓥ 균형을 유지하다.   trade-off ⓝ (대립되는 요소 사이의) 균형
  Companies are under pressure to trade off price stability for short-term gains.
  기업들이 단기적인 이익을 위해 가격 안정성을 포기하도록 압박받고 있다.

- **trade on** ⓥ 이용하다(exploit)
  The scramble for Mr. Prigozhin's assets — which he assembled as he traded on his multifaceted ability to serve Mr. Putin in return for government contracts — has far-reaching implications.
  Prigozhin(푸틴에 반기를 들었던 쿠데타 주동자로 비행기 사고로 죽음)의 자산 — 정부 계약을 따내기 위해 자신의 다재다능한 능력을 이용하여 모았는데 – 을 향한 질주는 광범위한 의미를 함축한다.

Trail

- **trail off(away)** ⓥ (목소리 등이) 점점 줄어들다.   Stranger Things : 공상과학(SF) 호러(horror) 드라마 시리즈
  The conversation about Stranger Things will probably trail off over the course of the next month.
  다음 한 달 동안 'Stranger Things'에 대한 대화는 점차 줄어들 것이다.

Trample

- **trample on** ⓥ ①짓밟다, 밟아 뭉개다 ② (남의 감정·권리를) 짓밟다.
  Henry A. Kissinger, the scholar-turned-diplomat who engineered the United States' opening to China, negotiated its exit from Vietnam, and used cunning, ambition and intellect to remake American power relationships with the Soviet Union at the height of the Cold War, sometimes trampling on democratic values to do so, died on Wednesday.

학자 출신 외교관으로 미국의 중국 문호개방을 꾀하고, 베트남(전쟁)에서의 탈출을 협상하고, 냉전의 절정기에 소련과의 권력 관계를 다시 만들기 위해 교활함, 야망 그리고 지성을 사용했던, 때로는 그러기 위해(권력 관계를 다시 만듦) 민주적 가치를 짓밟기도 했던 Henry A. Kissinger가 수요일 죽었다.

Translate

- A translate into B ⓥ A의 결과로 B가 되다.

Certain patterns of eating could lead to more nightly rest, translating into healthier, more satisfying lives.

특정한 식습관은 더 많은 잠을 가져올 수 있으며, 이는 더 건강하고 만족스러운 삶으로 이어질 수 있다.

translation ⓝ 번역

- translate to ⓥ ~으로 이어지다, ~으로 번역하다.

But as Hillary Clinton can attest, debates do not always translate to victory in November.

(미국 대통령 후보 간의 TV 토론) 그러나 힐러리 클린턴(트럼프와 맞붙었던 민주당 후보)이 증명할 수 있듯이, 토론이 항상 11월의 승리로 이어지는 것은 아니다.

Tray

- in tray : 처리해야 할(tray에 담겨있는)

Biden has more urgent issues crowding his in tray : the pandemic, global warming and, crucially, China's rise.

(취임 당시) 바이든 대통령의 쟁반에는 가득한 긴급한 의제들이 있다 : 펜데믹, 지구 온난화 그리고 중요한 것은 중국의 부상

tray ⓝ 쟁반
ash tray ⓝ 재떨이

Treat

- treat someone to something ⓥ 대접하다

His sunny demeanor made him a hit with his North London teammates, whom he treated to a Korean barbecue buffet shortly after his arrival to the UK.

그(손흥민)의 밝은 성격 덕분에 그는 북런던 팀 동료들에게 인기가 많았으며, 영국 도착 직후 그들을 한국 바비큐 뷔페로 대접했다.

provide with free food, drink, or entertainment

Trial

- put A on trial ⓥ 재판에 회부하다.

Some politicians or well-known artists put on trial attract significant attention. But many prisoners linger in obscurity, with activists struggling to keep track of them.

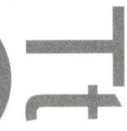

일부 정치인이나 유명 예술가들이 재판에 회부되면 큰 주목을 받는다. 그러나 많은 수감자들은 주목받지 못한 채 남아 있으며, 활동가들은 그들을 계속 추적하는 데 어려움을 겪고 있다.

- **stand trial** ⓥ 재판을 받다.

  Still, the raid made Castro a hero to downtrodden Cuban peasants when he stood trial that September.

  여전히 그 공격은 그해 9월 Castro가 재판정에 섰을 때, 그를 쿠바의 탄압받은 농부들에게는 영웅으로 만들었다.

  downtrodden ⓐ 짓밟힌(tread : 밟다)

Tribute

- **pay tribute to** ⓥ 헌사하다, 찬사하다.

  King Charles paid a brief tribute to his mother as he began reading the 10-minute speech.

  찰스 국왕은 10분의 연설문을 읽으면서 자신의 엄마(엘리자베스)에 대해 짧은 헌사를 했다.

  헌사 : 축하하거나 찬양하는 뜻으로 바치는 글

Trick

- **trick A into B** ⓥ 속여서 A가 B를 하게 하다.

  As birth control is only available to men, her protagonist is tricked into getting pregnant after a one-night stand.

  남성에게만 피임이 가능한 상황에서, 여주인공은 원나잇스탠드 이후 속아서 임신하게 되었다.

Trouble

- **borrow trouble** ⓥ 걱정을 사서 하다.

  Probably nothing will happen if we overload the boat, but why borrow trouble?

  우리가 과적했다 하더라도 아무 일은 없을 거야, 왜 걱정을 사서 하겠어?

- **go to the trouble** ⓥ 고생하다, 수고하다(do something that causes one extra work)

  If the police had gone to the trouble of looking up his record, they would not have released him.

  경찰이 그의 기록을 찾는 수고를 했더라면, 그를 풀어주는 일은 없었을 것이다.

- **put A to trouble**(inconvenience) ⓥ 폐(불편)를 끼치다.

  I don't want to put you to any trouble.

  나는 당신에게 폐를 끼치고 싶지 않다.

True

- **true to oneself** : 신념에 맞게 행동하는

But until the end, his political philosophy remained pragmatic. "America would not be true to itself if it abandoned [its] essential idealism," he wrote in his book World Order at age 91.

죽을 때까지 그(Kissinger)의 정치철학은 실용적이었다. 91세에 쓴 그의 책에서 "미국이 이상주의의 본질에서 헤어나지 못한다면, 미국은 자신의 신념에 맞게 행동하는 것은 아니다"라고 말했다.

Tune

- **change one's tune** ⓥ 입장을 바꾸다.

The President is hardly the only Republican to change his tune on guns in the wake of the Feb. 14 killing of 17 people in Parkland, Fla.

트럼프 대통령은 플로리다 주 파크랜드에서 2월 14일 17명이 살해된 사건 이후 총기에 대한 입장을 바꾼 유일한 공화당원이 결코 아니다.

- **dance to A's tune** ⓥ 비위를 맞추다, 장단을 맞추다.

She had to stay on her best behavior and dance to his tune.

그녀는 최선의 행동을 유지하고 그의 장단에 맞추었다.

- **to the tune of** : (금액을 강조할 때) 무려 (돈을) 들여

When British citizens learned that they were about to foot the bill for repairs to Windsor Castle — to the tune of up to $ 78 million — they grumbled.

영국 국민은 윈저성 수리비용(화재로 인하여)으로 무려 7800만 달러를 부담한다는 사실을 알았을 때 그들은 불평했다.

- **tune out** ⓥ 듣지 않다, 무시하다.

Just we may learn to tune out the sounds outside our windows, we get desensitized to the warnings about coronavirus.

창문 밖의 소음을 무시하는 것을 알고 있듯이, 우리는 코로나에 대한 경고를 둔감하게 되었다.

Turn

- **in turn** : 그 결과로(as a result of A)

Across the world, climate-linked disasters have killed crops, disrupted energy supplies, and snarled transportation — and in turn driven up prices.

전 세계에 걸쳐, 기후와 연계된 재난이 곡물을 파괴하고, 에너지 공급을 파멸시키고 그래서 운반을 막고 그 결과로써 가격을 상승시켰다.

- **turn against** ⓥ ~에 등을 돌리다.

  The soldiers are Russians who have turned against the government of their country's president, Putin, and are now fighting for the Ukrainian side by making incursions back into Russia.

  그 병사들은 자국 대통령인 푸틴 정부에 반기를 든 러시아인들로, 이제 그들은 다시 러시아로의 침입을 통해 우크라이나 편에서 싸우고 있다.

- **turn around**(round) ⓥ (좋은 방향으로) 역전시키다.

  turnaround

  A diagnosis is an opportunity to turn things around.

  (병의) 진단은 상황을 반전시킬 수 있는 기회이다.

- **turn away** ⓥ 거절하다(refuse, 사람이나 물건의 거절)

  North Korea has completely sequestered itself since the pandemic, even turning away food aid.

  팬데믹 이후 북한은 식량 도움도 거절하면서 자신을 완전히 격리(고립)시켰다.

- **turn down** ⓥ 거절하다(refuse, 제안, 요청, 또는 초대 등의 거절)

  He turned down opportunities to run for office, saying he needed to focus on his six children.

  그는 여섯 아이에 집중해야 한다면서 공직에 나설 수 있는 기회를 거절했다.

- **turn in** ⓥ

  ① 잠자리에 들다(go to bed)

  Before turning in for the night, a visit to the Nordic relaxation area is recommended.

  the Nordic relaxation : 북유럽 스타일로 디자인된 휴식이나 휴양을 위한 공간

  밤에 잠자리에 들기 전에, 북유럽 휴식 공간을 방문하는 것이 추천된다.

  ② 안쪽으로 향하다.

  Gradually, the rider will add more complex actions. They may start by walking the horse in a wide circle. Then, a smaller one. Those circles get tighter and tighter, with the horse's hindquarters turned in, until the horse is effectively pirouetting.

  pirouette ⓝ 발레에서 한쪽 발로 서서 빠르게 도는 것

  (마장마술에 관한 내용) 점차적으로, 기수는 더 복잡한 동작을 추가할 것이다. 그들은 말을 넓은 원을 그리며 걷기 시작할 수 있다. 그다음에는 더 작은 원을 그립니다. 그 원은 점점 더 좁아지고, 말의 뒷다리가 안쪽으로 돌아가면서, 결국 말이 효과적으로 피루엣(pirouette)을 하게 된다.

  ③ 고발하다.

  And some people might be reluctant to turn in a shooter as population growth, climate change, and success in replenishing wild-horse herds across the West heighten tensions between humans and beasts sharing the land.

  (동물보호에 관한 내용) 인구 증가, 기후 변화, 서부 지역에서 야생마 무리를 보충하는 데 성공함에 따라 인간과 동물이 땅을 공유하며 겪는 긴장이 고조되면서, 어떤 사람들은 총격범(야생마를 죽이면 벌금에 해당)을 신고하는 것에 주저할 수도 있다.

- **turn into** ⓥ 변하다.

But if the opposition scores a decisive win, it will further weaken Mr. Yoon's leadership and may turn him into an early lame duck.
(총선) 그러나 만약 야당이 결정적인 승리를 거둔다면, 그것은 윤석열 대통령의 리더십을 더욱 약화시키고 그를 조기 레임덕(권력 누수) 상태로 만들 수 있다.

- **turn A into B** ⓥ A를 B로 변화시키다.

She turned her anger into activity.
그녀는 화를 활동으로 변화시켰다.

- **turn off** ⓥ

① (전기·수도·가스) 끄다.
Don't forget to turn the lights off when you leave.
집을 나설 때는 전기 끄는 것을 잊지 말아라.
② 지루하게 하다, 흥미 없게 하다.
I would think the smell of her breath would turn anyone off.
나는 그녀의 입 냄새는 사람들을 물리치게 한다는 생각을 하곤 한다.

- **turn on**

① (전기나 수도) 켜다.
No electric switch will be turned on, no water tap will be opened.
전기 스위치도 켜지지 않을 것이고, 수도꼭지도 열리지 않을 것이다.
② (특정한 주제나 이슈에 중점을) 두다, 중요해지다.
But the campaign has turned on how best to deal with North Korean Supreme Leader.
(대한민국 대통령 선거) 하지만 캠페인은 북한 최고 지도자를 어떻게 가장 잘 다룰 것인 지에 초점을 맞추게 되었다.
③ 공격하다(to suddenly attack A, using physical violence or unpleasant words)
The epicenter of the coronavirus moved from China to Europe in the first half of March, and governments turned on one another.
코로나바이러스의 진앙지는 3월 상반기에 중국에서 유럽으로 옮겨갔고, 정부들은 서로에 게 등을 돌렸다(서로에 대한 비판이나 공격적인 태도로 변한 상황)

- **turn out** ⓥ

① ~인 것으로 드러나다, 밝혀지다.
The German dream of Jack didn't turn out as he expected.
Jack(시리아 난민)의 독일 드림은 예상했던 것처럼 밝혀지지 않았다.
② (일·진행·결과가 특정 방식으로) 되다.
How things turned out is a tragic loss not only to Japan, but to the world as well.
(일본 아베 총리의 죽음) 사태가 전개된 방식은 일본에서의 비극적인 손실일 뿐만 아니라 전 세계의 입장에서도 그렇다.

③ 참가하다.

By one estimate, 42% of those who turned out are newcomers to political activism.
한 추측에 따르면, 참가자의 42%가 정치활동의 신참자들이다.

cf turnout(attendance) : 투표율

A reigning gerontocracy also means that the priorities of younger people — who had record turnout in the last two elections — can get ignored.
통치하는 노인정치가 뜻하는 것은 지난 두 번의 선거에서 기록적인 투표율(모습을 드러냄)을 보인 젊은 층의 우대를 무시하겠다는 것이다.

• turn over

① 뒤집다.

A thought struck Jack. Without saying anything to the others, he went to Jane's stall and turned over the straw with her hoof.

hoof ⓝ (말 등의) 발굽

(동물농장) Jack에게 한 생각이 번뜩였다. 다른 이들에게 아무 말도 하지 않고, 그녀는 Jane의 우리로 가서 자신의 발굽으로 짚을 뒤집었다.

② (다른 목적으로) 사용하다(use land, a building etc for a different purpose)

Much of their traditional habitat has been turned over to rubber plantations.
그들의 전통적인 거주지역의 많은 부분이 고무를 재배하는 대규모 농장으로 사용되었다.

cf turnover ⓝ (기업의 직원) 이직률, (상점의) 재고 회전율

A country that sustained a birthrate at that level would have, for every 200 people in one generation, 70 people in the next one, a depopulation exceeding what the Black Death delivered to Europe in the 14th century. Run the experiment through a second generational turnover, and your original 200-person population falls below 25.
그러한 수준의 (대한민국) 출생률을 유지한 나라의 한 세대가 200명이라면 다음 세대는 70명이 되는데 이는 14세기 유럽의 흑사병 때보다도 더 낮은 인구감소이다. 그 실험을 두 번째 세대의 인구 대체로 적용하면 처음의 200명은 25명보다 아래로 떨어진다.

• turn to

① ~으로 바뀌다.

More than a year after revelry turned to disaster, three people have been found guilty for actions connected to the case.
(이태원 참사) 축제가 재앙으로 바뀐 지 1년이 넘은 후, 이 사건과 관련된 행동으로 세 사람이 유죄판결을 받았다.

② 의지하다, 도움을 구하다.

Desperate for munitions for the war in Ukraine, the U.S. and Russia have turned to their allies in South and North Korea, which kept stockpiling arms for decades after their own conflict.

우크라이나 전쟁의 탄약을 필사적으로 구하는 미국과 러시아는 한국 전쟁 이후 수십 년간 무기를 비축하고 있는 그들의 동맹국인 대한민국과 북한에 각각 도움을 구했다.

● **turn A to B** ⓥ A를 B로 돌리다.

The concern in Brussels is exacerbated by the knowledge that US President Trump will soon turn his sights to Europe, once his trade war with Xi reaches a conclusion.
브뤼셀(EU의 본부가 있는 곳)의 염려는 트럼프의 시진핑과의 무역 전쟁이 끝나면 곧 유럽을 겨냥할 것이라고 알기에 더욱 악화되고 있다.

● **turn up**
① (소리나 온도 등을) 높이다.
I turn up the volume on the television so that the sounds of shelling outside don't distract me.
나는 밖에서 들리는 포격 소리에 방해받지 않기 위해 텔레비전의 볼륨을 높였다.
② (찾던 사람이나 물건이) 발견되다.
Meanwhile, three people associated with a corruption probe into scandals surrounding Lee have turned up dead.
한편, 이재명 의원을 둘러싼 스캔들에 대한 부패 조사와 관련된 세 사람이 사망한 채 발견되었다.
③ 도착하다.
After about 40 minutes, an ambulance did turn up.
약 40분 후 구급차 한 대가 도착했다.

LMNOPQRST

UVWXYZ 외신으로 본
대한민국의
IDIOM 1

ABCDEFGHIJK

KLMNOPQRS
QRSTUVWXYZ
RSTUVWXYZ ABCD

Umbrella

- **under one's umbrella** : 누구(one)의 보호 아래

    Getting under China's umbrella now could provide Kim a greater chance of long-term regime survival than a nuclear arsenal vulnerable to developing US first-strike and antimissile technologies.

    지금 중국의 우산(보호) 아래 들어가는 것이 발전하는 미국의 선제공격 및 미사일 방어 기술에 취약한 핵무기 보유보다 김정은에게 장기적인 정권 생존에 더 큰 기회를 제공할 수 있다.

parasol ⓝ 양산

Uncharted

- **uncharted waters**(territory, area) : 과거에는 경험하지 못한(a new and unknown area)

    This corner of Spain is now in uncharted territory.

    (스페인 내 분리독립운동 지역) 스페인의 이 한쪽 구석은 잘 알려지지 않았다.

Uncle

- **cry uncle** ⓥ 항복하다, 패배하다.

    They ganged up on him in the schoolyard and made him say uncle.

    그들은 운동장에서 그에게 달려들어 졌다고 말하게 했다.

주로 아이들 사이에서 (used by children)

Up

- **up against** : 직면하여, 당면하여(close to or in contact with)

    We know that the crises we're up against are huge in scale and that the solutions to them need to be equally bold and implemented urgently.

    우리가 당면한 위기는 규모에서 크고 이를 위한 해법들은 똑같이 대담하고, 긴급히 실행되어야 함을 알고 있다.

- **up and running** : 작동 중인(in operation; functioning)

    As I end my tour of South Korea this year and head back to New York, another United States presidential election is fast approaching, the early days of the pandemic feel like a distant memory and The Times's digital newsroom in Seoul is fully up and running.

    (뉴욕타임스 한국 특파원) 올해 한국 근무를 마치고 뉴욕으로 돌아가는데, 또 다른 미국 대통령 선거가 빠르게 다가오고 있으며, 팬데믹 초기의 기억은 멀게만 느껴지고, 서울에 있는 The Times의 디지털 뉴스룸은 완전히 가동 중이다

- **up front**

    ① 정직하게

    The bandmates' social media accounts, which promote their causes along with their music, are up front about who they are.

upfront ⓐ 정직한

(동성애자들로 구성된) 밴드 친구들의 소셜미디어 이야기들은 그들의 음악과 함께 (동성애를 인정하자는) 운동을 펼치는데 이는 자신들의 정체성을 정직하게 말한다.

② (축구) 전방에 위치하여 공격적인 역할을 하는

He had been a defensive midfielder until only a few years before, moving up front to take better advantage of his 6ft 2in (188cm) height and pace, but he was still relatively young in the position.

그는 몇 년 전까지 수비형 미드필더였으나, 그의 188cm 키와 빠른 스피드를 더 잘 활용하기 위해 앞으로 이동했으나, 그는 해당 포지션에서 상대적으로 어리다고 할 수 있다.

- **up for** : 내놓는(available for a particular process)

This fish is a Mediterranean staple. Roast a fillet of mackerel (or the whole fish if you're up for it) with a generous helping of herbs, oliver oil and lemon.

이 생선(고등어)은 지중해의 주식이다. 허브, 올리브유 그리고 레몬을 듬뿍 뿌리고 뼈를 발라 굽든지 혹은 고기 전체가 필요하면 전체를 구워라.

- **up to**

① ~까지

The palace is protected under the Cultural Heritage Protection Act, and anyone charged with vandalizing it could face up to five years in prison and a fine of up to $39,000.

(경복궁 낙서 사건) 경복궁은 문화재청의 보호 아래 있으며, 경복궁을 훼손한 이유로 기소되면 5년까지 감옥에 있거나 3만 9천 달러의 벌금에 처해질 수 있다.

② ~의 기준에 맞다(good enough to reach that standard)

According to rescue logs made later, each boat was stuffed well beyond capacity ; none

was up to the rigors of the open sea.

나중에 행한 구조 기록에 따르면, 각 보트는 정원을 초과에 꽉 찼다. 그리고 어느 보트도 바다의 가혹(the rigors of the open sea)함에 맞지 않았다.

③ (누구의) 책임이다.

We have never doubted the fact that the North Korean leadership is very serious about their commitments to that, but it is up to us to decide what to do about implementing it.

that, it : 북한과 러시아의 군사동맹

(푸틴의 발언) 우리는 북한 지도부가 그에 대한 그들의 약속을 매우 진지하게 생각하고 있다는 사실을 한 번도 의심한 적이 없다. 그러나 그것을 실행하는 것은 우리의 몫이다.

- **it is all up with** : 모두 끝났다, 완전히 망했다(it is the end or there is no hope for)

He saw it was all up with him, and cried in despair.

그는 모든 것이 끝났다는 것을 깨닫고 절망 속에서 울부짖었다.

Upside

- turn something upside down ⓥ
  ① 위와 아래의 위치가 바뀌다(upend)
  ② 엉망으로 만들다(in or into great disorder)
  Since the war began, my life has been turned upside down.
  전쟁이 시작된 후, 내 인상은 엉망이 되었다.

Urge

- urge A on ⓥ A를 격려하다.
  Urged on by the Paris crowd the hosts cut the deficit on 79 minutes when substitute Jack got the slightest touch to Tom's free-kick and the ball spun into the net.
  (파리 올림픽 남자 축구 결승) 파리의 관중들의 성원을 받으며, 경기장의 주인공(프랑스 대표팀)들은 79분에 교체 투입된 잭이 톰의 프리킥에 가장 가벼운 접촉을 하여 공이 골망으로 들어가면서 점수 차이를 줄였다.

cut the deficit : (스포츠에서) 점수 차이를 줄이다.

Usher

- usher in ⓥ 시작하다.
  Son Heung Min wants to usher in a new era for Asian football.
  손흥민은 아시아 축구의 새로운 시대를 시작하길 원한다.

Vacuum

vacuum ⓝ 진공

- in a vacuum : 외부와 단절된 상태에서(existing completely separately from other people)
  The attacks by Hamas, which Israeli officials said killed more than 1,400 people and led to the abduction of more than 200 others, "did not happen in a vacuum."
  이스라엘 관계자들이 1,400명 이상의 사망자와 200명 이상의 납치 사건을 초래한 하마스에 의한 공격은 "진공 상태에서 일어난 것이 아니다"라고 말했다(외부의 도움이 있었다는 의미).

vacuum cleaner : 진공청소기

Variance

vary ⓥ

- be at variance with ⓥ 상충하는, 일치하지 않는.
  The younger face was at variance with the music of its voice.
  더 젊어 보이는 얼굴과 그 목소리의 음악이 연결되지 않았다.

Veer

- **veer into** ⓥ 방향을 틀다(turn or swerve very suddenly and forcefully into)

Youth unemployment in China stands at 46.5%, by some estimates, and the world's second largest economy again veered into deflation in October.

어떤 추정에 따르면, 중국의 젊은 층 실업률이 46.5%에 머물고, 세계에서 두 번째로 큰 경제가 10월 다시 디플레이션으로 방향을 틀었다.

Vein

- **in the vein of** : ~의 방식으로(a distinctive element or quality)

BTS serves up a mania-inducing mix of heartthrob good looks and earworm choruses, alongside dance moves in the vein of New Kids on the Block and NSYNC.

BTS는 New Kids on the Block과 NSYNC(미국의 보이밴드)의 댄스 동작과 같이 마음을 사로잡는 외모와 귀에 박히는 후렴구로 열광 팬을 끌어들이는 조합을 제공한다.

vein ⓝ 정맥

serve up ⓥ 음식을 제공하다.

Venture

- **venture into** ⓥ 위험을 무릅쓰고 ~을 하다.

In 1996, he ordered fighter jets to shoot down two small unarmed planes piloted by Miami exiles for venturing into Cuban airspace.

1996년 그(쿠바의 카스트로 대통령)는 마이애미 망명자들이 조종하는 무장하지 않은 두 대의 소형 비행기가 쿠바 영공에 진입한 것에 대해 전투기를 동원해 격추하도록 명령했다.

Verge

- **on the verge of** : 막 ~ 하려 하는, ~ 직전의

He recalls that his wife was on the verge of tears when she first had dinner with his family.

그는 아내가 그의 가족과 처음으로 저녁을 먹었을 때 눈물을 보이기 직전이었다고 회상한다.

- **verge on** ⓥ ~에 가깝다.

The journey takes them to Libya, where aspiration verging on desperation meets laissez-faire economics at its most brutal.

(아프리카를 탈출한 난민들 이야기) 그 여행은 그들을 절박함에 가까운 열망이 가장 잔인한 자유방임 경제와 만나는 리비아로 데려간다.

laissez-faire : (경제) 자유방임(the principle that the government should allow the economy or private businesses to develop without any state control or influence)(무질서의 극치를 자유 방임으로 표현)

Vie

- vie for ⓥ 겨루다, 경쟁하다.

Dozens of parties were vying for the 300 seats in the National Assembly, South Korea's single-chamber legislature.

(4·10 총선) 수십 개의 정당들이 대한민국의 단원제 입법 기관인 국회의 300석을 놓고 경쟁하고 있다.

Virus

- go vial ⓥ 널리 퍼지다(especially on the Internet or mobile phones)

Resistance to rape culture is going viral.

(Me Too 운동) 강간문화에 대한 저항이 (들불처럼) 번진다.

Volume

- speak volumes ⓥ 많은 것을 시사한다.

Photos from inside the jam-packed flight spoke volumes about what had been at stake during two decades of war.

(아프간 탈출 비행기의 광경) 빽빽한 비행기 내부의 사진은 지난 20년간의 전쟁 동안 어려웠던 일들을 시사한다.

Vote

- vote against ⓥ ~에게 반대 투표하다(blackball)

I voted against this package in the Senate and remain opposed to virtually any proposal for the United States to continue funding this war.

나는 상원에서 이 패키지에 반대 투표를 했고, 미국이 이 (우크라이나·러시아) 전쟁에 계속 자금을 지원하는 거의 모든 제안에 반대한다.

- vote down ⓥ (투표로) 부결하다.

On Wednesday, the U.N. Security Council voted down two competing resolutions on the Israel-Hamas war.

수요일, 유엔 안전보장이사회는 이스라엘-하마스 전쟁에 관한 두 개의 경쟁적인 결의안을 부결시켰다.

- vote with one's feet ⓥ 퇴장하면서 반대 의사를 표시하다.

My advice to customers is to vote with your feet and leave if you are not going to be penalised for doing so.

제 충고는 고객 여러분이 자리를 떠난다고 패널티가 없다면 그렇게 함으로써 자신의 의견을 나타내는 것이다.

Vulnerable

- **be vulnerable to** ⓥ ~에 취약하다(be easily harmed or hurt)

    In a society where prosecutor is one of the most prestigious jobs, many were shocked to see that even powerful women like Seo were vulnerable to sexual harrassment.
    검사가 매우 좋은 직업 중의 하나인 사회에서, 심지어 서지현 검사(우리나라 미투운동을 촉발시킨 당사자)와 같은 권력을 가진 여성들조차 성희롱에 취약하다는 것을 보고 많은 사람은 충격을 받았다.

vulnerability ⓝ

Wait

- **wait out** ⓥ 끝날 때까지 기다리다.

    In March, BTS was prepping for a global tour. Instead, they stayed in Seoul to wait out the pandemic.
    3월, BTS는 세계 투어를 준비하고 있었다. 대신 그들은 서울에서 팬데믹이 끝나기를 기다리고 있었다.

Walk

- **a walk in the park** : 아주 쉬운 일(an easy or pleasurable experience)

    As any director will tell you, doing Shakespeare isn't a walk in the park.
    어떤 감독이라도 너에게 말할 것이지만, 셰익스피어 작품을 연출하는 것이 쉽지 않다.

do ⓥ 공연하다
(to perform a particular play, show etc)

- **walk away** ⓥ (호전시킬 노력을 하지 않고) 떠나다.

    The hope is that Kim returns to the six-party talks — comprising North and South Korea, Japan, Russia, China and the US — on denuclearization, which ran from 2003 to 2009 before his father Kim Jong Il walked away.
    김정은이 그의 아버지 김정일이 떠난 후 중단된 2003년부터 2009년까지 진행된 비핵화에 관한 6자 회담 — 남북한, 일본, 러시아, 중국, 그리고 미국이 참여한 — 에 복귀하기를 희망한다.

- **walk back** ⓥ 후퇴하다.

    Likewise, a 2007 joint declaration between South Korea and North Korea was walked back by incoming President Lee Myung-bak a year later.
    마찬가지로, 2007년 대한민국과 북한 간의 공동 선언은 1년 후 새로 취임한 이명박 대통령에 의해 후퇴되었다.

- **walk off** ⓥ (항의의 표시로) 작업현장을 떠나다.

    Hundreds of interns and residents at major South Korean hospitals walked off the job on Tuesday, disrupting an essential service to protest the government's plan to address a shortage of doctors by admitting more students to medical school.

W

화요일에 주요 한국 병원의 수백 명의 인턴과 레지던트가 의사 부족 문제를 해결하기 위해 의과대학에 더 많은 학생을 받아들이겠다는 정부 계획에 항의하여 필수 서비스를 방해하면서 직장을 그만두었다.

- **walk out** ⓥ 파업하다(go on strike)

  South Korean Doctors Walk Out, Protesting Plan to Increase Their Ranks.
  (기사 제목) 한국 의사들이 자신들의 숫자를 늘리려는 계획에 항의하며 파업한다.

  walkout ⓝ

- **walk the streets** ⓥ

  ① 매춘하다.

  Jane owed $30,000 for the trip, she was told, and would have to work it off walking the streets as a prostitute.
  Jane은 그 여행에서 자신이 3만 달러라는 빚을 졌다는 말을 듣고, 창녀로 일을 해서 빚을 갚아야만 했다.

  work off ⓥ
  돈을 벌어 빚을 갚다.

  ② 거리를 돌아다니다.

  But many women now choose to walk the streets without a headscarf, defying the state.
  (히잡을 강요하는 이란) 많은 여성들이 국가에 항의하면서 스카프를 쓰지 않고 거리를 돌아다니기로 결정한다.

- **walk the walk** ⓥ 행동으로 보여주다.

  As the saying goes, "Don't talk the talk unless you can walk the walk!"
  행동으로 보여 주지 못할 것 같으면 말만 하지 말라는 속담이 있다.

  talk the talk : 행동으로 보여 주지 않고 말만 번드레하게 하다.

Wallow

- **wallow in self-pity**(despair, defeat) ⓥ 자기연민(절망, 패배)에 빠져 허덕이다(seem to enjoy being sad etc, especially because you get sympathy from other people)

  Centuries of grazing had denuded the land of all vegetation, and the region's 740,000 people were wallowing in isolated poverty.
  수 세기에 걸친 방목이 모든 식생을 없애 버렸고, 그 지역의 74만 명의 사람들은 고립된 빈곤에 빠져 허덕이고 있었다(벗어나기를 원하지 않거나, 어떤 이유로 그 상태에서 머무르는 것을 선택한다는 뉘앙스)

Wane

- **on the wane** : 시들해지는(declining)

  The immunity from those first vaccines may be on the wane.
  그 첫 번째 백신에서 생긴 면역력이 약해지고 있을 수 있다.

  wane ⓥ (달) 이지러지다.

Want

- **for want of a better word**(phrase) : 더 좋은 단어(표현)를 찾을 수가 없어

That's when people started to notice that he was, for want of a more elegant phrase, smoking hot.
그때(조규성 선수가 교체로 들어갔을 때) 사람들은, 더 고상한 표현을 찾을 수 없어 매력적이라고는 표현밖에 생각나지 않는데, 이를 알아차리기 시작했다.

smoke hot ⓥ (외모) 매력적이고 섹시하다.

- **want out** ⓥ 빠지고 싶어한다, 그만두고 싶어한다.

From Biden's perspective, the calculation is simple : many in both political parties and most Americans want out.
바이든의 관점에서 계산은 간단하다. 양당의 많은 사람과 대부분의 미국인은 (아프간에서) 철수를 원한다.

Ward

- **ward off** ⓥ 가까이 오지 못하게 하다.

And while most analysts see the North Korean regime's pursuit of nuclear weapons as a means to preserve power and ward off threat, no one knows how reckless the 33-year-old leader may be, especially if he feels backed into a corner.
많은 분석가들은 북한의 핵무기 추구가 권력을 유지하고 (외부) 위협을 막아내기 위한 수단으로 보지만 33살(2017년)의 리더(김정은)가 코너에 몰리면 얼마나 무모할지는 아무도 모른다.

Wash

- **wash away** ⓥ 없어지다(get rid of unhappy feelings, thoughts, or memories)

Abusing and killing a young child is not washed away by 20 years in prison.
어린아이를 학대하고 죽인 죄값이 감옥에 20년 있었다고 사라지지는 않는다.

- **wash down** ⓥ 씻겨 내려가다.

He took two aspirin immediately and washed them down with three cups of water.
그는 즉시 아스피린 두 알을 먹고 물 세 컵으로 씻어내렸다.

아스피린은 단수 형태로 사용

- **wash over** ⓥ (감정) 엄습하다(you suddenly feel it very strongly)

Once the initial shock and sadness had washed over me, I was surprised to find I was angry.
처음의 충격과 슬픔이 엄습했을 때, 내가 화가 나 있었다는 것을 발견하고는 놀랐다.

'once' 절이 '대과거(had + p.p)'

- **wash up** ⓥ

① 손을 씻다.

So if a person touches a pill, the best advice is to wash up.
그래서 만약 사람이 약을 만진다면, 가장 좋은 조언은 손을 씻는 것이다.

② 해안으로 밀려오게 하다(if waves wash something up, they carry it to the shore)

One was found dead, their body washed up some 3 miles away.
한 명은 사망한 채 발견되었고, 그 시신은 약 3마일 떨어진 곳에서 밀려왔다(their body 다음에 was가 생략됨)

Waste

- **lay waste to** ⓥ 황폐화시키다(completely destroy)

Pyongyang's conventional, chemical, biological and nuclear retaliation could lay waste to Seoul, Tokyo and now even Los Angeles or Washington.
북한의 재래식, 화학, 생화학 그리고 핵의 보복은 서울, 도쿄, 심지어 로스앤젤레스와 워싱턴까지 황폐화시킬 수 있다.

Watch

- **on one's watch** : 재임 중에

Mr. Trump, predictably, sought to claim credit for anything good that happened on Mr. Biden's watch.
예상대로, Trump는 Biden 대통령의 임기 동안 일어난 모든 좋은 일에 대해 자신의 공을 주장하려 했다.

Water

- **hold water** ⓥ 이치에 맞다, 타당하다(it does seem to be true or reasonable)

This argument simply cannot hold water in Europe.
이 주장은 유럽에서는 전혀 먹히지 않는다.

- **water down** ⓥ
① (물) 희석시키다.
② 강도를 약하게 조절하다(less forceful by removing parts that may offend people)

Pressure from the oil and gas industry watered down climate commitments from nations.
석유 및 가스 산업으로부터의 압력이 국가들의 기후 약속을 약화시켰다.

Wave

- **make waves** ⓥ 풍파를 만들다(cause trouble; disturb the status quo)

Japanese baseball players are taught to keep a low profile and let their performances do the talking. Yet for more than a decade, Ohtani has been willing to make waves.
(천문학적인 연봉) 일본야구 선수들은 겸손과 실력으로 말하라고 배운다. 그러나 십 년 이상, Ohtani는 풍파를 만들어왔다.

Wavelength

- **be on the same(a different) wavelength** ⓥ 주파수가 맞다(다르다) 　　　마음이 맞다(맞지 않다)

When we met we hit it off immediately — we're on the same wavelength.
우리는 만나자마자 친구가 되었다 — 우리는 주파수가 같았다(친구가 되었다)

Wayside

- **fall by the wayside** ⓥ 중도에 포기하다, 버려지거나 잊혀지다.

But over time, these grand ambitions have fallen by the wayside.
그러나 시간이 흐르면서 이러한 거창한 야망들은 점차 사라지게 되었다.

Wean

- **wean off** ⓥ 점점 끊게하다.

The United States unveiled a contentious plan to raise billions to help developing nations wean off fossil fuels.　　wean ⓥ (아기의) 젖을 떼다.
미국은 개발 도상국이 화석 연료에서 벗어나도록 돕기 위해 수십억 달러를 조성하는 논란이 되는 계획을 발표했다.

Wear

- **wear away** ⓥ 차츰 닳게 하다.

Some 854 years after construction began, one of Europe's most visited sites, with about 12 million tourists a year, is in dire repairs. Centuries of weather have worn away at the stone.
(파리의 노트르담 대성당) 건축 시작 약 854년이 지난 지금, 일 년에 12백만의 관광객이 찾는, 유럽에서 가장 관광객이 많은 곳의 하나가 보수가 꼭 필요한 상태이다. 수 세기 동안의 기상(날씨)은 (건축자재로 쓰인) 돌을 닳게 했다.

- **wear down** ⓥ 지치게 만들다.

The Biden Administration's strategy is now to sustain Ukrainian defense until after the US presidential elections, in the hope of wearing down Russian forces in a long war of attrition.
바이든 행정부의 전략은 장기적인 소모전에서 러시아 군대를 지치게 하는 것을 희망하면서 이제 미국 대통령 선거 이후까지 우크라이나 방어를 지속시키는 것이다.

- **wear off** ⓥ (차츰) 없어지다(disappear)

After the surprise wore off, I began to wonder about their names, their pasts, their families, their reasons for emigrating.
놀라움이 사라진 후, 나는 그들의 이름, 과거, 가족, 이민 가게 된 이유들에 대해 궁금해하기 시작했다.

- **wear on** ⓥ
  ① (신경을) 거슬리게 하다.
  The constant beeping wore on my nerves.
  지속적인 삐음 소리가 내 신경을 건드렸다.
  ② 더디게 흘러가다(to passe very slowly, when you are waiting for something to happen)
  The heat will only increase as the day wears on.
  날이 갈수록 더위는 더욱 심해질 것이다.

- **wear out** ⓥ 피곤하게 하다.
  The Russian strategy of warfare — one that is attritive and seeks to wear out their enemy — often creates risk aversion, in which commanders aren't fighting to win so much as fighting not to lose.
  (러시아-우크라이나 전쟁) 러시아의 전쟁 전략은 — 소모전으로 적을 피곤하게 하는 것 — 위험 회피전략이다. 사령관들은 전쟁에서 패배하지 않을 만큼, 그러나 승리하지도 않을 만큼 싸운다.

Wedge

- **drive a wedge between** ⓥ ~의 사이를 틀어지게 하다.
  China wants to drive a wedge between Washington and Seoul in hopes of weakening South Korea's military alignment with the United States.
  중국은 한국의 미국과의 군사적 동맹을 약화시키기 위해 그들 둘 사이를 이간질하려 한다.

wedge ⓝ 쐐기

Weed

- **weed out** ⓥ 잡초를 뽑다, 제거하다.
  When India's Prime Minister Jack's party came to power in the state in 2016, it intensified efforts to weed out so-called illegal immigrants in Assam.
  인도의 수상 Jack의 정당이 2016년 주에서 권력을 잡았을 때, 그 정당은 소위 아삼 지방의 불법 이주자들을 뿌리 뽑으려고 노력을 집중했다.

weed ⓝ 잡초

Weigh

- **weigh A against B** ⓥ B보다 A를 더 중요하다고 판단하다.
  Disease quarantines forces us to weigh the needs of others against our own. And the outcome can be ugly.
  질병 격리는 우리로 하여금 타인의 필요와 우리 자신의 필요를 저울질하게 만든다(타인의 안위를 더 중요하게 여기도록 한다)

- **weigh down** ⓥ 거추장스럽다(heavy and difficult to carry)

He took off his shoes. If they had to swim, he didn't want anything weighing him down.
그는 신발을 벗었다. 수영을 해야 한다면, 그는 거추장스러운 어떤 것도 원하지 않았다.

- weigh in ⓥ
  ① 대회 직전에 몸무게를 재다(be officially weighed before a contest)
  ② (논의·언쟁 등에) 끼어들다(tojoin in an argument or fight)
  He keeps a sharp eye on global affairs and is happy to weigh in.
  그는 세계적인 문제에 매서운 눈을 유지하며 논쟁에 끼어들기를 좋아한다.

- weigh on ⓥ 압박하다, 괴롭히다(be depressing or burdensome to)
  As COVID weighs more heavily on household wealth, domestic political pressure is growing and demand for change is rising.
  코로나가 가정 경제를 많이 괴롭히자, 국내 정치 압력은 높아지고, 변화를 위한 요구도 증가한다.

- weigh up ⓥ 가늠하다(목표나 기준에 맞고 안 맞음을 헤아려 보다)
  She was watching him closely as he spoke, weighing him up.
  그녀는 그를 가늠하면서 그가 말할 때 주의 깊게 지켜보았다.

Welcome

- outstay(overstay) one's welcome ⓥ 너무 오래 머물러서 폐를 끼치다.
  After the kindness that had been shown to him, he didn't want to outstay his welcome.
  그에게 베풀어진 친절을 생각해, 그는 더 이상 민폐를 끼치고 싶지 않았다.

Wheel

- wheel and deal ⓥ 술책을 부리다(do a lot of complicated and sometimes dishonest deals)
  We are wheeling and dealing to find beds, asking other hospitals to take our very acute patients if we can take their less acute ones.
  우리의 매우 위중한 환자들을 받아줄 수 있다면 다른 병원의 덜 위중한 환자들을 받겠다고 제안하면서, 우리는 병상을 찾기 위해 온갖 교섭을 하고 있다.

When

- when it comes to ~ : ~에 관하여
  When it comes to exercise, every movement counts.
  운동에 관한 한, 모든 움직임이 중요하다.

While

- **take a while** ⓥ 시간이 조금 걸린다.

It took a while for our eyes to adjust to the light.
우리의 눈이 불빛에 적응하려면 잠깐의 시간이 필요하다.

- **while away** ⓥ 느긋하게 시간을 보내다 (to spend time in a pleasant and lazy way)

For him, there's no better way to while away the days than to go for a free ride.
(65세 이상 지하철 무료 이용) 그에게는 지하철을 공짜로 이용하는 것보다 시간을 보내기에 좋은 방법은 없다.

while ⓝ 잠시, 잠깐 (a period of time, especially a short one)

Whim

- **on a whim** : 즉흥적으로 (because of a sudden decision)

But closing the Turkey route has mostly shifted migration, not stopped it. Migrants aren't embarking on these expensive and risky journeys on a whim.
(유럽으로 향하는 아프리카 난민들) 그러나 터키 경로를 폐쇄한 것은 주로 이주 경로를 바꿨을 뿐, 이를 멈추게 하지는 못했다. 이주자들은 이런 비용이 많이 들고 위험한 여정을 충동적으로 시작하는 것이 아니다.

Whip

- **whip through** ⓥ 재빨리 해치우다 (do something very quickly)

Strong winds whipped through Southern California overnight, clearing the way for much drier and colder weather for the rest of the week.
강한 바람이 밤새 남부 캘리포니아를 휩쓸아치며 이번 주 남은 기간 동안 훨씬 더 건조하고 추운 날씨가 이어지게 했다.

- **whip up** ⓥ 자극하다.

The wind is back by afternoon, whipping up a fire risk.
오후가 되면 다시 바람이 불어 화재 위험을 키운다.

whip ⓝ ① 채찍
② (정당) 원내총무

Whirlwind

- **reap the whirlwind** ⓥ 회오리바람을 맞다, 역풍을 맞다.

The common perception among Pakistan watchers is that Khan's fleeting political success was owed to a Faustian pact with the nation's military and extremist groups that shepherded his election victory and he is now reaping the whirlwind.

Faustian pact : (괴테의 "파우스트"에서 유래) 장기적인 악영향이나 도덕적 타락을 무릅쓰고 단기적인 이익이나 성공을 추구하는 상황을 의미
sow the wind, reap the whirlwind : 되로 주고 말로 받다, 부주의한 행동으로 중대한 결과를 초래하다.

파키스탄 전문가들 사이에서 흔히 받아들여지는 인식은 Khan(파키스탄 정치인)의 단기적 정치적 성공이 그의 선거 승리를 이끈 국가의 군대와 극단주의 그룹들과의 파우스트적인 협약 덕분이었다는 것이며, 그는 이제 그 대가를 치르고 있다는 것이다.

Whisk

- **whisk away** ⓥ 휙 채가다(take someone or something quickly away from a place)

But they were left behind while he was whisked away to hospital.
그가 급히 병원으로 후송되는 동안 그들은 남겨졌다.

Whittle

- **whittle away** ⓥ (그러면 안 되는데) 점점 줄이다.

Just as he's cracked down any signs of dissidence in mainland China, there has been a "whittling away" of free speech, the autonomy of universities, an undermining of the rule of law, and that's increased people's anxieties.
그가 중국 본토에서 반대 의견을 억제한 것처럼, 언론 자유와 대학의 자율성을 축소했는데, 이는 법치주의를 붕괴시키면서 사람들의 불안감이 커지고 있다.

- **whittle down** ⓥ 점점 작게하다(줄어들게 하다)

Biden took office vowing to whittle down the debt burden on student and graduates.
바이든 대통령은 학생과 졸업생에 대한 빚을 탕감하겠다고 약속하면서 취임했다.

Win

- **win back** ⓥ 되찾다(succeed in getting back something or someone that you had before)

Economic setbacks in 2021 and the country's poor COVID-19 response will leave President Jack struggling to win back voters disillusioned with his two-decade rule.
2021년의 경제적 타격과 그 나라의 부실한 COVID-19 대응은 Jack 대통령이 그의 20년 장기 집권에 실망한 유권자들을 되돌리기 위해 고군분투하게 만들 것이다.

- **win out** ⓥ 이기다(achieve victory or success after dealing with many difficulties)

Occasional waves of clouds and sprinkles may temper the heat from time to time, but the heat will win out during the afternoons.
(지구 온난화) 가끔 구름이 몰려오고 이슬비가 내릴 수 있어 때때로 더위를 조금 가라앉힐 수 있지만, 오후가 되면 더위가 이길 것이다.

- **win over** ⓥ 설득하다(persuade)

Of course, putting this plan into action relies on first winning over South Korean voters.
물론 이런 계획이 실행되기 위해서는 대한민국의 유권자들을 설득함에 달려있다.

Wind

- **wind down** ⓥ 서서히 가라앉다(draw gradually toward an end)

Palestinians rest in a field near the border as the day's demonstrations wind down.
팔레스타인 사람들은 그날의 데모 열기가 식자 국경 부근의 들판에서 휴식을 취한다.

- **wind up** ⓥ 활동을 하다(make it move or start working)

If all goes as well as researchers expect — and if officials can secure the funding — mandatory mindfulness classes will wind up at every public school in the city.
연구자들이 기대하는 것처럼 모든 것이 잘 되면 — 공무원들이 자금을 확보한다면 — 강제적인 명상 수업은 그 도시의 모든 공립학교에서 활동할 것이다.

Wipe

- **wipe off** ⓥ 깨끗이 지우다(clean, by using a towel, one's hand)

Just 35 miles from the demilitarized zone, the metropolitan area of 25 million, with its fashionable, upscale entertainment bars, globe-spanning banks and new 123-story Lotte Group building, could be wiped off the map in any conflict by North Korea's artillery, let alone its ever improving nuclear arsenal.
비무장지대로부터 단 35마일 떨어진 2천5백만 인구의 대도시 지역(대한민국 수도권)은, 유행을 선도하는 고급 오락 바, 전 세계에 걸친 은행들, 그리고 새로운 123층 롯데 그룹 빌딩을 포함하고 있으며, 북한의 포병만으로도 언제든지 지도에서 사라질 수 있고, 개선되고 있는 핵 무기고는 말할 것도 없다.

- **wipe out** ⓥ 씨를 말리다(destroy, remove, or get rid of something completely)

Statistically, sharks have far more to fear from us than we do from them — fisheries wipe out an estimated 100 million each year.
통계적으로 상어들은 우리가 그들로부터 느끼는 것보다 우리로부터 훨씬 더 많은 것을 두려워한다 — 어업이 매년 추정 1억 마리의 씨를 말린다.

Wire

- **be wired for** ⓥ ① 만들어지다. ② 전선이 연결되어 있다.

wire ⓥ (건물·장비에) 전선을 연결하다, 배선 공사를 하다.

Many of today's biggest K-pop hits are wired for an American audience.
오늘날 가장 큰 K-pop 히트곡들 중 많은 것들이 미국 청중을 위해 제작되었습니다.

Witness

- **bear witness to** ⓥ 증언하다(show that something is true or exists)

How can people bear witness today to events that happened in the past?
사람들은 오늘날 어떻게 과거에 일어난 사건들을 증언할 수 있을까요?

Wonders

- **work wonders** ⓥ 기적을 낳다.

Making life fairer and safer for women would work wonders toward reducing the country's existential threat.
여성들에게 더 공정하고 안전한 삶을 만들어주는 것이 국가의 존재적 위협(대한민국의 인구감소)을 줄이는 데 기적을 낳을 것이다.

wonder-working ⓐ 기적을 낳는(producing wonders)

Woods

- **not be out of the wood(s) yet** ⓥ 위험을 벗어나지 못하다

It doesn't mean you're out of the woods because infection rates have gone down.
(코로나) 감염률이 내려갔다고 위험을 벗어났음을 뜻하지는 않는다.

Work

- **work around** ⓥ 피하다.

Gift money is never meant to be physically seen. To work around this, many Asian cultures have special envelopes for the occasion.
(우리나라 결혼식) 축의금은 물리적으로 보이질 않도록 한다. (물리적으로 보이는 것을) 피하기 위해 많은 아시아 문화에서는 행사(결혼식)를 위한 특별한 봉투를 사용한다.

ⓒf **workaround** ⓝ 대안, 제2의 해결책

Desperate to maintain momentum, Moon has long urged for the easing of sanctions and explored workarounds, such as donations through the World Food Programme and a now nixed plan to exchange South Korean sugar for North Korean liquor.
(남북대화의) 모멘텀을 유지하기 위해 필사적인 문재인 대통령은 오랫동안 제재 완화를 촉구하고, 세계식량계획(WFP)을 통한 기부나 남한의 설탕을 북한의 술과 교환하는 무산된 계획 등 우회적인 방법을 모색해왔다.

- **work for** ⓥ 근무하다.

I was off that day, because the company I work for made it a holiday.
내가 근무한 회사가 그날을 공휴일로 삼았기 때문에 나는 쉬었다.

- **work off** ⓥ

① 없애다.

I need to walk and work off a few of these calories.
걸어서 이런 칼로리의 몇은 소모해야 한다.

② (일을 해서) 빚을 갚다.

Jane owed $20,000 for the trip, she was told, and would have to work it off walking the streets as a prostitute.
Jane(아프리카 난민)은 그 여행 비용으로 2만 달러를 빚졌으며, 그 돈을 갚기 위해 거리에서 매춘부로 일해야 한다고 들었다.

- **work on** ⓥ

① (어떤 문제를) 취급하다, 다루다.

There is already a conference under way at the UN working on this issue.
유엔에서는 이미 이 문제를 취급한 회의가 진행 중이다.

② 노력하다(try very hard to improve or achieve something)

U.S. and Israeli officials have agreed to work on developing a plan to get humanitarian aid into Gaza.
미국과 이스라엘 관리들은 가자지구로 인도적 지원이 들어갈 수 있는 계획을 발전시키는 데 노력 하기로 동의했다.

- **work out** ⓥ

① 해결책을 모색하다(find an answer to something)

Final details on an agreement are still being worked out.
협정을 위한 최종적인 세부사항이 여전히 모색되고 있다.

② 운동하다.(exercise)

He works out with weights twice a week.
그는 일주일에 두 번 역기를 든다.

ⓓ **workout** : 운동

Pain typically occurs in the back of your heel and can be severe the day after an intense workout.
통증은 일반적으로 발뒤꿈치 뒤쪽에서 발생하며, 격렬한 운동을 한 다음 날 심하게 나타날 수 있다.

- **work through** ⓥ (안 좋은 일을) 처리하다.

Working through grief after losing my father.
(기사 제목) 아버지를 잃은 슬픔을 극복하기

Wrap

- **wrap up** ⓥ 마무리짓다.

Maybe it will calm some people down inside our country, and outside, at least those who want to wrap things up at any cost.
아마도 그것(우크라이나에서 휴전협정)은 우크라이나의 안과 밖의 일부 사람들에게는 가슴을 쓸어내릴 수는 있다. 최소 어떤 대가를 치르더라도 전쟁을 마무리짓기를 원하는 사람들에게는.

Wrest

- **wrest A from B** ⓥ B에서 A를 탈취하다.

Does this mean Republicans have a chance to wrest control of the state from Democrats in November?
이것이 공화당이 11월에 민주당으로부터 주의 통제권을 되찾을 기회라는 뜻인가?

Wrestle

- **wrestle down** ⓥ (안 좋은 것을) 내리려고 노력하다.

wrestling ⓝ 레슬링

Ethiopia wrestled down its mortality rates for children under five by two-thirds from 1990 to 2012 — an impressive feat for a low-income nation.
에티오피아는 1990년부터 2012년까지 5세 미만 어린이 사망률 3분의 2를 줄였는데, 이는 저소득 국가로서 인상적인 성과이다.

- **wrestle with** ⓥ (문제를 해결하려고) 노력하다.

The Biden administration has not focused on North Korea for understandable reasons : It is wrestling with many other urgent crises.
다른 긴급한 위기를 해결하려고 노력하고 있기에 바이든 행정부는 이해할만한 이유로 북한에 신경을 덜 썼다.

Wring

- **wring one's hands** ⓥ (절망 따위로) 자기의 양손을 쥐어짜다

wring ⓥ (빨래를) 짜다 (squeeze)

Car dealers are wringing their hands over low sales this summer.
자동차 딜러들은 올여름 저조한 판매 실적에 대해 힘들어하고 있다.

- ⓓ **hand-wringing** ⓝ (두 손을 쥐어짜는 듯한) 과도한 걱정, 불안

Former Senator Claire, Democrat of Missouri, called it "a crisis," saying that her phone was "blowing up" with senators, operatives, donors and other distraught Democrats doing "more than hand-wringing" about what happens next.

(바이든과 트럼프의 TV 토론 직후) 미주리주의 민주당 전 상원의원 클레어은 자신의 전화가 다음에 일어날 일에 대해 두 손을 쥐어짜는 듯한 행동을 넘어선 상원의원들, 당 간부들, 기부자들 및 기타 당황한 민주당원들로부터 걸려오는 전화로 "터져 나가고 있다"고 말하면서, 이것(토론)을 "위기"라고 불렀다.

- **wring one's neck** ⓥ 목을 비틀다, 매우 화나다.

That's the second time this week he's eaten my lunch. I ought to wring his neck!
이번 주에만 그가 내 점심을 먹은 것이 두 번째야, 정말 혼쭐을 내야겠어!

Write

- **write down** ⓥ 적어놓다, 기록하다(jot down, put down, take down)(중요 정보나 간단한 내용)

Once I wrote down on the empty spaces of a time-table the names of those who came to
Jack's house that summer.
언젠가 나는 그해 여름 Jack의 집에 온 사람들의 이름을 일정표의 빈 공간에 적었다.

- **write out** ⓥ 적어놓다, 기록하다(완전하고 상세한 작성)

Sometimes writing out the risks involved can be helpful for people to make sense of the right decision.
때로는 관련된 위험을 적어보면 사람들이 올바른 결정을 내리는 데 도움이 될 수 있다.

- **write off** ⓥ 쓸모없다고 결정하다.

Some longtime Myanmar watchers say no one should be writing off Suu Kyi just yet.
몇몇 오랜 미얀마 관측자들은 Suu Kyi(민주 인사)를 무용지물로 여겨서는 안 된다고 말한다.

- **write up** ⓥ (메모를 바탕으로) 보고서를 작성하다.

write-up ⓝ (신간, 신상품에 대한) 논평

The other person would write up the issue for the company to review.
다른 사람이 회사에서 검토할 수 있도록 그 문제를 작성할 것이다.

Yearn

- **yearn for** ⓥ 갈망하다, 동경하다.

yearning ⓝ

"And I yearned for him to have a playmate. Not just any playmate — a sibling.
(둘째 임신) 나는 그(첫째)에게 놀이 친구가 있으면 했다. 어떤 놀이 친구가 아니라 형제.

Zero

- **zero in on** ⓥ 겨냥하다.

  Being able to zero in on nutritious meals is a matter of life and death.
  영양가 있는 식사에 집중할 수 있는 것은 생사의 문제다.

- **zero out** ⓥ 영(0)으로 축소시키다(reduce the amount of something to zero)

  A drought typically does not entirely zero out crop acreage in a major producing nation.
  가뭄이 있다고 주요 농산물생산국의 경작지가 0이 되지는 않는다(우크라이나 전쟁으로 농산물 생산 축소와 가뭄을 비교하면서 전쟁 상황이 더 혹독함을 말함)

Zip

- **zip one's lip** ⓥ 입 다물다, 함구하다.

  You'd better zip your lip or you'll be in trouble!
  입 다물고 있지 않으면 곤란해질 거야!

- **zip up** ⓥ 지퍼를 잠그다.

  The girl with the pink hat stood, smiling, with pink glasses and a coat zipped up tight against her neck.
  분홍색 모자를 쓴 소녀가 웃으며 분홍색 안경을 쓰고 목까지 꽉 지퍼를 올린 코트를 입고 서 있었다.

Zoom

- **zoom in** ⓥ

  ① (피사체·장면 등을) 클로즈업해서 잡다.

  The camera zooms in to get a better view of the scooter, which sits by its lonesome in the parking spot.
  카메라가 스쿠터를 더 잘 보기 위해 확대되는데, 스쿠터는 주차 공간에 외로이 놓여 있다.

  ② 집중하다.

  We're trying to zoom in on the cause of these problems before they get worse.
  우리는 이 문제들이 악화되기 전에 그 원인에 집중하려고 하고 있다.

- **zoom out** ⓥ 줌아웃하다.

  The photographer zoomed out to get the widest possible view of the scene.
  사진작가는 장면을 가능한 한 넓게 보기 위해 줌아웃했다.

- **zoom through** ⓥ 통과하다(go somewhere or do something very quickly)

  Some zoomed through the area's narrow medieval streets on scooters and taxi bikes.
  일부는 스쿠터와 택시 바이크를 타고 그 지역의 좁은 중세 거리들을 빠르게 지나갔다.

**외신으로 본
대한민국의
IDIOM 1**

초판 1쇄 발행 2024년 12월 20일
지은이 | 사설닷컴 편집부
펴낸곳 | 사설닷컴
전　화 | 010-7498-5559
팩　스 | 031-906-7539
메　일 | hsyjjw@hanmail.net
주　소 | 경기도 고양시 일산동구 강촌로 191
I S B N | 979-11-85203-56-0 (13740)

* 잘못 만들어진 책은 구입처에서 교환 가능합니다.